RITA MORENO

RITA MORENO

MEMORIAS

Traducido por María Victoria Roa

RITA MORENO

celebra

Celebra
Published by the Penguin Group
Penguin Group (USA) Inc., 375 Hudson Street,
New York, New York 10014, USA

USA | Canada | UK | Ireland | Australia | New Zealand | India | South Africa | China

Penguin Books Ltd., Registered Offices: 80 Strand, London WC2R 0RL, England
For more information about the Penguin Group visit penguin.com.

First published by Celebra,
a division of Penguin Group (USA) Inc.

First Printing (Spanish Edition), August 2013

Copyright © Rita Moreno Gordon, 2013
Translation copyright © Penguin Group (USA) Inc., 2013
Translation by Maria Victoria Roa

CELEBRA and logo are trademarks of Penguin Group (USA) Inc.

CELEBRA SPANISH-EDITIONTRADE PAPERBACK ISBN: 978-0-451-41638-4

THE LIBRARY OF CONGRESS HAS CATALOGED THE ENGLISH-LANGUAGE HARDCOVER EDITION
OF THIS TITLE AS FOLLOWS:
Moreno, Rita.
Rita Moreno:a memoir/Rita Moreno.
p. cm.
ISBN 978-0-451-41637-7 (hardback)
1. Moreno, Rita. 2. Actors—United States—Biography.
3. Dancers—United States—Biography. 4. Singers—
United States—Biography. I. Title.
PN2287.M6996A3 2013
791.43'028'092—dc23 2012046030
[B]

Printed in the United States of America
10 9 8 7 6 5 4 3 2 1

Set in LT Standard
Designed by Alissa Amell

PUBLISHER'S NOTE
Penguin is committed to publishing works of quality and integrity. In that spirit, we are proud to offer this book to our readers; however the story, the experiences and the words are the author's alone.

The publisher does not have any control over and does not assume any responsibility for author or third-party Web sites or their content.

Para Fernanda, niña de mi corazón; mi historia, mi vida, mi amor, los regalos más preciosos que tengo para ofrecerte. Te quiero.

CONTENIDO

CONTENIDO

Parte IV: Reinventándome a mí misma

RITA MORENO

PRIMERA PARTE

———————

El paraíso perdido

HEY BOY

Nueva York, 1936

—*H*ey boy —grito—. Heeey, boooooy.
	No sé qué estoy diciendo. Solo hablo español y acabo de llegar de San Juan en un barco. Tengo cinco años y estoy en una sala de hospital y sé que hay otro chico hispano aquí porque puedo escucharlo a unas cuantas camas de la mía. Los camilleros están gritándole, y yo repito como un loro lo que ellos dicen: "*Hey, boy*".

Afiebrada y llorando, con ese niño aprendo mis primeras palabras en inglés:

—*SHUT UP*.

—*Hey, boy* —le grito—, *hey boy, shut up*.

Estudiante aprovechada, aprendo rápido. Lo que sea con tal de sobrevivir.

*   *   *

Empecemos con ese día: Nueva York, 1936. Aún no me llamo Rita Moreno. Todavía soy Rosita. Rosita Dolores Alverio. Y tengo cinco años de edad.

Cuando salimos de Puerto Rico quedamos atrapadas en una escena de *El mago de Oz*, al revés. De un brillante tecnicolor pasamos al gris pizarra, al blanco y negro. Nuestro mundo soleado, exuberante y lleno de vida, de flores y pájaros de vivos colores, de ranas cantoras, se convirtió en un lugar frío, ceniciento y sin vida.

Comparada con mi isla, la ciudad de Nueva York era un infierno helado. Después, la gente preguntaba: "¿Por qué tú y tu madre y toda tu familia no se devolvieron?".

No teníamos con qué pagar el boleto de regreso.

Muchos gastamos todos los ahorros en viajar a Estados Unidos para empezar una nueva vida con nuevas oportunidades. Otros, abrigaban la esperanza de establecerse, hacer fortuna y, más adelante, volver a la isla; pero mientras tanto, trabajaban en Nueva York para enviar dinero a sus familias en Puerto Rico.

Cuando tienes cinco años de edad ¿qué es el dinero? ¿Qué es una "oportunidad"? Mi madre y yo llegamos en invierno, y pensé: *Esto es una locura. ¿Qué hemos hecho?* Pero mi bonita mamá de veintidós años, labios carnosos y amplias caderas, ya había tenido suficiente de Juncos, Puerto Rico, de su marido infiel y de su antigua vida que para ella no era ningún paraíso. Mi Mami, Rosa María Marcano Alverio, quería empezar de nuevo, quería un nuevo marido. Venía en busca de amor y fortuna e iría a su encuentro con sus sandalias y su vestido hechos a mano, cargando su única maleta y todo lo demás en bolsas de plástico. Cuando se tiene tan poco, el equipaje es ligero.

Mi Mami, Rosa María Marcano Alverio, estaba escapando de algo. A mis cinco años, no me imaginaba de qué quería escapar.

Pero ella no quería vivir más con Paco, mi padre. Hasta ahí sabía yo y ella nunca se le acercaba ni se quedaba en ninguna habitación con él a solas. En medio del apuro de mi madre por alejarse, ¿serían ideas mías o sí lo vi extender su brazo para agarrarla y tratar de retenerla? Y a ella huyéndole y diciéndole, con dureza pero también con miedo, algo así como: "Apártate, no me toques...".

Lo primero que pasó cuando llegué a Estados Unidos fue que me enfermé. Me enfermé terriblemente, con fiebre y escalofríos, y una picazón desesperante en todo el cuerpo. Qué hago aquí sola, una niña de cinco años, sin hablar inglés... ¿en una sala de un espantoso hospital en Nueva York? Nadie entiende lo que estoy diciendo, salvo el chico que al mandarme a callar me enseña las palabras *"shut up"*.

¿Y qué lugar es este? El hospital se llama Misericordia, para que de una vez te hagas una idea de lo deprimente que era...

¿Cómo llegué aquí? Estoy tan aterrorizada como el pichoncito que recogí una vez y se me murió en la mano. Ese pajarito me miró —una mirada que nunca pude olvidar— como si estuviera muy asustado y quisiera irse, pero de pronto dejó de respirar y sus ojitos se pusieron vidriosos. Quizás yo también me estoy muriendo de miedo, antes de que la enfermedad acabe conmigo. Ni siquiera sé qué me pasa. Más tarde me enteraría de que era varicela, enfermedad infantil muy común pero muy peligrosa en aquella época. En ese momento llegué a pensar que la misma fuerza misteriosa que había matado al pajarito me estaba atacando a mí.

Esto es peor que la más horrible de mis pesadillas. Solamente la vida puede ser tan terrible. A medianoche llegan para llevarme. Hombres enmascarados que me agarran y me envuelven en una sábana que atan como un tabaco y ni la cabeza me dejan por fuera. Ellos retuercen, como la envoltura de un caramelo, las puntas del costal que han hecho con la sábana. A ciegas dentro del costal, me retuerzo y llamo a gritos a mi madre. Y mi madre grita y llora, como sólo puede gritar una madre, que suelten a su hijita. "No se lleven a mi nena. Déjenme ir con ella. Madre de Dios. Madre de Dios". Mi Mami, Rosa María, tiene veintidós años. Ella baja los cinco pisos corriendo por las escaleras tras los enfermeros de la ambulancia; y nos golpeamos con todas las esquinas de las barandas en cada rellano de la escalera. ¡Ay, ay, ay!

—¡Mamá! ¡Mami! ¡Mamá!

Pero nadie puede ir conmigo. Dentro del saco estoy llorando y me invento una treta desesperada:

—Me siento mejor. Ya no estoy enferma. ¡Déjenme salir! —grito en español.

Pero no me dejan. Metida en ese saco, me tiran en la parte de atrás de la ambulancia. ¿Tenían que hacer ese ruido ensordecedor? (Yo jamás había oído una sirena). Oh, Madre de Dios, eso lo hace todo más aterrorizante. El corazón se me va a salir del pecho. ¿Será que ya estoy muerta? Envuelta en la sábana como un cadáver en su mortaja. A ciegas dentro de la bolsa, a toda velocidad por la ruidosa ciudad nocturna, sabe Dios para dónde. Los hombres se ríen y bromean entre ellos en un idioma que no entiendo, pero la indiferencia no requiere traducción. ¿Es que a estos tipos no les importa llevar una niñita de cinco años entre un saco, llorando por su Mami? Igual ya podía haberme muerto, porque a ellos no les importo.

Pero ¿por qué no les importo? Siempre le he importado a todo el mundo. Soy la Niña Rosita Dolores; mi Mami me llama "Tesorito", "Monita", "Nonni", y me cubre de besos. Mi abuelo, Justino, me aplaude y sonríe cuando bailo. "Tan linda, tan dulce...". Todos me aman, Rosita Dolores... Sólo aquí en Nueva York, ahora, en el gran Estados Unidos... nadie me quiere.

No conozco las normas sanitarias, pero las personas que contraen una enfermedad contagiosa deben ser retiradas de los vecindarios, sin excepción. De otra forma, se podría infectar toda la ciudad. Esta es la época de las epidemias, pero aún no he visto la prueba: chicos con las piernas atrofiadas, aparatos ortopédicos, cicatrices de varicela. Y hay chicos a los que no vuelves a ver, aquellos con el cerebro derretido por la fiebre que deben ser cuidados hasta que envejecen y nunca dejan de usar pañales. Nadie me ha hablado aún de la Hermana Kenny y de la terapia física que ella ideó para las piernas atrofiadas por la polio. Tampoco sé de los pulmones de acero, ni de las muchas enfermedades que se propagan tan rápido y matan a todo el mundo.

Quiero volver a la única habitación miserable, aunque sólo sea para morir de varicela en mi colchón infestado de chinches, pero con mi Mami que me cubrirá de besos y gritará que quiere morir conmigo. Eso sería mejor. O quizá, si no puedo hacerlo, ¿tal vez sea mejor escapar de esto igual que el pajarito que murió de miedo en mi mano? Escapar al cielo y no volver a sentir dolor ni picazón y alejarme de estos tipos que ríen y bromean sobre mi cadáver.

Aquí estoy, a los cinco años de edad, enfrentada al dilema de *ser o no ser*, una pregunta que no contesto durante casi treinta años, y aún entonces obtengo la respuesta incorrecta. Ya lo verás.

Estoy ardiendo, con más de cuarenta grados de fiebre. La picazón es de locos, pero aún vivo cuando me sacan de la bolsa y veo a mi alrededor su miserable sala de la Misericordia con los demás cuerpos que parecen muertos o aquellos como yo, que gimen presos de la enfermedad infecciosa, y mi único chiquillo hispanohablante:

—*Hey boy.*

—*Hey, boy.*

—*Shut up.*

—*Shut up, boy.*

Y ahí, en un instante, en la cama de la sala para enfermos infecciosos, están los temas de mi vida: siempre muerta de miedo, siempre luchando para sobrevivir, siempre extranjera en más formas de las que podrían imaginar. Precisamente ahí, a los cinco años, en la sala de un hospital lo entiendo. Estoy por mi cuenta, estoy sola. ¿Cómo voy a cuidar de mí misma?

Esa soy yo, la temblorosa chiquilla puertorriqueña que se siente perdida en el mundo. ¡Que se hace la fuerte! A lo mejor *"Hey, boy"*, sea la primera línea de mi papel como "fiera" falsa. Justo entonces, entiendo ese rol como lo que es: debo simular que soy alguien que no soy. Por dentro tiemblo mucho... ¿de fiebre o de miedo? ¿Los síntomas corresponden a sentimientos que ya están ahí?

Sería entonces que ella —esa presencia oscura que sólo duda y con temor me susurraba al oído— ¿me acosó por primera vez?

"No engañarás a nadie", murmuró la voz en mi oído. "¿Quién te crees que eres tú?".

No debo exteriorizar mis sentimientos. Debo simular ser alguien que no soy.

Esta idea perdura a lo largo de toda mi vida: se trata siempre de jugar un papel. Durante tantos años debo ser una "provocativa fiera sensual". Rita Moreno: divertida y audaz y dorada como todas sus estatuillas. La Heroína Hispana dueña de cuatro relucientes premios: Oscar, Tony, Emmy, Grammy, mucho dinero, ardientes amantes, un matrimonio "perfecto" de cuarenta y cinco años, con Medalla de Oro al cuello y anaqueles llenos de Estatuillas de Premios, quien por dentro todavía insiste: *¿Quién es ella? ¿Quién soy yo? ¿Rosita Dolores Alverio? ¿O Rita Moreno? ¿Rita o Rosita? ¿Quién soy?*

Este libro es mi verdadera historia. El diario de mi viaje. La historia de cómo me encontré a mí misma. La historia de quién soy...

PUERTO RICO

Mi viaje empieza el 11 de diciembre de 1931 en Juncos, Puerto Rico. Ahora Humacao me "reclama" porque me volví famosa... pero, lo siento, Humacao, no soy tuya, sólo nací allí en un hospital. Pero mi madre Rosa María, mi bonita madre de cabello oscuro que entonces tenía sólo diecisiete años, me llevó bien envuelta desde Humacao para su pueblo, Juncos.

En mi memoria, Juncos se abre como una flor; es color, es fragancia. Es música; es el canto y la risa de mi madre y las demás mujeres. En Juncos nadie estaba solo jamás.

¿Por qué nos fuimos de Juncos?

—Porque allá no teníamos nada —dijo mi madre.

Claro que, para alguien de cinco años, en Juncos lo teníamos todo. ¿Qué nos podía ofrecer esa desconocida "América" que no tuviéramos ya? Me la pasaba correteando y riendo; todo en mi vida era cálido, dulce; un baile, un juego. Tenía un pollito que acababa de salir del cascarón, Puchito. Y Puchito me conocía porque yo fui lo primero que vio en toda su pequeña vida de pollo. Me seguía por todas partes y piaba para llamar mi atención. Tenía a mi mami, a Paco, a mi abuelo.

Todos me querían y me regalaban golosinas. Yo jugaba a cocinar en mis pequeñas ollas y cacerolitas de juguete. Todo lo que comía era delicioso: las guayabas maduras que estallaban al morderlas; mangos y papayas cuya pulpa fresca se me deshacía en la boca. El aterciopelado flan de Mami con su corteza cubierta de caramelo de hermoso color marrón y traslúcido como un cristal: *hmm, crujiente*. Tan dulce... Mami siempre hacía caramelo de más para mí. Oh, toda mi vida era dulce. Me dejaban chupar caña de azúcar, acabada de cortar en el campo. No hay mejor dulce que ese.

Vivía en una de las "casitas de helado", como yo llamaba a las pequeñas casas de Juncos pintadas en distintos tonos de color pastel rosado, amarillo, azul celeste, blanco cremoso, que se agrupaban amistosas igual que la gente. La mayoría de mis recuerdos son de cuando vivía en la más linda de todas, la casita rosada, rodeada de cayenas y trinitarias rojo escarlata.

En todos los patios, unas plantas verdes llenas de púas que llamábamos "magas", cuyas hojas tan filosas pueden producir graves cortaduras, tenían puestas cáscaras de huevo como gorros blancos. También las llamábamos "bayonetas", y lucían tan bonitas que yo pensaba que las cáscaras sólo eran decoración. Ahora pienso que tal vez evitaban que nos cortáramos con la espina de las hojas.

La "maga" es un tipo de yuca áloe, una especie de "planta del siglo", así llamada porque florece cada cien años y entonces sus flores despiden un fétido olor pestilente. Nunca lo olí pero mis abuelos, que lo recordaban muy bien, decían eso. Antes de florecer, engalanadas con las cáscaras de huevo, las magas lucen preciosas.

Hasta las verjas y puertecillas de entrada eran lindas. Metálicas y con arabescos parecidos a los rizos pegados a la frente o mejillas de las maquilladas damiselas que aparecían en los avisos impresos y en muchos objetos.

Frente a nuestra casita rosada hay un deslumbrante parche de pura arena blanca, que se mantiene así con un propósito específico, mientras que en el resto del patio, los pollos escarban o anidan y depositan por ahí sus tibios huevos blancos. Su coro de cacareos y clo-clos de pura satisfacción armoniza con el canto del ave silvestre que empieza al amanecer y se acalla en la noche. Pero hasta la noche cobra vida con sonidos como el del coquí, la ranita más pequeña del mundo, cuando canta sus notas más altas. Ni uno solo de esos sonidos me alarmaba, pues de mucho tiempo atrás mi memoria los había asimilado como sonidos de fondo. Ninguno me asustaba como el ruido sordo de las camillas o el traqueteo de los carritos metálicos de hospital, que imagino llevan otros cuerpos envueltos, a sitios desconocidos.

Las casitas de helado estaban situadas en medio de un bosque fragante, donde los niños corríamos descalzos sobre nuestras pequeñas plantas y talones callosos como suelas. Correteábamos tras la más sosegada procesión de nuestras madres que siempre recorría el mismo camino, con sus altos tocados de ropa lavada. Todas las mujeres eran lindas y todas llevaban el cabello largo hasta la cintura. En Puerto Rico, donde el cabello es un signo de feminidad acentuado por su longitud, las mujeres no se lo cortan. Y al caminar, se mecen sus cabellos y caderas. Todas las mujeres eran bonitas, pero mi madre era la más hermosa y más joven de todas.

Mucho tiempo después, me preguntaría: *¿Pero qué será lo que* *quería mi padre?* ¿Cómo podría querer a alguien más? ¿Por qué engañar a la joven Rosa María, de labios carnosos y curvilínea cintura? Era imposible que otra mujer le pareciera más deseable. Pero como pronto descubriríamos, otros hombres sí la encontraban a ella deseable. En retrospectiva, creo que más que la pobreza fue el deseo lo que me desalojó de Juncos, el lugar más sensual de todo el mundo...

Por todas partes había helechos, frutos del árbol del pan y las palmas de la selva tropical de El Yunque. Hasta los insectos parecían hermosos e inofensivos. Uno de mis primeros recuerdos es de un día, tendida en mi cama mirando trepar por la pared a una gran araña peluda roja y naranja mientras me acariciaba a mí misma, distraídamente. Mi consciencia de estar viva era casi sexual. Despierto temblando a un mundo de placeres.

La montaña de El Yunque se alzaba en medio de la neblina y el exuberante follaje cantaba para mí. Cuenta una antigua leyenda indígena que el espíritu Yuquiyu reina desde la cima de esa montaña, protegiendo a Puerto Rico. Cuando nos adentrábamos en el bosque tropical, yo inhalaba el aroma de la tierra. A menudo veíamos orquídeas moradas y blancas o de un amarillo profundo con pecas magenta, rizadas y enroscadas en las lianas... o colgando en largos y gráciles zarcillos. A esas orquídeas jamás las tocábamos, las dejamos vivir su larga existencia.

A mi madre le gustaba recoger plantas especiales en otras partes del bosque, como hierbas medicinales y hojas comestibles. Le fascinaba que a mis cinco años yo pudiera identificar todas las plantas, comunes y raras. Tenía el olfato y las papilas gustativas para percibir las diferencias más sutiles y retenía sus nombres. Eso me convirtió en una especie de niña prodigio en Juncos. Mami alardeaba de mi talento especial con sus amigas y me enseñaba hojas exóticas para que las identificara.

—Huele, Rosita... ¿de qué es esta hoja?

—Recao —gritaba yo y todo el mundo reía y aplaudía.

—Oh Rosita, tan inteligente y tan bonita. Que chiquilla más adorable, es encantadora. ¡Muñequita! —me decían las amigas de mi madre.

Mi madre sonreía, encantada.

—¡Qué delirio!

Todos los quehaceres, hasta arrodillarse en el arroyo para restregar la ropa contra las piedras planas, parecían hacer parte de un juego delicioso. Las madres reían y se contaban chismes mientras restregaban la ropa, a veces cantando, y no en voz baja sino bien alto, a todo pulmón. Canciones de amor a voz en cuello.

Había varios clanes de madres, desde la orilla opuesta otras mujeres cantaban sus propias canciones.

¿Qué tan ancha era esa rápida corriente de agua? La recuerdo como un río muy ancho para atravesarlo. Todos los chiquillos hacíamos equilibrio y saltábamos desde las piedras calientes, y nos bañábamos en el arroyo salpicándonos unos a otros, en medio de las chispas del sol reflejadas en el agua.

No se nos ocurría nadar; en Juncos nadie nadaba. Solo más adelante me entero de que se puede nadar y de que, en Puerto Rico, nadar es algo que hacen los turistas pero nosotros no. Escuchaba a las madres hablar de lo duro que era caminar de vuelta al pueblo llevando en la cabeza sus pesados bultos de ropa mojada, mientras avanzaban en fila india por el polvoriento sendero que bordeaba el bosque. Debía ser muy duro, pero siempre iban riendo y cantando mientras por encima de ellas los pájaros volaban poniéndose al día unos con otros y gorjeando sus declaraciones de amor.

En casa, en sus casitas de helado, cuando hacía mucho calor las mujeres abrían sus abanicos de largas manijas y cuyos plie-

gues se convertían en mágicas faldas de las bailarinas, de las se-
ñoritas que un día seríamos. Nuestras madres, que un día fueron
como las beldades pintadas en los abanicos, colgaban su ropa lavada en las cuerdas que atravesaban el patio. Luego, antes de que
la ropa se secara del todo, mi madre corría con su pesada plancha
de hierro, hasta el parche especial de arena blanca. Esa arena
quemaba los pies, así que ella iba rápida con sus sandalias puestas, rápida ponía la plancha a calentar y, todavía más rápida, corría a planchar nuestra ropa y alisar las arrugas. Esa era una
plancha de relevo, ella tenía otras, y mientras alisaba la ropa con
la primera que había calentado, la segunda plancha absorbía el
implacable calor del sol en la arena. De algún modo, el sistema
funcionaba a la perfección y mis vestidos siempre lucían recién
planchados. Todo olía a sol, a una indefinible dulzura que debía
ser la mágica fragancia de Juncos.

Costaba más trabajo lavarnos a nosotros los chiquillos, que
lavar nuestras ropas. Vivíamos polvorientos. Mis fuertes piececi-
tos siempre sucios por corretear descalza. Cuando nos ensuciá-
mos cerca del arroyo, nuestras madres nos bañaban allí mismo y
nos enjabonaban en el agua helada que corría veloz mientras todos chillábamos. Si nos ensuciábamos estando en casa acabábamos sentados formalmente en medio del patio, en una bañadera
galvanizada, mientras nuestras madres nos frotaban con trapos y
esponjas, hasta que sonreían satisfechas y nos advertían: "Quédate así. No te ensucies", que por supuesto era precisamente lo
que haríamos.

A todos nos pegaban, a veces con correa; y a mí también, por
supuesto. Mami, que siempre me llamaba tan dulcemente "mo-
niiita" o "tesooorito", arrastrando las letras como un arrullo, "te-
sooo-rito" y me abrazaba tan fuerte que yo sentía el calor de su
cuerpo, de sus grandes senos —no era la excepción—. *Nalgada,*

nalgada, bofetón, bofetón. Pórtate bien o habrá cinturón. Allá en Juncos, nadie llamaba a esto "maltrato". Las nalgadas eran leves, los golpes no eran duros; se les consideraba parte de la crianza de los niños. Y sabíamos que nos amaban con locura pero que recibiríamos golpes, bofetones o nalgadas cada vez que nos portáramos mal, cosa que volvería a suceder...

Al principio, vivimos en una pequeña casita color crema y yo tenía mi propia habitación, un dormitorio blanco diminuto, encalado y fresco como un nicho de iglesia. Pero pronto llegó mi hermanito menor, Francisco, con hoyuelos en las mejillas igual que los míos y nos mudamos a la casa rosada, a otra habitación, con camas literas. El pequeño Francisco dormía en la litera de abajo y yo en la de arriba, con un sueño feliz y despreocupado, hasta que el cacareo de los gallos me despertaba mejor que cualquier reloj despertador.

Me encantaba tener un hermanito menor. Francisco empezó muy pronto a caminar y se convirtió en mi compañero de juegos y travesuras. A ambos nos fascinaba perseguir ranitas coquí y agarrarlas para ponerlas a correr. Las ranitas son criaturas muy huidizas porque son minúsculas, más pequeñas que mi dedo pulgar, y saltan como si tuvieran resortes en las patitas. Jamás dejan de emitir su penetrante llamado, *co-quííííí, co-quííííí*, un sonido agudo muy alto para su diminuto tamaño.

Con ocho coquíes capturadas, Francisco y yo nos íbamos a un área llana y árida en la cual la arena era casi tan plana como una pista de carreras. Hacíamos correr dos ranitas a la vez. Claro que a veces nos tomaba horas agarrarlas. Luego las poníamos en un baldecito plástico con un poco de agua y hojas a fin de que no se asustaran, y lo cubríamos con un trozo de hoja de plátano para que no escaparan. Creábamos "carriles de carrera" en el suelo. Usualmente, buscábamos grandes trozos de madera y los enterrábamos a medias en la tierra blanda para mantenerlos derechos; debían tener la altura suficiente para que las ranitas coquí creyeran que no podrían remontar esos obstáculos. Sobre esa estructura tendíamos una fina malla de gallinero, para que nuestras corredoras no escaparan, y lo que seguía era una cacofonía de gritos, regaños y estridentes partes de victoria. "¡Yo gané! ¡Yo gané!".

Jugábamos mucho en el arroyo: con nuestros amigos íbamos hasta donde había más piedras y veíamos quién saltaba más lejos de una a otra. Abuelo nos hacía pequeños veleros con las hojas de plátano. Otras veces usaba plátanos enteros y les agregaba velas hechas con hojas ensartadas en astillas de bambú. Esos botes de plátano eran los mejores porque aguantaban más tiempo y también servían de almuerzo. Abuelo también probó con melones pequeños, pero había que pelarlos hasta dejar sólo la cáscara o el peso los hundía. El barco que más me gustó de todos fue el que hizo con una papaya hueca, porque imaginaba que sus semillas negras eran pequeños marineros. Jugábamos el día entero en el arroyo, hasta que algún miembro de la familia venía a buscarnos o la oscuridad nos sorprendía en el bosque.

Mi madre guardaba cáscaras de huevo todo el año para que en Navidad, Francisco y yo, canasto en mano, pudiéramos ir a todos los puntiagudos arbustos de la vecindad a decorar las ramas con más medias cáscaras de huevo que parecerían pequeñas campanas festoneadas. Las cáscaras de huevo eran muy bonitas. En Semana Santa, usábamos cáscaras de huevo pintadas para que hicieran juego con las casas.

¡Siempre teníamos mucho que hacer! Estaban los trozos de caña de azúcar para chupar y también buscábamos pequeñas ramas para guiar nuestros botecitos.

La vida era una delicia que disfrutábamos a cucharadas desde que comenzaba el día. El desayuno era *funche*, harina de maíz cocida en leche, a veces enriquecida con una crema dulce y espesa que desde entonces no he vuelto a saborear. Avena preparada en leche y pan recién horneado, los mendrugos remojados para mí en el oscuro y dulce café, porque no me lo tomaba, pero sí saboreaba los trozos de pan remojados. Más tarde, una espesa pasta de habichuelas y arroz condimentado. O, en fechas especiales, el festín de lechón al horno, glaseado y suculento, con todos sus jugos. Ese sabor del lechón jamás lo he saboreado en los Estados Unidos, es puertorriqueño: lechón de Juncos fresco y muy jugoso, servido con plátanos que se derriten en la boca. A veces el pegajoso arroz se corta en cuadritos que se fríen nuevamente para dorarlos. El arroz también se revuelve con gandules y se adereza con un sofrito picante que lleva ají picante y especias, perfecto para arder sin quemarme la lengua. Hay especias en el aire: ajo, pimentón, tomates, orégano y cilantro, y con sólo inhalarlo se pueden saborear todas...

Empecé mi kindergarten en un pequeño y soleado salón lleno de otros chicos que habían sido muy bien refregados para ir a clase y causar buena impresión a la maestra. En el cabello llevaba grandes y lindos moños, el toque especial de Mami. Me ponía en fila con los demás niños y aprendí a cantar fonéticamente, sin entender las palabras, con la tonada del "Happy Birthday":

—*Good morning to you... Good morning to you... Guu moj´nin tu yuu...*

Toda alegría e inocencia, cantaba sin conocer entonces el portento de ese idioma y cuánto iba a sufrir en inglés. Ni siquiera entendía las palabras que cantaba o por qué las aprendíamos. Después comprendería que era una habitante de Puerto Rico, Estado Libre Asociado de los Estados Unidos. Había un puente desde las aguas color turquesa de mi isla hasta el lugar que pronto

aprendería es la gran "América". Nosotros también éramos parte
de esa "América", pero no del todo. La América grande era otra
isla, enorme y lejana, y para mí mítica, no un lugar donde un día
me iría a vivir.

Otra vez nos mudamos. Nuestra nueva casita rosada "de fresa"
estaba llena de gente. Para entonces, cuando empecé en la escuela, estábamos viviendo con los padres de mi mamá, mi abuelo
Justino y su segunda mujer, Fela. Su primera esposa, mi abuela
verdadera, murió hace muchos años. Su nombre siempre se mencionaba en tono sacro y solemne: "Trinidad López, ella era española". Quizás porque Trinidad López era considerada el Gran
Amor de la vida de mi abuelo y además era mi abuela "de sangre",
guardo un desvaído recuerdo de mi abuelastra Fela. Como el negativo de una foto: veo su sombra en la cocina, sin electricidad ni
gas, cocinando en una estufa de leña con hondos braseros metálicos; y un lavaplatos que debía vaciar a baldados. Desde que puedo
recordar, me veo junto a ella jugando con mis propias ollas y sartenes en miniatura, mis cacerolitas, y revolviendo con una cuchara mi imaginario guiso de picadillo.

Mi abuelo Justino aparece en mi mente tal como luce en las
ya bastante pálidas fotografías sepia de mi álbum, aseguradas
por estrellas negras en las esquinas. Justino era alto, de piel
más oscura y buen mozo, tenía una fisonomía agradable y una
gran mata de cabello blanco. Unos cuantos dientes de oro brillaban cuando sonreía, y el color de su piel oscura era muy be-
llo; un profundo tono achocolatado, marrón, como el café que
le gustaba tomar.

El abuelo Justino es una figura más bien polémica de la política de Juncos, que milita en el "lado equivocado". Entonces hay
épocas intermitentes y misteriosas en las que se nos dice que es
"buscado por la autoridad" y debemos ocultarnos. Desde afuera,

hombres armados irrumpen en la casita rosada. Adentro, nos escondemos bajo camas y mesas.

—Escóndanse, escóndanse...

—¡Él no está aquí! —gritan Mami y Fela. También a gritos, los hombres responden con malas palabras. Insultan a mi abuelo, cuyos ojos negros como el café expreso se encuentran con los míos bajo la mesa.

Pero la mayor parte del tiempo, el abuelo Justino es una figura benigna. Mantiene económicamente nuestro hogar con sus manos expertas en enrollar costosos cigarros. Cuando me le acerco y él me sienta en su regazo, yo siempre aspiro el dulce aroma del tabaco. Justino siempre luce recién cambiado y aseado, pero ese aroma a tabaco jamás lo abandona. El tabaco se ha convertido en parte de él como si sus suaves y grandes manos manchadas de marrón oscuro ya fueran extensiones de las hojas que enrolla.

Mami es escrupulosa en cuanto a nuestra apariencia. Hacía el arduo trabajo de lavar en el río y luego usa las planchas calientes para asegurarse de que siempre luzcamos muy frescos y pulcros. Especialmente cada domingo después de misa, cuando nos integramos a toda la gente de Juncos, en ese paseo por la gran plaza blanqueada. Yo siempre luzco deslumbrante e inmaculada, con mi mejor vestido bordado con el trabajo especial de calado, diseñado y cosido a mano por mi madre. Sé que en estos rituales de domingo ella me está mostrando. Oraciones y elogios se mezclan en mi memoria, me siento sagrada.

En esos paseos las familias se movían alternando su dirección, como en un vals. Cuando se cruzan, cada familia reconoce a la otra y se saluda formalmente, asintiendo con la cabeza. Los Alverio. Los Marcano. Los Riviera. La viuda González... Un dulce silencio envuelve al pueblo; casi no pasan vehículos, no hay sonido de máquinas.

Las aves del pueblo trinan y desde los verdes márgenes del bosque llegan los gritos distantes de guacamayas y loros silvestres. Esos domingos me siento muy consciente de mí misma, tan bien peinada y engalanada. Para una foto, extiendo mi falda a los lados, con ambas manos, como una pequeña bailarina que va a hacer su *plié*. En las instantáneas que me tomaban en Puerto Rico, luzco despreocupada pero expectante, lista para completar mi baile, preparada para el aplauso y la continuada admiración de todos los que me veían.

De pronto, cae una cortina de bruma. De repente, Mami desaparece. Ahora sé que esa época vagamente velada corresponde a una expedición preliminar a Nueva York realizada por mi madre, la preparación para la posterior migración permanente. Lo que creo ahora de adulta, es que ella se fue por más de dos meses, pues debía ganar dinero suficiente para nuestros futuros boletos a Nueva York. Pero de niña pensé que mi madre había desaparecido durante mucho tiempo y, a su regreso, poco creí en ella.

Tengo una clara imagen de ella cuando por fin vuelve a casa, para Navidad, en otra casita de helado, esta vez amarilla, la casa de "piña". Es la casa de mi padre, de Paco. Mami ha vuelto, con ropa nueva y extraña, y un nuevo perfume: más dulce, pero frío, como si llevara consigo la temperatura de sus orígenes.

—Noche en París —susurra ella.

Es su nuevo perfume.

—Noche en París viene de Europa, de París, de *Francia* —dice con cauteloso orgullo, mientras lo destapa con mucho cuidado para no derramar ni una preciosa gota del frasco de cristal azul cobalto y me aplica una gotita detrás de la oreja.

—Oh —grito—, ¡está helado!

Aún no puedo saberlo, pero ese intenso aroma tan frío es el primer aviso de mi porvenir.

Luego Mami abre lo que me parece un enorme baúl del cual saca un sinfín de regalos, collares de cuentas brillantes, bufandas de seda, una muñeca que es un bebé. ¿Tantos regalos? ¿Son para hacerme sentir mejor? No la había visto en bastante tiempo y me sentía intimidada. ¿O eran para comprarme? Mami rebusca en su baúl y aparecen más y más cosas coloridas y maravillosas, vestidos hechos a mano y juguetes para Francisco y para mí. Entre otras cosas, además de la muñeca que era un bebé, me regala el más hermoso vestuario en miniatura para bebé: vestiditos, ropita interior, mediecitas. Ella siempre nos vestía a mis muñecas y a mí. ¿Me di cuenta entonces de que yo era su "muñeca de carne y hueso"?

Los delicados bordados de esos vestidos eran realmente exquisitos. Creo que es muy posible que Mami se estuviera esforzando por arreglar las cosas conmigo antes de nuestro viaje a Nueva York. Pienso que la idea era que Francisco y yo bajáramos la guardia. ¿Pero por qué tenía que hacerse de nuevo amiga de nosotros? ¿De sus propios hijos?

Se despeja la bruma y en algún momento nos mudan de nuevo para donde Fela y Justino. Me imagino que Mami se quedó en Puerto Rico como un mes, por lo menos. Ahora sospecho que volvió para Navidad, porque para ella era inconcebible no estar en casa en Juncos para pasar la gran fiesta con sus dos hijitos.

La temporada de Navidad en Puerto Rico es diferente a la del resto del mundo; y definitivamente muy diferente a las festividades de Navidad en la América continental. En Juncos, la Navidad parece durar la mitad del año, pero no por los trece días oficiales de Navidad, sino por el tiempo que se toman los preparativos para esos trece días oficiales.

Todo Puerto Rico se regocijaba por lo ocurrido tanto tiempo atrás, al otro lado del mundo, en Belén. Teníamos más pesebres, más Niños Jesús, más santos, más burros, que ninguna otra Natividad en el mundo.

Se decora todo el pueblo y hay muchas procesiones. Los santos marchan por todas partes; sus imágenes pintadas con colores atrevidos y escandalosos que en cualquier otra parte del mundo serían demasiado. Pero en un pueblo donde todo está pintado con colores brillantes, donde hasta el bosque es coloreado por la naturaleza en fieros tonos de rojo, rosado fuerte, verde limón, amarillo brillante, los colores de los santos lucen apenas bien. Pintados con una paleta de brillantes colores, los santos llevan exquisitas vestiduras de color azul turquesa, oro cadmio, fucsia, que gritan "¡alábennos!".

Estaban todas los villancicos y cantos, las fiestas y rezos y visitas interminables y más rezos y fiestas, y entonces los regalos.

En esa Navidad, Mami produjo más regalos que nunca antes. El baúl era mágico, como el arca de un tesoro de cuento de hadas parecía no tener fondo, y seguían saliendo vistosos regalos para Francisco y para mí.

Había más, y más y más. Y en una versión puertorriqueña de las salidas a cantar villancicos frente a todas las casas, todos los amigos, parientes y vecinos nos visitaban. La gente siempre se presentaba después de medianoche, por lo general a las dos de la madrugada. "¡Parranda!". Esa era la costumbre. "¡Parranda! ¡Sorpresa! ¡Asalto!". Visitas sorpresa por las festividades, pero claro que nunca nos sorprendíamos. Oh, no, ¡siempre estábamos listos para la parranda y para el asalto. La llegada de los visitantes cantores empezaba con una descarga de sonido: cacerolas y ollas que se golpeaban. "¡Asalto! ¡Parranda!". Los hombres tocaban música, tamborileaban un bongó, rasgaban las cuatro cuerdas de sus guitarras, y, por supuesto, todo el mundo tocaba las maracas. Nuestra casita se llenaba de comida y del aroma de más comida. Había una mesa enorme cargada con lechón asado, pollo preparado de muchas maneras, arroz y plátanos con canela. Los hombres bebían de sus botellas de ron y fumaban los cigarros que habían ido guardando durante todo el año. Mi abuelo presentaba su alijo privado, los mejores cigarros que había enrollado. El aire se llenaba de humo y canciones, de risas y maravillosos olores.

Supe entonces que 1935 sería mi mejor Navidad, pero en ese momento aún no sabía por qué.

Fue la mejor porque ella sabía, mi madre sabía, todo el mundo en Juncos sabía, todos menos yo, que esa sería nuestra última Navidad en Juncos, nuestra última Navidad en Puerto Rico.

¿Cómo iba a saber yo que en realidad esa no era una Navidad sino la última celebración de una forma de vida? El fin de nuestra familia, ¡mi última fiesta con Francisco! Todavía puedo ver con los ojos de mi memoria sus deditos regordetes abriendo sus regalos de niño pequeño: carritos y marionetas, una pelota que rebotaba por todas partes mientras él correteaba alrededor del árbol, gritando feliz. Qué triste habría estado yo si hubiera sabido que esa era la última Navidad que mi hermano y yo compartiríamos. Pero no sabía nada de eso. Sólo estaba en la gloria.

La felicidad me hacía sentir en las nubes: todo el mundo me quería, mis regalos formaban una pequeña montaña. Y yo danzaba alrededor de todos con mi nuevo vestido lleno de volantes y estiraba muy bien la punta de mis pies enfundados en zapatillas de seda. Era un placer delirante. ¿Cómo podía saber yo que era el final de la única vida que había conocido?

EL GRAN CAMBIO

¿Cuándo decidió Mami favorecerme a mí por encima de Francisco? ¿Cuándo tomó esa decisión, que parece tan fría y hasta cruel? ¿Fue en esa Navidad, o más tarde? ¿O hubo otra razón para lo que sucedió?

Casi sin previo aviso llegó El Fin, El Gran Cambio. Una mañana, mi madre me despertó más temprano de lo acostumbrado, en la oscuridad que precede al amanecer cuando las aves de Juncos aún guardan silencio y se supone que duermen en sus perchas del bosque. Se oyó el graznido irritado de un gallo inquieto; hasta él percibió El Gran Cambio. Algo muy grande y fatídico estaba por ocurrir. Mi madre me vistió con una cantidad poco usual de prendas y me abotonó un suéter extraño.

En la penumbra, después de darme a cucharadas mi cremosa avena especial, me entregó una pequeña maleta y tres bolsas de compras con mis vestidos, mis muñecas y sus vestuarios en miniatura. Luego me sorprendió con "nueva" ropa: un suéter grueso, un abrigo de lana, unos cuantos pares de medias hasta la rodilla y un par de zapatos nuevos "cerrados" —que no permitían a mis dedos asomarse como lo hacían desde mis sandalias—. Entonces me anunció con voz entrecortada, nueva como las sombras de la madrugada:

—Nos vamos de Juncos. Nos mudamos... a los Estados Unidos.

La idea de viajar en un barco me entusiasmó mucho. Pero lo extraño era que Francisco no fuera con nosotras. Todavía no.

—Pero él también vendrá, más adelante. Te llevo a ti primero porque eres una niña grande y no vas a llorar.

El baúl mágico, de nuevo empacado con todo el tesoro, también haría el viaje de vuelta a la ciudad de Nueva York, junto con varias bolsas de compras como es tradición entre la gente pobre que no tiene dinero para comprar maletas. El baúl debía ser entregado a alguien llamada "Titi", más o menos en una semana.

"Titi" significa tía, pero Mami me explicó:

—Ella es mi Titi, pero en los Estados Unidos será tu Titi también porque nos quedaremos con ella hasta que tengamos nuestra propia casa para ti, para mí y para Francisco, cuando él venga... después.

Cuando ella dijo "después" ¿ya estaba mintiendo acerca de Francisco? ¿Estaba decidiendo abandonarlo entonces o lo decidió más tarde? ¿Fue este un engaño por parte de Mami?

El gallo inquieto no dejó de graznar. Las gallinas cacarearon alborotadas, desde sus nidos. Mi pollito especial, Puchito, el que Francisco y yo manteníamos en nuestra habitación, también graznaba, y mi madre me dice que lo devuelva a su mamá gallina. La pequeña bolita de plumas siempre nos seguía a Francisco y a mí, se sentaba en nuestras manos y se quedaba hipnotizado aunque lo volteáramos patas arriba. No quería abandonar mi pequeño Puchito, y lo dejé a regañadientes. La gallina estiró el ala y lo acomodó bajo ella, junto al calor de su cuerpo emplumado.

¿Y de Paco qué? Aún en ese momento, a mis cinco años, me doy cuenta de que mi padre Paco ya es historia; de que no sólo estamos dejando Puerto Rico, sino también a Paco, quien ya parece estar esfumándose de mis recuerdos, como si de alguna manera siempre hubiera sabido que no sería un papi permanente. Hombre flaco con un bigote de gigoló todavía más flaco, Paco desaparece casi frente a mis ojos. Y aún ahora cuando trato de recordarlo palidece cada vez más.

Ahora sólo puedo traer a mi memoria dos imágenes de mi padre, Paco José Alverio: una de pie, recostado, con los pulgares enganchados en las tirillas del cinturón. Siempre usaba la cintura de los pantalones muy alta, casi bajo las axilas y así parecía más bajito aún. Sin embargo, en esa instantánea permanente que guardo en mi mente, mi padre asume una pose muy confiada para un hombre tan insignificante, que estaba a punto de ser dejado atrás.

La segunda imagen es más específica e insólita. Es una mirada real a través de un resquicio de la memoria, una grieta bajo la puerta del retrete exterior. Detrás de la casa de helado está la dependencia, alguna vez pintada con los mismos colores de helado, de los que ahora solo quedan trazas de rosa y del color de la pintura anterior, azul. Le faltan tablas, y hay una gran rajadura en la parte inferior de la puerta donde la madera no toca la tierra.

Estoy fisgoneando por ese espacio, para mirar a mi padre. Quiero ver lo que hace que un hombre sea diferente de mí. Acostada en el suelo atisbo entre las sombras del retrete. Veo a mi Paco: está de pie, en esa paciente pose contrita que los hombres asumen para orinar. Mi Popi tiene algo entre las piernas: un oscuro y confuso aparato, una masa misteriosa que cuelga de allí.

Ya no puedo quedarme más acostada así, mirándolo e inhalando los olores del retrete. Me enderezo para recuperar el aliento y me llevo sólo este turbio recuerdo de una sombra que cuelga y el gran bulto. Todo es más confuso que cualquier otra cosa que conozca y sé que es prohibido. Poco contribuyó a satisfacer mi curiosidad ese fisgoneo. Sólo la aumentó.

Es como si el papel protagónico de Paco José Alverio en mi vida tuviera que desaparecer y ser olvidado.

Trece años más tarde, pasmosamente, mi padre Paco José Alverio reaparecería, pero ese retorno sorpresa ocurrió cuando ya estaba mucho más alejada de mi vida en Puerto Rico y era una joven actriz de cine. El encuentro fue tan inesperado que reaccioné por reflejo y siempre lamentaré lo ocurrido entre nosotros esa vez. Cuando salí de Puerto Rico, un encuentro así era inimaginable; mi madre y yo habíamos emigrado no sólo de Puerto Rico sino del pasado y de tanta gente que yo amaba.

Dadas las circunstancias, dejar a Paco parecía aceptable, ¿pero a mi hermano?

—¿Y Francisco qué? ¡No podemos dejar a Francisco!

Yo lloraba y en respuesta a mis ruegos de que mi hermano también viniera, Mami seguía repitiendo:

—Francisco no puede venir a Estados Unidos en este viaje.

"Francisco..." se convirtió en mi cantinela. "Francisco, también". No podía imaginar mi vida sin él, mi hermanito de suave piel acaramelada; yo había sido la hermana mayor, lo cargaba mientras Mami cosía y Fela cocinaba. Le enseñé a cavar en la tierra con su palita, y también a perseguir los pollos. Juntos veíamos empollar los huevos y habíamos criado a Puchito, el esponjado pollito de plumas amarillas. ¿Qué pasaría con nuestras

ranitas coquí? ¿Quién las haría correr con Francisco? Él me ne-
cesita... el pollito y las ranas me necesitan. Y yo lo necesito a él.

—Francisco también —repito—, Francisco debe venir también.

—Después, después —me dice Mami—, ahora él es demasiado pequeño y lloraría... Cuando nos hayamos instalado en
nuestra propia casa y él haya crecido un poco, entonces vendrá
Francisco...

El impacto de dejar a mis abuelos, mi hermanito, mi padre,
mi hogar, mi tierra natal, mi pollo, me vino a golpear mucho después. Recuerdo nuestra partida antes del amanecer; salimos al
polvoriento camino con Justino y Fela, que llevaba cargado a
Francisco. Justino y Fela nos despedirían y se ocuparían de Francisco por lo que yo imaginaba sería un breve intervalo.

Mientras esperábamos el destartalado cacharro alquilado
que nos llevaría hasta San Juan, rompió el alba sobre el bosque y
sobre las casas de helado. Todo el bosque se despertó. Un repentino chubasco tropical cayó como el telón de gasa de un teatro.
Una lluvia plateada, sin impacto real, que apenas nos humedeció
un poco.

Entonces un viejo camión se detuvo en nuestra parada y todos nos embarcamos. Miré hacia atrás, todo el tiempo que pude,
hacia Juncos a través de la cortina de lluvia. Los colores suaviza-
dos como tonos pastel y esa imagen final de mi hogar se convirtió
en algo menos que un recuerdo, más bien en un sueño a medio
evocar.

¿Cómo saber cuándo se dice adiós de veras? La respuesta,
como lo descubriría demasiado tarde, es que posiblemente nunca
lo sepas. ¿Cómo iba yo a saber que jamás volvería a ver a Francisco? ¿O al abuelo o a Fela? Todo lo que me queda de mis abuelos son unos cuantos recuerdos, desvaídos como sus fotografías

en sepia. ¿Y de mi hermanito de piel tan suave? El aroma de la manteca de cacao y el roce de su pelo sedoso bajo mi mano, cuando le acaricié la cabeza; la suavidad de su mejilla cuando lo besé. Pero nunca lo besé despidiéndome de veras. Todavía creo que me reuniré de nuevo con el pequeño Francisco, aunque sé que es imposible.

Les dijimos adiós con la mano desde la cubierta del barco pero la multitud de inmigrantes era tan compacta, que Mami y yo no alcanzamos a llegar a la baranda. Quedamos dos filas atrás tratando de que nos vieran y de tener un último vistazo de mis abuelos y Francisco. Espero que ellos hayan podido vernos más que lo que veíamos nosotras, tal vez reconocieron mi pequeña mano, que Mami levantaba bien alto, despidiéndome, despidiéndome. Con el paso de las horas, me pregunté, ¿qué hay de Dios en un "adiós"?

Ni con toda la ficción de peligrosos naufragios y casi muerte en el mar, podría haberme inventado el horror de nuestro viaje a Nueva York. Aferrada a la mano de mi madre, abordé el S.S. Carabobo. Un nombre que tampoco me inventaría.

El barco estaba tan abarrotado de puertorriqueños, que ahora me pregunto si sería legal. Con toda seguridad la bodega del barco, que era nuestro alojamiento, no cumplía con las normas sanitarias de ningún país. Mucho después, leería historias de barcos de esclavos, con la gente hacinada y las aguas residuales corriendo por la cubierta y me parecerían muy familiares.

No acabábamos de dejar las cristalinas aguas color turquesa de San Juan cuando el agua y el cielo se oscurecieron. Se formó una tormenta como el puño de una mano oscura sobre nosotros y empezó a caer una lluvia negra y dura que parecía dirigida solamente al S.S. Carabobo. El movimiento de la nave no tardó en volverse alarmante, se deslizaba olas abajo y rodaba en la hondonada entre una y otra ola. En cubierta, a medida que el barco avanzaba en un mar cada vez más embravecido, yo también me balanceaba.

—No nos vayamos —sugiero—. Devolvámonos...

Sosteniendo mi mano, mi madre me dijo:

—No durará mucho. El viaje en el barco será divertido. Sólo son pocos días...

El hedor comenzó casi de inmediato. El olor de cuerpos y excusados bajo cubierta se volvió insoportable, irrespirable, y mi madre y yo preferimos el riesgo de la menos segura cubierta superior, con tal de permanecer afuera y respirar el aire salado. Alcanzamos a respirar una vez, por supuesto, y empezó a caer un aguacero al que pronto se sumaron vientos intensos de tormenta. Estoy segura de que en algún libro de historias de temporales en el mar, debe estar registrado el huracán que casi hunde al S.S. Carabobo.

Los alaridos de los pasajeros se escuchaban por encima del aullido del viento. Los puertorriqueños no son conocidos por sufrir las adversidades en silencio; el pánico era de espanto. En todo el barco pronto empezaron a resonar los gritos y gemidos de puertorriqueños mareados y aterrorizados que, como yo, deseaban no haber dejado nunca su hogar. Se escuchaban súplicas a la "Madre de Dios" desde todas las cubiertas. Salieron a relucir los rosarios y se pronunciaron las oraciones postreras. El crujido del barco armonizaba con el coro humano del miedo. En la cubierta superior, una joven madre se paseaba cantándole al bebé que llevaba en brazos. Y para completar, el huracán aumentó su intensidad y el viento empujó al viejo S.S. Carabobo de arriba a abajo entre el temible oleaje de un mar a merced de la tormenta.

Bajo cubierta, otro mar fluía de los retretes, cuya capacidad se desbordó en minutos. Todos los fluidos conocidos brotaban por ambos extremos de cada pasajero. Por la cubierta corría una fétida mezcla de vómito, orina y heces. Por momentos el mar encrespado parecía más acogedor y limpio. Tal vez valiera la pena una zambullida fatal para que la fresca agua del mar me lavara. Caminando de lado, mi madre me llevaba al baño cuando ya era absolutamente necesario y cada vez que lo hacíamos, también la sacudían las arcadas. Demasiado asustada y concentrada en sobrevivir, yo no vomité ni una vez.

Ese derrame de aguas residuales duró cinco días con sus noches. Cuando por fin el S.S. Carabobo se resguardó en el puerto de Nueva York, miré hacia arriba para ver la verde estatua de la Señora Libertad y me pregunté si ella también habría estado enferma. Mucho más tarde en mi vida, vine a caer en cuenta de que el cobre de toda la estatua se había oxidado y que la antorcha, como pensé la primera vez que la vi, no era un sucio cono de helado.

Cuando casi habíamos llegado, mi madre dividió parte de nuestras ropas, puso lo que había escogido en la mitad de las grandes bufandas y anudó cada extremo. En esos cargadores improvisados llevaríamos nuestra ropa esencial, hasta que llegara el baúl. Cargamos nuestras cosas como los vagabundos.

Curiosamente, aunque mantuve bajo control mi propio estómago durante todo el viaje del S.S. Carabobo, ya en tierra, el mareante ritmo del mar que conservaba en mi interior me produjo arcadas.

LA CIUDAD GLACIAL

El puerto de Nueva York me recibió con náuseas y más frío del que jamás había sentido en mi vida. El impacto del frío al desembarcar, me hizo retroceder. No quería entrar en este nuevo mundo gris y helado. Aunque Mami me había traído un abrigo y un gorro, calcetines hasta la rodilla y guantes de lana, yo no estaba preparada para los embates de un viento helado que me azotaba todo lo que quedaba expuesto, la cara, la nuca, y hasta el espacio entre las mangas de mi abrigo de invierno y los guantes.

Luego vinieron las filas interminables en el muelle, mientras un reducido número de funcionarios trataba de procesar millares de inmigrantes enfermos de pánico y del estómago. Pocos de esos funcionarios entendían español y mis tribulaciones por el idioma empezaron de inmediato. "¿Habla español?" "¿Habla español?" "¡Por favor, español!". Por todas partes la gente gritaba en español, pidiendo ayuda o simplemente gritando.

Como inmigrante puertorriqueña recién desembarcada, mi primera sensación fue de temor y de no ser bienvenida. Si hubiera podido abordar de nuevo la maloliente nave S. S. Carabobo y devolverme a San Juan en medio de una marea de náuseas, lo habría hecho encantada. En lugar de eso, Mami y yo entramos a los Estados Unidos cada una cargando su única maleta, su bufanda anudada y su bolsa de compras.

Mi madre lo había dispuesto todo y, formalizado nuestro ingreso al país, tomamos un autobús. El viaje en autobús urbano hasta lo que después supe que era el Bronx fue tan tenebroso como nuestro lugar de destino. Habíamos salido del mundo en tecnicolor de Oz para entrar a un sucio mundo gris sin retorno.

Me asomé por la sucia ventanilla del autobús y solo vi más gris, concreto gris y árboles tristes a los que el invierno había arrebatado las hojas y doblegado las ramas. Algunos tenían abrazaderas metálicas, como si estuvieran lisiados. Todo se veía sucio. Vi unas cestas de basura volcadas y un gato ceniciento. Le pregunté a mi madre:

—¿Dónde están las palmeras y las flores? ¿Y las trinitarias?

—Todas volverán en el verano...

Me explicó que aquí no todo el tiempo era "verano" como en casa; que había cuatro estaciones distintas y esta de febrero se llamaba "invierno". Y que el viento helado del invierno era lo que lastimaba mi piel tropical.

Demasiado pronto me encontré de nuevo en la calle, en ese implacable concreto helado, con el viento glacial golpeándome la cara. Y cargamos nuestro escaso equipaje, bufandas y bolsas hasta Mohegan Avenue en el suroeste del Bronx.

Después de quedar prácticamente destruida en la década de

los setenta por incendios provocados y el vandalismo, hoy día esta sección del Bronx está siendo reconstruida. Pero en 1936 era un monótono vecindario impasible. Unos cuantos edificios exageraban los vestigios de su grandeza, con nombres como *The Luxembourg Houses* e incluso *Clarington Mansion*. La mayoría de ellos tenían sólo números, altos números señalando lo que eran en realidad: cientos de deslucidas fachadas similares que ocultaban apartamentos idénticos, como cajas, con una limitada vista "del exterior".

Los oscuros edificios de ladrillo marrón, muchos construidos como a la defensiva alrededor de patios de cemento con fuentes ya inservibles, jamás serían edificios de apartamentos lujosos, pero tampoco eran verdaderos tugurios. En la década de los años treinta eran hospedajes de clase baja, cuyos caseros, haciendo caso omiso del número de inquilinos permitido por ley, los alquilaban a inmigrantes irlandeses y refugiados judíos y puertorriqueños, que necesitaban un sitio cualquiera al que pudieran llamar "hogar".

Allí, sobre Mohegan Avenue en el Bronx, nos esperaba una de las habitaciones de un apartamento de cuatro. Un apartamento ubicado, como todos los que tendríamos, en el último de los cinco pisos del edificio.

Nuestro primer sitio en Estados Unidos, "la Tierra Prometida donde la vida sería mucho mejor", carecía de todo encanto y el número de ocupantes sobrepasaba su capacidad. El apartamento estaba atiborrado de parientes y conocidos de la tía Titi, provenientes de la Isla. Otras tres familias, doce personas en total, dormían en catres y sofás-cama. Este alojamiento lucía apenas un poco mejor que la bodega del S.S. Carabobo.

Subimos los cinco oscuros tramos de escalera y encontramos a la tía Titi, cuya corpulencia bloqueaba la puerta de acceso a su

sanctasantórum. Titi nos abrazó. No sé cuánto le agradaba realmente alojar a dos personas más en el pequeño apartamento ya
tan sobrecargado, pero la tía Titi era puertorriqueña y nos abrazó
y nos besó en ambas mejillas y exaltó mi hermosura ("¡A-do-ra-
ble!"). Es posible que Titi también hubiera sido linda alguna vez,
pero sus labios de Cupido, como debieron lucir en otras épocas,
ahora estaban delineados con lápiz labial oscuro, y lucía un rizo
pegado en la frente. Llevaba ropa en la que aún hacía caber y
"destacar" su amplia figura y memorable trasero, que probablemente era su mayor atractivo. A los latinos les encanta que "haya
algo allá atrás, ¡algo que un hombre pueda agarrar!". Titi me dio
una bienvenida entusiasta y muy cálida. Hablaba a gritos y más
adelante aprendí que Titi desconocía el significado de las palabras "hablar en voz baja".

Detrás de Titi alcancé a ver a mis nuevos "primos", ahora
compañeros de apartamento, que apoltronados en la sala mira-
ban con escasa curiosidad desde sus posiciones en sofás-cama
cubiertos con fundas desvaídas, frente a una radio Motorola que
transmitía el staccato de una estación en español. Una solitaria
planta serpiente asomaba sus bicolores hojas puntiagudas desde
el alféizar de la ventana, sembrada en una maceta *art déco* de un
subido tono rosado. En una vasija de vidrio transparente, un *gold-
fish* anaranjado nadaba en círculos. Sobre la ventana, la gruesa
cortina con su estampado de verdes hojas de plátano y asegurada
a los lados, permitía que la escasa luz invernal de la ciudad pasara a través del vidrio opaco por el polvo acumulado. Esos coloridos objetos eran todo lo que quedaba de nuestro origen tropical.

Mi madre me susurró:

—No te preocupes, Rosita, que será sólo por poco tiempo...

Un consuelo en el que a mis cinco años ya había aprendido a
no confiar. Mi prioridad era adaptarme a mi nuevo clima. Habían

terminado mis días de pies descalzos, ahora debía usar unos pesados zapatos a los que no estaba acostumbrada, y en días lluviosos, nuevos chanclos de goma llamados *galoshes* que cubrían el calzado normal. Mi piel tan sensible no quedaría expuesta: me dieron un abrigo aún más pesado, de lana, más suéteres, faldas y ropa interior también de lana y medias largas de un tejido color carne llamado *lisle*. Para completar, aparecieron unos gorros tejidos con tiras para atar debajo de la barbilla, que atraparon mi cara. Pronto mi nariz pasó de un pálido bronceado a ser roja; mis labios, que en casa eran tan suaves, se endurecieron y cuartearon. Ni siquiera podía sonreír sin que se agrietaran.

El aroma de las cayenas que venía del bosque fue reemplazado por el apestoso olor dulzón del Flit contra cucarachas. Aplicábamos el Flit con una bomba de mano, que creaba toda una atmósfera pero no parecía matar muchas cucarachas, sólo dejaba unos cuantos cadáveres patas arriba en la cocina.

El canto de los pájaros fue suplantado por el chirrido del tren elevado y por los pitos y ruidos del tráfico vehicular. El propio aire lucía gris, como tiznado de hollín y su contaminación parecía haber ensuciado a los pocos pajaritos que veía: pequeños gorriones y palomas cuyos pechos grises ofrecían la única nota de color: una suave iridiscencia en tonos verde y violeta que debían haber sido más brillantes en otra época. Los pájaros volaban poco, daban saltitos recogiendo viejas migas de pan en las cunetas.

Habíamos salido de una fotografía a todo color y traspasado el umbral del más sombrío *cinema vérité* o cine de la realidad. Mis recuerdos de lo que siguió son borrosos y parece que brincaran, como filmados por una cámara de mano.

Aunque vivía mi nueva vida, no quería recordarla.

¿Por qué dejamos Juncos? ¡Era una locura decir que esto era "mejor"!

Ahora entiendo que mi madre de veintidós años debía irse de Juncos para alejarse de mi padre, marido infiel que pretendía dominarla, en busca de un nuevo esposo (conseguiría un total de cinco). Ella era joven y necesitaba buscar fortuna, trabajo propio y abrirse un nuevo camino. Juncos había ofrecido a mi madre más infelicidad que dicha. Yo siempre extrañaría a Juncos, ella quizás no.

Ahora veo que mi madre fue muy valiente y fue una verdadera pionera al emprender este viaje a un país nuevo, para crearse una vida nueva. Llegó cuando apenas empezaba la historia de los puertorriqueños en la ciudad de Nueva York, en 1936, mucho antes de la gran migración de los años cincuenta. En el 1936, en la ciudad de Nueva York había pocos enclaves de nuestros paisanos —y estábamos en el Bronx, uno de ellos—.

Rosa María Marcano (conocida acá por su apellido de soltera) fue una mujer vanguardista. Pero entonces, ella sólo era Mami y yo pensaba que nos había llevado por mal camino, que todo había sido un error terrible. Ahora sé que la juzgué mal.

Esa primera noche, apenas nos acostamos, exhaustas, en la angosta camita de hierro que compartiríamos muchas noches más... nos picaron unos bichos. ¿Qué eran esos extraños y feos insectos negros? ¿Mosquitos americanos?

Eran chinches. Bienvenidas a Estados Unidos.

El frío era tan intenso que yo temblaba incluso bajo las cobijas. Mi madre me abrazaba toda la noche para que el calor de su cuerpo me ayudara a dormir. Yo soñaba que estaba de nuevo en casa del abuelo jugando con mis cacerolitas, mis adoradas ollitas y sartenes de juguete, fingiendo cocinar para la familia y hablando conmigo misma... "Esto es para Mami, esto para Francisco...". Pero de repente un terrible huracán arrasaba con mis ollitas y sartenes y yo me despertaba llorando.

Cuando mi mamá me preguntaba qué me pasaba, yo sólo podía decirle entre sollozos: "cacerolitas". Mi propia imagen de mí misma tan amada y protegida, se hizo añicos como las cáscaras de huevo que decoraban el jardín de mi verdadero hogar, la casita rosada. Y todo lo que era brillante y hermoso, desapareció.

Me despertó el traqueteo de la calefacción. *Bang bang, clang clang.* El calor del vapor silbaba haciendo expandir y contraer el metal, y nuestra fuente de calor sonaba como armas disparadas al amanecer. El primer día de mi nueva vida en Estados Unidos me desperté llorando. Despierta y dormida, todo el tiempo soñaba que seguía en el paraíso, mi vida imaginaria en Puerto Rico. Aquí, en Mohegan Avenue, así bautizada en recuerdo del enemigo indígena, lo que vivía era una pesadilla. Había nuevos enemigos: muchachos irlandeses y anglos que deambulaban en pandillas por las calles del Bronx, armados de tubos e insultos. El viento helado soplaba y arrastraba consigo la ofensa del peor de los insultos: ¡*Spics*!.

Nuestra simple existencia era excusa para perseguirnos. "¡Madre de Dios! ¡Protégenos!". Protégenos de la pavorosa emboscada en cualquier callejón y de los puñetazos o golpes con tubos. En este vecindario se libraba una guerra racial y el nuevo objetivo eran los puertorriqueños recién llegados. Los más benevolentes *chews* (mezcla de chino y judío), los italianos y ocasionalmente los suecos, se referían a nosotros como "los P.R.". Esas otras minorías inmigrantes nos favorecían más que a los *schvartzes* —despectiva expresión yiddish para los negros—. Pero los irlandeses odiaban nuestra piel más oscura, nuestros radios con la música a todo volumen y nuestra aparente frivolidad frente a las premoniciones irlandesas del Juicio Final. A los irlandeses quizás les parecíamos demasiado alegres, demasiado ansiosos por celebrar y hacer fiestas continuamente, mientras ellos se reunían siempre tristones, en una vigilia constante, en sus lóbregos bares de luces verdes. Esa diferencia filosófica se extendía hasta sus niños más pequeños que, con cinco años apenas, podían perseguir a una niña hispana y darle una paliza con un bate de béisbol.

Spics era el grito de guerra, el insulto, y ni siquiera sé si yo entendía que tenía que ver con el color de mi piel o que significaba *Hispanic*: hispana. Lentamente, en una consciente e inconsciente asimilación de esta cultura de rubias que eran estrellas de cine y diosas de vallas publicitarias, y de rubias que eran populares en la escuela, aprendí que yo era de una raza equivocada, que la piel clara era mejor que la oscura. Allá en casa, en Juncos, había gente de todos los colores y tonalidades; para nada importaba que Mami y yo fuéramos más bien claras o que mi abuelo Justino fuera más oscuro. Pero aquí sí que importaba, y mi piel "clara" no era lo suficientemente clara. En la calle, yo era una niña morena que tendía a ser negra, y más tarde en la escuela era objeto de burlas. Por primera vez cuestioné mi imagen reflejada en el espejo del apartamento, y me miré las manos preguntándome si se verían "sucias" aunque estuvieran limpias.

Entonces no lo sabía pero después comprendí que sobre las chicas puertorriqueñas, cuyos trajes de tonos pastel y dorados escotes despertaban a la vez sentimientos de deseo y odio, también se cernía la amenaza de las violaciones. Recuerdo que aún de niña ya sabía que "ellos pueden reconocernos". Nos reconocían en el acto por nuestro color, por nuestra forma de vestir. Y vivía alerta al peligro... El miedo me agarrotaba cuando veía un grupo de chicos merodeando por una esquina o, peor, escabulléndose callejón abajo. A menudo vestían de cuero y me recordaban serpientes. Fumando y gritando, parecían hablar en una mofa constante. Ellos podían reconocerme fácilmente por mis vivos colores y brillantes zapatos; en su opinión, "demasiado arreglada". Y en verano, mis vestidos tendrían volantes que ninguna chica "americana" usaría. Yo me cruzaba la calle para evitar las pandillas, pero no podía evitar sus insultos: ¡*Spic*! ¡*Boca-de-ajo*!

Corría por las calles del Bronx más rápido de lo que jamás pensé que mis piernas podrían llevarme, impulsada por el miedo de que me agarraran, sin saber lo que me harían si alguna vez me alcanzaban. ¿Usarían sus bates? ¿Cachiporras? ¿Un revólver? O peor aún, ¿me clavarían una navaja automática? ¿O sacarían una navaja de rasurar? Se rumoraba que los nefastos Fordham Baldies usaban esas navajas y yo siempre temía por mi cabellera. Además, había otras pandillas temibles, como la de los "Ducky Boys". En esa época la mayoría de las pandillas era de irlandeses, rubios y furiosos. Una vez, un chico se me acercó bastante y pude ver sus ojos sin expresión. Pensé: *Éste podría matarme*.

Corría muy rápido, pisadas y corazón a igual velocidad. La llave del apartamento agarrada entre el bolsillo, lista para dar vuelta a la cerradura tan pronto llegara a la puerta... o para cortarle la cara a alguien si tenía que hacerlo. *Apúrate, apúrate, corre, corre... Abre la puerta, dales con ella en las narices... ¡Están justo detrás de mí, justo detrás de mí! Ahí, en el callejón, alguien espera para saltar...*

Corre, corre, no respires... no, no te detengas. Punzada en mi costado. Alarma, late el corazón. *Más rápido, más rápido, dales con la puerta en las narices... ¡Lo logré!*

Por lo menos dentro del apartamento de Titi todo el mundo hablaba español, y aunque todos decían que éramos afortunados por estar en Estados Unidos, la forma de vida que compartíamos era mucho peor que la de Juncos y yo no podía entender por qué éramos "afortunados".

Comodidades había pocas. De noche, nuestro nuevo hogar era helado, más frío para nuestra "sangre tropical" que para el pálido inmigrante irlandés acostumbrado al invierno y los labios cuarteados. En esa época, durante la Depresión, era legal que los caseros apagaran la calefacción durante toda la noche, sin importar la temperatura exterior. En la fría y húmeda ciudad de Nueva York eso parecía un castigo por haber dejado la cálida y fragante isla de Puerto Rico. Pasaba las noches despierta, tratando de mantenerme muy cerca de mi madre para recibir el calor de su piel abrasadora. Ella parecía un calentador humano. Era como una estufa.

Pero hasta mi propia madre a menudo debía mantener una botella de agua caliente bajo sus pies, para que no se le durmieran. Y pronto consiguió otras formas de mantenerse caliente, pero eso ya fue después... A menudo nos dejábamos puestos gorro y abrigo dentro del apartamento. En mañanas malas, nos envolvíamos los hombros con más cobijas, como si fueran sarapes. Yo tiritaba en medio de ese frío al que no estaba acostumbrada y los dientes me castañeteaban como un artefacto cualquiera de una tienda de bromas.

De noche, en medio del frío, podía escuchar las cucarachas en sus asaltos a la cocineta donde con sus asquerosas patas peludas seguramente agarraban cualquier grano de nuestro arroz con pollo o migas de pan, o incluso un frijol rojo bien duro. Si me despertaba temprano y accionaba el interruptor de luz, había una migración en masa de cucarachas, regimientos que se guarecían dentro de grietas invisibles. El ocasional ataque acertado con un zapato o un golpe del diario puertorriqueño podía dejar un cadáver, su brillante caparazón aplastado y dejando escapar su marrón y dorada sangre de cucaracha. A los cinco años me costaba decidir si las cucarachas muertas me daban más asco que las vivas. Recordaba con afecto los bichos de Juncos, eran bichos mejores, coloridos, bichos tropicales; las arañas rojas eran atractivas y no se metían con uno.

En las noches, a menudo sentía la aguda picada de una chinche; cada pocas semanas, mi madre metía las flacas patas metálicas de la cama en grandes latas con kerosene. Yo trataba de dormir en medio del frío, a pesar de la incomodidad de las picadas que me rascaban, el olor del kerosene y el apestoso hedor dulzón del mata-cucarachas.

Mi madre estaba desesperada por salir del apartamento de tía Titi. La propia Titi era abrumadora, su voz llenaba las cuatro habitaciones. Si como algo muy especial íbamos al cine y Titi nos acompañaba, era una tortura. Todo el tiempo la mandaban a callar y en dos ocasiones hubo un intercambio de fuertes palabras entre ella y otro espectador. *"¡Shaddup yu noisy old hag!"*. (¡Cállate, vieja bruja chillona!) A lo cual respondería en su inglés, con todo un derroche fonético: *"¿Guade yu min, yu estúpido? ¿Songsin rong wid yu iars? ¡Go tu e doctor and yu iars fix, yu dommi! ¡Chatho pe yu self!"*. (Traducción: ¿Qué quieres decir, estúpido? ¿Tienes algún problema en los oídos? Ve a un médico a que te los arregle, ¡imbécil! ¡Cállate tú!).

Con la tía Titi presente, fuera o dentro del apartamento, mi madre nunca podría hacer lo que ella pensaba que debía hacer: conseguir un nuevo marido. Para eso necesitaba privacidad, y un mejor apartamento, uno que pudiera ser "nuestro propio lugar".

Como siempre, mi madre se trazó un plan: empezó a trabajar con febril obsesión, y además de coser en la fábrica del distrito de la confección, también empezó a limpiar apartamentos. En casa, en su "tiempo libre", hacía flores de papel de seda para vender a Woolworths, y me reclutó para esa labor. Yo plegaba el papel y aprendí la técnica de origami del Bronx con la cual se producían grandes creaciones tipo clavel. Me sentía muy orgullosa de mis esponjadas flores de papel y trabajaba junto a Mami. Cada flor nos acercaría un paso más a una vida mejor, al siguiente paso de Rosa María, a un lugar mejor, a un hombre mejor.

Durante el día, mientras Mami laboraba en esa fábrica que explotaba a sus trabajadoras, yo debía ir a la escuela. En mi primer día, Mami me llevó al edificio de la escuela, una sólida fortaleza de ladrillo, para ingresar a un kindergarten totalmente distinto al blanco y soleado salón de clases de Juncos.

Fui con ella, caminando bien agarrada de su mano. Era una mañana fría, el abrigo me pesaba sobre los hombros y, bajo mis pies tropicales, una nueva variedad de nieve sobre la cual caminar. Esta versión fangosa y grisácea, medio derretida y casi gelatinosa, se conocía como *slush*.

Rosa María me acompañó hasta el patio de la escuela, rodeado por una reja de hierro negro rematada en puntas. Los chicos estaban en fila, en pre ordenadas parejas de "amigos". Me estremecí. Allí no había lugar para mí, todos ellos se conocían. No quería entrar y me aferré al abrigo de mi madre, pero ella usó una artimaña para conseguir que la soltara.

—Espérame aquí —me indicó—, te traeré unas gomitas y un poco de chicle, vuelvo enseguida...

Estudié las caras pálidas de los otros niños, que ya estaban entrando en fila al edificio. Todos hablaban ese idioma entre ellos. Ninguno hablaba español. No vi ni una sola cara hispana. Tiempo después descubriría por qué: Mami estaba tan apurada por emigrar, que se adelantó a su tiempo. Cuando nosotras llegamos a los Estados Unidos, los que venían más eran adultos solos que trabajaban, reunían algún dinero y lo enviaban a sus familias en Puerto Rico. Mami era una emprendedora de avanzada; vino conmigo para empezar aquí una nueva vida; algo que los demás puertorriqueños no harían sino hasta treinta años más tarde. Ahora sé que ella fue una verdadera pionera; apenas mayor que una niña, dejó atrás a todos y todo lo que amaba para irse a "colonizar". Su valentía al mudarse a un nuevo mundo fue admirable pero a mí me convirtió en la única niña que hablaba español en el patio de esa escuela.

Cuando la maestra llegó a preguntar qué hacía yo parada todavía en la nieve fangosa, no pude entender lo que me decía. Traté de responder:

—Mi mami... chicle... goma... —pero nadie me entendió.

¿Por qué hizo eso Mami? ¿Por qué no entró conmigo? ¿Por qué no esperó y les explicó quién era yo? Empecé a llorar; no pude evitarlo. Contra mi voluntad, la maestra me llevó adentro. Yo lloraba por mi "Mami" aunque sabía que ella no iba a regresar "enseguida". La pregunta más aterradora era una que traté de no hacerme: ¿sí volvería?

Con mi madre muchas preguntas quedaban sin respuesta. ¿Por qué no regresó por Francisco? ¿Por qué cortó toda relación con Paco? ¿Por qué tenía que decirme ese día en que yo estaba sola frente a esa escuela extraña y con todos los chicos mirándome: "Vuelvo enseguida, ¿okey?".

Es que evitaba cualquier confrontación desagradable, ¿o había algo más profundo?

Cualquiera que fuera el motivo, ese día mi madre me dejó en la nieve fangosa del patio de la escuela con los pies entumecidos, gritando en español y no me entendía nadie. Apenas pude, corrí de vuelta al apartamento... y volví a hacerlo casi todos los días. Si salían a recreo, me iba.

Miraba a Mami a los ojos, pero por alguna razón no podía preguntarle "¿por qué?".

Sin embargo, así como de repente hacía algo así, tan doloroso, mi madre también hacía cosas buenas sin previo aviso. Una tarde gris, llegué a casa de la escuela, cansada de llorar. Estaba exhausta y sólo quería hacerme un ovillo en la cama y abrazarme las rodillas para calentarme, cuando ella exclamó: "Sorpresa para ti, tesoooorito...". Y me entregó una caja de cartón con huecos de ventilación que parecían hechos con un destornillador. Sentí que algo rasguñaba dentro de la caja y escuché el suave y familiar sonido de un pollito piando.

—Ábrela, tesorito... es para ti... es tu pequeño Puchito.

Sin poder creerlo, miré en la pequeña caja y ahí estaba él, o por lo menos un sustituto, amarillo y de suaves plumas esponjadas.

Este Puchito sustituto viviría por un tiempo en nuestra habitación del apartamento de Titi, pero creció rápido y en tiempo récord perdió sus suaves plumitas. En pocas semanas, dejó de ser una bolita de plumas esponjadas para convertirse en un escuálido gallito de cuello colorado, piel rugosa y carne de gallina, que corría y resbalaba por toda nuestra habitación sobre sus grandes patas escamosas, cacareándole al radio Motorola. Además de perder su apariencia de pollito, Puchito ya disparaba verdes proyectiles pegajosos de caca de pollo y devoraba una fortuna en alpiste. Cada vez que nos sentábamos a comer, nos miraba fijamente con sus rojos ojitos brillantes y redondos como cuentas, lo que resultaba incómodo, especialmente si el menú era arroz con pollo o cualquier otro platillo con pollo.

Sin embargo, me hacía reír y yo no iba a la escuela por quedarme en casa con el pollo. Se establecieron algunos precedentes; como el de que en nuestro apartamento la escuela no necesariamente era una obligación. A Mami no le preocupaba que yo faltara a clases.

Puchito era la única criatura que me hacía feliz, pues me recordaba mi hogar.

Pronto mi madre decidió que Puchito no era una mascota adecuada para vivir en un apartamento y lo envió exiliado al techo, entre una jaula. Yo lo visitaba y, sentada en el techo, lo cargaba y le acariciaba las plumas que ya le estaban creciendo. Un día subí para hacer mi visita de pollo y encontré a Puchito muerto, con sus patitas enroscadas sobre el pecho. Lloré. Había perdido a mi Puchito y de alguna manera su muerte de pollo simbolizó una segunda despedida de Puerto Rico.

Puchito había sido mi mejor amigo. Yo no tenía amigos. Nadie me hablaba y yo no le entendía a nadie. Fue entonces que empecé a concentrarme en el inglés. Me dolía cambiar de idioma y olvidar las palabras que me eran familiares, pero en secreto aprendí a hablar y entender el inglés.

Mami podía hablarlo: era rápida en ese sentido, pero se saltaba todas las vocales, y por eso su pronunciación era muy cómica. "Cada sábado, debemos cambiar las *shits*", y en verano decía que hacía mucho calor para trabajar por "*pissake*" y que deberíamos "ir a la *bitch*". Yo la corregía: "Pronuncia *sheets*. Pronuncia *beach*." Y ella tenía un chiste excelente: "No puedo. Sabes que tengo problemas con mis *bowels*".

Pero yo no quería tener acento. Nada de acento. Si tenía que hablar inglés, lo hablaría perfecto. *Perfectamente*.

Y lo hice.

CAMBIO

Solo tuvimos un acontecimiento para celebrar durante esos primeros meses en el Bronx. En medio del recrudecimiento de ese invierno que me entumecía la cara y los dedos de manos y pies, algo inesperado sucedió...

Por la ventana escarchada de mi primer invierno, vi el extraño encaje de cristales que caían.

—Maruca —gritó Mami.

—¿Qué es eso? —pregunté.

—¡Nieve! Hielo del cielo.

—Nieve.

—Vamos al techo.

Me puse una chaqueta y un gorrito de lana. Mi madre y yo subimos al techo que nos quedaba a sólo un tramo de la escalera de hierro. Empujamos la pesada puerta metálica de seguridad con su letrero de "NO PASE AL TECHO" y salimos a la cubierta de alquitrán helado, equivalente urbano de la capa de tierra congelada conocida como *permafrost*, que cubre algunas regiones. Toda la fealdad de la ciudad desapareció en un santiamén, bajo el manto de esa primera nevada que presenciamos. Los copos de nieve seguían cayendo y ambas abrimos la boca. Saqué la lengua y recibí esa deliciosa golosina, el primer regalo de mi nuevo terruño que pude disfrutar.

Después de todo, tal vez sí ocurran milagros en Estados Unidos, pensé. Esta magia blanca que se disolvía, como un beso rápido.

Los padecimientos del invierno dieron paso al súbito verano urbano. El calor de la ciudad de Nueva York era distinto al calor de Juncos: no era suave. Caía como la plancha de hierro de Mami y planchaba el alquitrán del techo y el asfalto de las calles. Lo ablandaba todo y la brea apestaba. Pero era calor.

Y para nosotras, dos puertorriqueñas que se habían congelado todo ese primer invierno, era un alivio caído del cielo. A lo largo de ese invierno que había sido un tormento, yo había hecho de todo para entrar en calor, hasta sentarme sobre el radiador, y casi me quemo el trasero. Mi madre y yo nos arrimábamos a ese aparato como si la misión de nuestra vida de emigrantes fuera buscar calor, tratar a toda costa de mantenernos calientes.

Pero un buen día, mis mitones y calcetines, desplegados sobre el radiador para secarse después de estar casi congelados con agua nieve, despidieron un vapor fragante. No era sólo el sibilante vapor del radiador sino el calor radiante del nuevo sol de primavera que entró a raudales por la ventana. El vidrio de la ventana se entibió. Y en un instante, nos cayó encima el verano y una mosca apareció zumbando.

Aunque apenas estaríamos en abril o mayo, la temperatura subió y mi termostato emocional también. Si podía mantenerme caliente de nuevo, la vida no sería tan mala. No tendría que aferrarme tanto a Mami en la cama y tampoco resistirme a salir de entre las cobijas.

Como si el calor nos hubiera devuelto el movimiento, emigramos una vez más, a un nuevo vecindario y un mejor apartamento.

—Ven —dijo mi madre—, vamos a buscar un lugar propio.

Tan pronto mi madre cosió suficientes vestidos, refregó suficientes apartamentos anglos, y ambas plegamos un pequeño jardín de flores de papel de seda que luego venderíamos a las tiendas populares, nos mudamos a "un lugar propio". Ese primer lugar fue una sola habitación pequeña, dotada con una cama gemela con piecera y cabecera de hierro que se me incrustaban en la cabeza y atrapaban mis pies. Pero era "nuestro".

Prosperamos y ascendimos en el mundo —literalmente ascendimos a la cima— a *The Heights*. Asentado sobre empinadas colinas que eran todo un reto para sus habitantes de a pie, nuestro nuevo alojamiento en Washington Heights era impactante. Transitábamos por las *step streets*, largas escaleras de piedra, que lo recorrían. A veces toda una serie de ellas, empalmadas, completaban subidas hasta de media milla. Nos mudamos a Ft. Washington Avenue, el punto más elevado de Manhattan donde realmente se percibía que la tierra era más alta, una colina gigante desde la que el mundo parecía abrirse en el horizonte y remontar el río por ese puente plateado.

Por primera vez en esta ciudad pude ver la línea del horizonte y el río. No tenía la exuberancia ni la hermosura de Juncos, pero me elevó el espíritu: empecé a creer que después de todo, la vida aquí podía ser posible.

Nuestro edificio estaba a una cuadra del puente conocido como George Washington Bridge y nuestro apartamento quedaba en el último piso. Imposible subir más. El vecindario llegaba hasta las estructuras de acero del puente, extensión metálica de su privilegiada topografía que desde nuestro techo lucía como una torta de bodas, de varios pisos. Me sentí feliz.

En mi mente infantil me parecía que nuestro nuevo hogar nos impulsaba directamente hacia arriba, hasta la entrada del puente. El constante ajetreo del tráfico resonaba desde ese gran portal. De noche, la rampa de acceso y el propio puente se iluminaban con el torrente de faros delanteros y rojas luces traseras que lo cruzaban como balas trazadoras.

En el siglo dieciséis, el Fuerte Washington había sido un fuerte de verdad y quedaba aquí mismo, donde Mami y yo vivíamos ahora. Fue aquí que el propio George Washington montó la defensa contra los británicos. Y fue aquí que Rosa Marcano ganó su propia batalla por su independencia, su nuevo hogar y su nuevo marido.

Yo compartí una historia con el George Washington Bridge, porque ambos nacimos el mismo año, l931; y todavía ambos éramos nuevos y jóvenes cuando me mudé a sus alrededores. El "GWB" era al mismo tiempo impresionante e imponente y cuando fui mayor, me invitaban a atravesarlo corriendo, a esconderme debajo de él y a participar en los juegos GWB que eran la atracción de los chicos más valientes de Washington Heights... pero me daba miedo y siempre me abstuve.

Me adapté mejor a este ambiente más natural que ofrecía The Heights. Aunque no era el mismo paisaje exuberante y acogedor de Puerto Rico, por lo menos no tenía la aterradora monotonía de nuestro vecindario del Bronx. Este nuevo vecindario no era sólo piedra, acero y ladrillo. Hacia el norte, tenía una versión urbana de un bosque, el Fort Tryon Park, que aun sin palmeras ni helechos era un verdadero alivio después de tanto concreto. En primavera y verano, todo el verde que lo rodeaba, el oasis turquesa de la piscina pública y, más abajo, el pequeño y "secreto" faro rojo y los *Cloisters* también atraían visitantes...

Hasta a los ojos de una niña, las construcciones de Washington Heights lucían mejores y más acogedoras que los enormes complejos de apartamentos de Mohegan Avenue. Los edificios de Washington Heights se levantaron a principios del siglo veinte, a una escala mucho más humana que la de las madrigueras de apartamentos del Bronx y fueron construidos con una mejor calidad que los de la post Depresión, después de la Primera Guerra Mundial.

Las amplias escalinatas de mármol y hermosas balaustradas, eran algunas de las características de la arquitectura de estos medianos edificios de apartamentos estilo Beaux Arts. Nuestro primer y más prolongado lugar de residencia, en el 715 de West 180th Street, conservaba la elegancia exterior de su piedra labrada, fachada de mármol y escaleras de incendio de hierro forjado adornado con volutas. En su interior, la amplia escalera principal se curvaba graciosamente al llegar abajo. El edificio, muy viejo, se había construido antes de que se inventaran los elevadores, así que con escalera de mármol y todo, la subida hasta el quinto piso era bastante larga. En Washington Heights me parecía que yo siempre estaba subiendo o bajando escaleras; adentro y afuera. Donde quiera que fuera, me sentía pequeña.

Por dentro, el edificio era una Torre de Babel con distintos idiomas y tipos de cocina en cada piso. Teníamos curry y urdu en el primer piso; chino xiang y salsa Hunan en el segundo; italiano y marinara en el tercero; y ruso, borscht y repollo en el cuarto...

Esa diversidad tenía sus pros y sus contras: algunas especias atraían, otras se volvían desagradables y lo mismo aplicaba también al comportamiento: el padre chino del primer piso golpeaba a sus dos hijas con tanta regularidad que las repetidas palizas y agudos gritos se convirtieron en la banda sonora del 715. Pero las niñas chinas parecían aceptarlo y con el tiempo yo también acepté que esos gritos y golpes eran inevitables aquí.

También había otras cosas inevitables. Como el hecho de que la imponente arquitectura llegara hasta el vestíbulo. Por dentro, los apartamentos eran estrechos, las habitaciones diminutas, y nuestro único baño era tan minúsculo que para llegar al retrete había que entrar de lado y el rollo de papel higiénico quedaba detrás de nuestras cabezas, lo que dificultaba alcanzarlo. Teníamos una mesa miniatura en nuestra cocina miniatura. Hasta nuestros electrodomésticos eran miniaturas, así que tan pronto hubo carámbanos de hielo colgando de nuestra ventana, instalamos una caja galvanizada en el alféizar para aumentar la capacidad de nuestra Frigidaire. Entonces, cada vez que tomábamos una botella de leche de la caja en el alféizar, una nueva ráfaga invernal nos golpeaba la cara.

Pero todo eso vino después. A los Heights nos mudamos un sofocante día de verano. Los árboles lucían frondosos y el edificio magnífico, con sus atractivos detalles arquitectónicos, entre los cuales se destacaba la escalera de incendio con el ornamentado hierro forjado.

Convertimos la escalera de incendio en nuestro balcón; me encantaba sentarme en el primer peldaño, junto a la ventana abierta y escuchar la radio puesta en el alféizar. Nuestra nueva radio, que tenía la forma de una pequeña catedral, sonaba a todo volumen para mí y para los latinos que estuvieran lo suficientemente cerca para apreciarlo.

Aire libre, aire libre. Por fin podíamos disfrutar de estar al aire libre otra vez, y pronto incorporamos el techo a nuestro estilo de vida. De día, era nuestra "playa de alquitrán", mi sitio de recreo favorito en el que me podía sentar al sol, sobre una cobija vieja. "Escoge una que ya esté dañada", aconsejaba mi madre. "Porque si la brea se calienta mucho puede mancharla". Se calentaba bastante, y yo alcanzaba a oler la creosota cuando se derretía mientras estaba tendida tomando el sol de la ciudad. Me llevaba refrescos: por lo general un frasco grande de jugo, la botella reciclada de algún vegetal encurtido, y me lo tomaba a sorbos a lo largo de mis prolongados sábados de "esparcimiento". Allá arriba podía leer, o cerrar los ojos y dedicarme a soñar que estaba de nuevo en casa... en Juncos.

De noche, el techo se convertía en un patio iluminado por las luces de edificios y estrellas, acentuadas por el resplandor del puente. En las noches de verano, subíamos sillas, tomábamos bebidas y a veces hasta cenábamos allí, disfrutando de nuestro entorno.

Al interior del apartamento, una serie de adquisiciones fruto del duro trabajo probaban que nuestra vida estaba mejorando: el radio de catedral, que primero fue pequeño, y luego un enorme modelo de piso, y también el teléfono. Oh, era una vida mejor. Mami tenía razón. Por un tiempo, la vida en los Heights continuó su emocionante ascenso. Pronto empezamos a documentar nuestro nuevo estilo de vida y alegría en una serie de fotografías tomadas en nuestra sala; y resplandeciente de orgullo, yo posaba frente al enorme radio Motorola modelo de piso (eventualmente reemplazado por un televisor Motorola modelo de piso con su diminuta pantalla), con el auricular del nuevo teléfono negro rotativo en la mano y mis atuendos llenos de volantes, con tocado de "ensalada de frutas" —como los de Carmen Miranda que en

esa época era lo mejor de lo mejor—. Hasta los muebles estaban
engalanados; mi madre cosía forros para cubrirlo todo
—tostadoras, radios, televisores—. Rosa María no dejaba ser viviente ni objeto inanimado sin que lo envolviera su mano crea-
tiva. Cubría hasta los pomos de las puertas, y cuando la tía Titi
venía de visita y ya se iba, no podía girar el pomo, porque el forro
se lo impedía. "¡*Sonofabich*! ¿Qué le hiciste a la puerta?". Pero
Mami seguía cubriendo más y más objetos, hasta el enorme radio
modelo de piso, del cual sólo se veían la pantalla y el dial por una
"ventanita" que mi madre le dejaba.

Por primera vez en tanto tiempo, desde que salimos de Juncos
y perdimos a todos los que teníamos allá, me sentí feliz y contenta. En medio de mi nueva alegría, empecé a dar vueltas y giros
por todo el apartamento. En ese momento no tenía ni idea de que
con esos giros espontáneos estaba dando inicio a mi carrera en el
mundo del espectáculo; de que en las próximas siete décadas seguiría girando en escenarios de teatro y sets de películas. Todo lo
que sentía era felicidad y el sonido del aplauso de mi madre y su
amiga. Rosita estaba bailando.

EL SUEÑO AMERICANO

La amiga de mi madre admiró mis improvisadas piruetas y dijo:
—¿Por qué no matriculas a Rosita en clases de baile?

¿Cuántos años tendría yo? ¿Seis? Todavía vivía en un mundo propio, pero amaba la música y giré haciendo un solo en espiral alrededor del pequeño apartaestudio. Ese talento potencial me fue recompensado, y mi madre y su amiga, que "tenía conexiones" me matricularon para estudiar con un profesor de danza, auténtico "español de España". El hecho de ser un "español de España" era una distinción importante. Significaba que no era puertorriqueño, ni cubano ni mexicano. "Español de España" significaba de pura casta española. "Español de España" significaba que hablaría un español cultivado —muy diferente del español puertorriqueño— un español castellano, con su elegante ceceo. "Español de España" también era en cierta forma una distinción racial: los puertorriqueños venían en millares de razas y colores de piel —los había rubios, dorados, bronceados, marrones oscuros, y negros—, pero los españoles de España eran blancos, muy blancos. No sé si a los propios puertorriqueños esto les parecería un prejuicio, pero ser "español de España" definitivamente se consideraba una alta categoría.

Al estudio de danza de Paco Cansino, fuimos en *subway*. Por suerte, yo aprendería danza española con un maestro, un miembro de la realeza de la danza española. Paco Cansino (a veces conocido como Ángel Cansino) no solo era un maestro de danza española, era el mejor maestro de danza española. Era el maestro y tío de Rita Hayworth. Rita, descendiente directa de uno de los grandes bailarines de danza española de todos los tiempos, se llamaba originalmente Margarita Carmen Cansino.

Nacida en Brooklyn, medio "española de España" y medio inglesa, Rita Hayworth se las arregló para llegar a Hollywood donde le hicieron retroceder varias pulgadas la línea del nacimiento del cabello, con electrólisis, para ampliarle la frente. Los esteticistas del estudio tiñeron de rojo su cabellera negra. Ella era hija de un bailarín famoso y nieta de Eduardo de Sevilla, un bailarín español, todavía más famoso, que inventó el bolero.

Extrañamente, yo seguiría los pasos de Rita, no solo convirtiéndome en su homónima, sino como bailarina profesional infantil. Y también abandonaría la escuela para convertirme en actriz de cine.

Rita Hayworth, por supuesto, también se convirtió en un ídolo, una diosa, una auténtica estrella, que se casó con el Aga Ali Kahn. (Muchos años después, un sultán árabe me invitó a almorzar en su palacio. Pero fue un caso de error de identidad. El Sultán me confundió con Hayworth y preguntó por la Princesa Yasmin y el Aga Khan:

—¿Y cómo está la Princesa Yasmin?

Yo titubeé, pero pensé, ¿por qué estropearle su diversión? ¿Hacerlo quedar como un tonto? Y ¿cuándo tendría yo otra oportunidad de comer en un palacio?

—Están bien —le dije.)

Rita Hayworth fue mi inspiración, su influencia fue continua en mi vida, y la instrucción y el impacto de su tío Paco, profundos. Juntos, cambiaron el curso de mi joven vida.

La visita al estudio de Paco Cansino dio inicio a este viaje... Para mi primera incursión en el "mundo del espectáculo", mi madre, su amiga y yo tomamos el *subway* hasta West 57th Street. La Escuela de Danza de Paco Cansino estaba en lo que podría llamarse el "Distrito Capezio", un área que albergaba muchas escuelas de baile, salas de ensayo, y tiendas de vestuario y zapatillas de baile. Sólo subir al ascensor del complejo de Carnegie Hall ya fue un viaje al nuevo mundo en el cual quería vivir. Por todo el edificio, escuché cantantes de ópera practicando sus escalas —"la La... la... la ¡LA!"—, el sonido de los pianos y el eco del tap-tap-tapi-tap del taconeo de los bailarines. La música, el canto, el rítmico zapateo de los pies, se escuchaban en cada piso, detrás de cada puerta. Y de una pequeña puerta al otro extremo del corredor, ahogando todo lo demás, provenía el rápido *bum bum bum* de tambores de la Conga. Mi corazón empezó a latir al mismo ritmo.

La Escuela de Danza de Paco Cansino funcionaba en un gran estudio vacío y muy empolvado. Paco era el único maestro, ¡pero qué maestro! Era un hombre muy pequeño, casi del tamaño de un niño y no mucho más grande que yo, pero con la apostura perfecta de "español de España": cabello negro lacio y brillante peinado hacia atrás y largas patillas. Su esbelto cuerpo de bailarín, de estrechas caderas, siempre estaba vestido formalmente para las clases (con el mismo vestido impregnado del mohoso olor del estudio) y botas cordobesas cuyo taconeo realmente impactaba.

Más adelante, cuando bailé con él en una función, Paco Cansino lució su atuendo completo: sombrero cordobés, chaleco, camisa, pantalones ajustados, y esas mismas botas.

Tal como había enseñado a la diosa Rita Hayworth, Paco se dedicó a "prepararme". Paco era un bailarín español clásico, que cuando bailaba parecía concentrar su atención en su trasero o su axila. Con sus penetrantes ojos oscuros y quijada angulosa muy apretada, Paco rara vez variaba su fiera expresión, que la sombra del sombrero cordobés y sus largas patillas volvían más fiera aún.

Me llevó dando vueltas por todo su estudio de danza, tan serio y estilizado como un torero. Paco había perfeccionado su "gesto", la actitud española que tiene la fuerza de una estocada, desde su barbilla hasta sus talones: el fuerte deseo, la furia controlada; el taconeo de sus botas y las castañuelas. Todo eso era pasión pura, refrenada por los movimientos precisos del baile. Paco me enseñó las sevillanas clásicas, baile nacional de España. A punta de vueltas y giros me sacó adelante y me bailó directamente hasta mi futuro.

Apenas tenía nueve años cuando Paco Cansino anunció que yo estaba "lista" y me contrató para presentarme con él —mi primer compromiso profesional en escena— en un club nocturno de Greenwich Village. Mi madre me acompañó con mi traje en una bolsa, y nos fuimos al Village en el *subway*. Adentro, el club estaba oscuro, el ambiente impregnado de humo y olor a whisky. Mi madre y yo corrimos a prepararme "tras bastidores" para mi debut.

Me puse el vestido en un pequeño vestidor y recuerdo haber hecho pis en el lavamanos, a falta de un inodoro. Para esa primera vez, usé el tradicional vestido de baile español: falda llena de volantes y blusa bordada, y en el cabello, peinetas y flores. Saldría maquillada: polvo, lápiz labial, colorete y delineador de ojos. Quedé extasiada. Mi madre se echó un poco hacia atrás y suspiró. Cuando me miré en el pequeño espejo descascarado, vi a una nueva Rosita mucho más hermosa que la que siempre había sido...

Tras bastidores todo lucía chabacano, hasta sórdido, pero el escenario se alzaba unos treinta centímetros más y una inconmensurable distancia de altura emocional. Desde el instante en que mi pie tocó esa tarima y empecé a moverme con la música, dando vueltas con Paco, supe que había llegado al lugar justo. Bajo el haz de luz me sentí realizada y percibí (o imaginé) la admiración del público. Me deleitaron las luces y una sensación que no me era familiar: la de alegría pura. No hubo miedo escénico, estaba bailando y eso era lo que amaba hacer.

Me estremecí de puro gusto al escuchar la fanfarria y la presentación del dueño del club nocturno:

—Damas y caballeros, ahora dirigida por el gran Paco Cansino, aquí está: ¡Rosita Alverio!

No importaba que yo no viera nada más allá de las luces. Mi "público" probablemente era un montón de hombres borrachos y mi madre radiante. Y todos me aplaudieron. Bajo el haz de luz donde quería permanecer para siempre, hice mi primera venia, radiante. ¿Quién necesitaba una escuela? Esto era lo que yo quería hacer ¡por siempre!

POPO

Entretanto, con los vestidos confeccionados por ella misma, que ceñían sus curvas y resaltaban su generoso escote, mi madre inició su búsqueda del amor de un nuevo esposo que nos "protegiera" a las dos. Y muy pronto encontró al primero de sus cuatro siguientes "maridos-protectores".

Recuerdo la adición de una cama más grande y también que las luces empezaron a ser apagadas cada vez más temprano. También unas nuevas y extrañas ceremonias de Mami, con velas y pociones de amor. Ella me enviaba a buscarle esas pociones en la botánica donde una vieja bruja acechaba en las sombras bajo sus nudosas y peludas raíces vegetales.

Esa mujer tenía poderes y los elementos para ponerlos en práctica. Yo le tenía miedo y aun en la penumbra de su tienda, lo que vi me asustó —su ojo de vidrio y bigote—, y retrocedí ante el extraño y agrio hedor que emanaba de ella. El ambiente allí era tan hediondo, que tuve que respirar por la boca. La bruja farfullaba con el ceño fruncido mientras buscaba entre su colección de serpientes muertas y jarros de vidrio llenos de órganos y objetos de aspecto sospechoso y llenaba una bolsa para mi madre. No sé qué habría hecho si mi madre me hubiera enviado a buscarle una serpiente. El producto que debía llevar a casa ya era suficientemente extraño: una de las bolsas contenía cinco tábanos que diligentemente llevé a mi madre.

Mami murmuró un conjuro y machacó los enormes moscardones negros en un poco de café molido. Cuando me di cuenta, un caballero llegó de visita y se tomó la poción como si fuera solo café. Ambas lo observamos, en suspenso, para ver si ese gordo bigotudo sucumbía al amor o algo peor. Pero sólo se fue y no volvió más. Pronto hubo más hombres, otras tazas de café, y poco después Rosa Marcano se volvería a casar.

¿Cuántos años tendría yo cuando mi madre se casó de nuevo? Unos seis, creo. Ella encontró su "protector" muy pronto. No recuerdo la primera vez que vi a Enrique, pero sí recuerdo a la enorme amiga alemana de mamá que trabajaba con ella en las fábricas y siempre estaba ofreciendo "conseguirle novio", y tengo la sensación de que de alguna manera fue por ella que Enrique llegó a nuestra vida. Cuando llegaba Marga, con sus desbordados escotes y derrochando energía sensual, siempre se hablaba de hombres. Marga estaba enamorada de sus propios senos. Era difícil no imaginar actos carnales cuando se sentaba en la cocina de mi madre y se levantaba el suéter para revelar sus modestos pero perfectamente redondeados senos con sus pequeños pezones rosados.

—¿No son maravillosos?

Sí, lo eran. Yo jamás había visto pezones rosados y quedé pe-

trificada. Todos los que había visto antes eran pezones puertorriqueños, marrones. Estudié mis propios senos y los incipientes
pezones aun no desarrollados y quedé convencida de que serían...
marrones, lo que volvió aún más seductores los diminutos capu-
llos rosados de Marga.

Marga Linekin era un imán para los hombres y yo veía que
posibles compañeros de mi madre atraídos por ese campo magné-
tico, acababan en las redes de la coquetería de mi madre. Nadie
sabía coquetear como Rosa María: ella batía sus pestañas, inclinaba la cabeza y bajaba la voz a un murmullo sexual. Cuando los
hombres aparecían, se volvía toda admiración y lisonjas. Gracias
a ese estilo cautivador, a las generosas porciones de bien condi-
mentada comida casera y también a sus profundos escotes, ella
tenía bastantes admiradores. Sin hablar del posible efecto de las
pociones de amor.

Muy pronto apareció mi nuevo padrastro, un desplazado cubano, Enrique. Era ojiazul, de cabello rubio rojizo. En ese punto,
mi memoria se nubla y no recuerdo su llegada, sólo su presencia
que duró unos siete años. "Popo" como yo lo llamaba, era relo-
jero. Con su lente de aumento en un ojo y mano firme, él reparaba la intrincada y delicada maquinaria interna de preciosas
piezas de relojería. Por necesidad, Enrique había desarrollado
una infinita paciencia y un toque muy suave. Atributos que lo
convirtieron en un padrastro ideal.

Una noche, poco después de su llegada, entré a la habitación
de Mami y Enrique y vi un proyecto que él estaba trabajando en
secreto. Era grande y estaba cubierto con una tela, para que yo
no lo viera, supongo. Yo sabía que no debía estar en esa habitación y no debía ver lo que estaba debajo. Pero lo curioseé, por
supuesto, y no podía creer lo que vi.

Era una perfecta, bellísima, casa de muñecas victoriana. Jamás había tenido una sorpresa tan maravillosa. En mi delirio, casi me desmayo. ¿La habría construido para mí? Con seguridad que sí, el bueno de Enrique. La casa de muñecas perfecta, que tenía hasta foquitos de Navidad que se encenderían para iluminar las habitaciones en miniatura y sus espléndidos mueblecitos, era su regalo para mí.

Mi Mamá entró a la habitación y me pilló.

—¡*AJÁ!*

Me puse roja como un tomate y aún puedo sentir ese calor quemándome la cara, que era de alegría, de asombro ante el regalo y de vergüenza de que me hubiera sorprendido allí. Creo que nunca más he vuelto a sonrojarme de esa manera; en ese único instante me gasté la provisión de sonrojo de toda mi vida. Y me prometí que nunca más me pillarían con "cara de culpa".

Durante el resto de mi niñez, siempre miraría extasiada el interior de la casa de muñecas. En cierta forma, me mudé a la casa de muñecas de Enrique. Adentro todo era mágico y seguro. Y podía controlar la diminuta familia que la habitaba: Mami, Popi y la Niñita. Esta nueva vida sobrepasaba todo lo que yo hubiera imaginado jamás y en ese intervalo de tiempo volví a creer en Mami. Ella me había conseguido un buen Popi. Había hecho lo que debía hacer y lo había encontrado a él: un protector. Una vez más, Mami me había hecho feliz, y yo bailaba y cantaba y disfrutaba ese diminuto mundo perfecto de la casa de muñecas y de los relojes que Enrique reparaba.

Un hogar feliz tiene su música propia. En la casa zumbaba la máquina de coser Singer mientras Mami accionaba el pedal. Era una máquina tan vieja, que no era un modelo eléctrico. Toda la energía provenía de Mami, del toque de su pie que subía y bajaba. ¡Y sonaba como la letra *rrrrrr* en español! Yo la acompañaba bailando y cantando al mismo ritmo, mientras Mami creaba tocados y trajes de luces para mí. La ansiedad que había anidado en mí desde que salimos de Juncos, empezó a calmarse y finalmente se desvaneció. Y una tranquilidad que había durado lo suficiente como para que me sintiera segura, tomó su lugar.

Todo el tiempo había mucha música, no sólo producida por la máquina de coser de Mami, sino por un fonógrafo de manivela que al darle cuerda sonaba tan parecido a una gata en calor, que lo bautizamos "la gatita". Mami entonaba canciones al tiempo con las del fonógrafo. Ella cantaba y cosía mientras yo giraba y bailaba. Compramos electrodomésticos "más lujosos", y Mami los vistió con sus forros hechos a mano. Oh, les digo que todo volvió a ser una fiesta. Hasta olía a ajo, tomates, pimentón y cilantro, como en Juncos. Esos fueron años repletos de sabor y canciones. Con su modo de ser tranquilo y amable, Enrique había puesto todo a marchar.

Hasta nuestro vecindario era un hervidero de alegres sonidos. Las calles vivían llenas de vendedores ambulantes: *"¡I CASH CLOTHES!"* gritaba el vendedor de ropa usada. Solo que se escuchaba como una sola palabra: *"ICASHCLOTHES"*. Y ese llamado quería decir "¡Compro tu ropa vieja para revenderla!". Otros ofrecían afilar cuchillos. Un hombrecito encorvado gritaba: "¡Sombrillas! ¿Tienen sombrillas para reparar?". Pero en verano, el grito de *"¡ICE! ¡ICE! ¡ICE!"* era genial. Y lo mejor de todo era el viaje a la fuente de soda de la esquina para disfrutar mi adicción favorita: el batido de fresa. Mami estaba relajada y amable y me regalaba monedas de diez y de cinco, y a veces hasta brillantes monedas de veinticinco centavos (bastante dinero) para comprar golosinas.

Yo jugaba en la calle los juegos de acera: rayuela o golosa o peregrina, batear bola, el "ringolevio", y el de luz roja/luz verde. Hice amistad con otras niñitas a las que les gustaba bailar; nos disfrazábamos y dábamos vueltas en nuestra sala. Hacíamos "presentaciones" en el techo; hay fotos que muestran nuestras piernas levantadas al cielo y también en profundos *pliés*. Nos disfrazábamos de esclavas, lo que acabó siendo premonitorio de los papeles que yo protagonizaría en películas.

Eventualmente, empecé a presentar un acto de Carmen Miranda en los Bar Mitzvah y salas de bodas. Mi madre me cosía el vestido y barnizaba las frutas de mentiras para mi tocado. Yo bailaba y cantaba "Tico Tico" como una Carmen en miniatura. Esos fueron días felices. ¡Tan alegres! ¡Tan animados!

Tanto, que ni siquiera tomé la Segunda Guerra Mundial como la amenaza que era. Mientras estuviera resguardada en mi apartamento con Mami y Popo y pudiera entrar mentalmente al mágico mundo de mi casa de muñecas, me sentía segura. Para mí la guerra significó cortinas de oscurecimiento, transmisiones de radio y simulacros de agacharse-y-esconderse en la escuela. Al sonido de una sirena de prueba, debíamos dejarnos caer al piso y guarecernos bajo los pupitres. Como nunca pasaba nada, los consideraba un dramático receso de *quizzes* y exámenes, a los que temía más que a la desconocida guerra. La guerra significó más oportunidades, presentaciones, para las que contrataban a través de USO, una organización privada no partidista y sin ánimo de lucro cuya misión era apoyar a las tropas proporcionándoles entretenimiento "hasta que todos volvieran a casa".

Yo bailaría en las cubiertas para entretener a las tropas en espera de embarcarse. A veces sonaba un *gong* que llamaba a los marineros o infantes de marina y debían levantarse en mitad del espectáculo para abordar sus naves y prepararse a zarpar. Yo estaría girando sin cesar con mi tocado de bananos y cantando *"Rum and Coca-Cola"* para un lleno total y de repente todo ese público uniformado echaba a correr y me dejaba sola tocando mis castañuelas todavía unos cuantos compases. Lo último de entretenimiento americano que muchos de esos muchachos vieron fue a la pequeña Rosita, con su alto tocado de piña y bananos barnizados, una niñita que bailaba y cantaba como una Carmen Miranda en miniatura. Yo espero que eso haya ayudado. Ahora me duele saber que muchos de esos muchachos jamás regresaron a casa y que bailé para chicos que morirían. A mis 9 o 10 años, yo era totalmente ajena al verdadero significado de la guerra y la tragedia que sería parte de sus secuelas.

Mi carrera en el mundo del espectáculo continuó sin que Hitler al otro lado del mar la afectara. Todo lo contrario, en un salto espectacular, yo pasé al teatro y la pantalla de cine...

Pronto, Mami y yo conseguimos agentes de distintos tipos: agentes que me contrataban para cantar en clubes; agentes que me contrataban para actuar los roles en obras transmitidas por radio. Empecé con la Hora del Ave María, que era en inglés, por la radio. Mi madre parecía hacer amistades fácilmente en las estaciones y es probable que eso contribuyera a que me volvieran a llamar otras veces. Por esa misma época, sin que me diera cuenta, ella también inició un romance con Edward Moreno, un locutor de radio, mientras yo me concentraba en nuevas oportunidades para mi carrera.

Pronto me diversifiqué. Para películas que se presentaban en teatros localizados en vecindarios hispanoparlantes, se necesitaba un doblaje al español, igual que si las presentaran en un país extranjero. Fui la voz doblada de muchos grandes films hablados en inglés, lo que probablemente sembró en mí la inquietud de ¿por qué yo no? ¿Por qué una pequeña latina no podía ser protagonista también? Fui la Judy Garland hispana de *El mago de Oz* y doblé muchas películas de Elizabeth Taylor...

Tal vez la semilla que germinó más tarde fue sembrada entonces: ¿por qué no podía yo protagonizar de verdad papeles estelares infantiles como el de Dorothy en *El mago de Oz*? El doblaje para películas y radio fue mi primera escuela de actuación y seguramente demostré tener madera, pues una oportunidad llevaba a otra. Mami estaba eufórica: yo era su orgullo pero también su billetera. Lo que me ganaba ayudaba bastante a la manutención de nuestro pequeño hogar.

Más adelante en mi vida, protagonicé a Mama Rose en *Gypsy*. Claro que mi pasado de sostén de la familia como bailarina hija de una madre con grandes sueños para ella, suscitó comparaciones. Hasta los nombres eran casi los mismos: Rosa María y Mama Rose. Pero en este caso libré a Rosa María del sambenito ser una "madre de artista" demasiado agresiva. Ella no tuvo necesidad de empujarme. Yo salté al escenario. "¡Esto es lo que quiero hacer! ¡Esto me hace feliz!".

Estar en el escenario, moverme al ritmo de la música, ¡actuar! Todo eso me volvía loca de felicidad. Cuando actuaba me liberaba de todas las preocupaciones y penas pasadas. Me sentía libre, como si volara por encima de las preocupaciones del diario vivir (y todavía me siento así cuando actúo). El trabajo que se ama, es el escape ideal y también es salvación.

Aunque a primera vista lo mío podía parecer trabajo de menores, era el trabajo de una menor muy deseosa y contenta de hacerlo. Nada me producía más placer que trabajar. Y Mami era parte de eso, yo no habría podido hacerlo sin ella. Mi madre no sólo diseñaba y cosía mi lujoso vestuario, ella pagaba todas mis lecciones, que pasaron del baile español a danza moderna, ballet y *tap*. Mis pies nunca estaban quietos y ella trabajaba día y noche cosiendo para otros, cocinando, haciendo todo lo que podía, y también era feliz haciéndolo.

Yo no era explotada, nosotras éramos un equipo. Mi madre siempre estuvo ahí para mí y compartió mi carrera y mi sueño como nadie más lo hizo en mi vida. Entre las dos estudiábamos los papeles y yo decía: "Me gustaría probar con éste", y ella me apoyaba.

Ella me animaba y me aplaudía y gritaba lo maravillosa que yo era y yo bailaba, cantaba y actuaba.

Mami empezó a soñar con Broadway y yo estaba feliz de llegar allá. Broadway era también una transformación personal. A la edad de 10 años, yo quería desechar el acto de Carmen Miranda y lanzarme al estrellato, como Betty Grable, mi nuevo modelo de conducta. Traté de transformarme a mí misma con un maquillaje más pálido, cabello liso. Me fui al Rose Meta House of Beauty en Harlem y pedí que me despojaran de mis rizos puertorriqueños, de mi *pelo malo*. Los técnicos-torturadores del Rose Meta House of Beauty me echaron lejía en el pelo y lo peinaron hasta alisarlo mientras mi cuero cabelludo parecía estar en llamas. El tratamiento desapareció en un mes, y los crespos hispanos se reafirmaron. Sin embargo, perseveré y usaba vestimentas como las de Judy Garland, jumpers, y el pelo dominado en coletas. Una chica rubia, rubísima, realmente americana.

A los trece, me presenté a una audición para un papel en Broadway. La obra era *Skydrift*, protagonizada por Eli Wallach. La trama giraba alrededor de un grupo de soldados muertos en la guerra que vuelven como fantasmas para visitar a sus seres queridos por última vez. Yo interpretaba a una de esas personas amadas.

Mi gran escena era en una mesa de comedor con la primera actriz. El día del estreno, mi innato sentido teatral me hizo caer en cuenta de que las cosas no estaban impresionando al público, así que traté de animar la escena sorbiendo ruidosa y lentamente una hebra de espagueti, sostenida desde lo alto con el tenedor y chupando el fideo para que se introdujera en mi boca como una serpiente. Y eso pareció atraer la atención del público.

Después de la presentación, tras bastidores, la primera actriz, Lily Valenti, se escapó de estrangularme y convertirme en un verdadero fantasma. Me agarró por mi pequeño cuello y me sacudió con un dramático trémolo en su voz.

—Si alguna vez, alguna vez, se te ocurre hacer eso de nuevo, no importa dónde esté yo, me enteraré y te buscaré y te mataré.

Casi me hice pis en mis *panties*.

Pero no tuvo necesidad de matarme, porque la propia obra murió: cerró después de esa presentación. Yo no podía creerlo, y mi madre tampoco. Pero Rosa María Marcano se había sentado allí en una butaca de platea, orgullosa de ver a su hija en Broadway, y de verla en su primera obra de teatro.

A pesar de mi muy breve debut en Broadway, me sentía increíblemente feliz. Mi alegría por estar en escena era tal que no quería hacer nada distinto a eso. La escuela se convirtió en una distracción insufrible. Me escapé de clases cada vez que pude, y en la primera oportunidad, del todo. Durante un tiempo asistí a la Professional Children's School, pero dejé de ir y finalmente abandoné esa escuela. A mi madre no pareció importarle y yo estaba cada vez más felizmente ocupada con mi carrera en el mundo del espectáculo.

Oh, la vida en Nueva York podía ser buena. Claro que en el preciso instante de lucidez que tuve ese pensamiento, mi estómago sufrió un retorcijón y también se me ocurrió que "Esto me será arrebatado...". Una sombra me seguía cual bailarina sustituta y me hacía temer que sólo fuera cuestión de tiempo para que yo empezara a perderlo todo. Esa oscura presencia me perseguiría buena parte de mi vida; era un espíritu maligno, pero también mi alter ego. Me seguía a donde quiera que fuera y decía entre dientes: "Tu felicidad no durará...".

LA PÉRDIDA DE POPO

Me parecía inevitable que tan pronto la vida fuera feliz y prometedora, todo se esfumaría rápidamente.

Y la persona que había devuelto la alegría y la seguridad a mi vida, que había traído luz a mi oscuro mundo, desapareció. Por lo menos Enrique me duró seis años, el único intervalo de mi vida en el cual tuve un "padre" bondadoso. Mi Popo. Él mantuvo la luz encendida, no sólo en la casa de muñecas sino en nuestro apartamento, pues tenía un truco ingenioso para detener la marcha del medidor de la electricidad, de modo que básicamente teníamos energía gratis. Enrique insertaba una horquilla en la caja del medidor que estaba en el pasillo, y cuando el revisor del aparato entraba al edificio, escaleras arriba se escuchaba un grito "¡El Pillo!" y alguien de mi apartamento corría a la caja para retirar la horquilla. Por un breve espacio de tiempo, el medidor giraba registrando nuestros kilovatios.

En realidad ese "truco" me inquietaba; cada vez que alguien golpeaba a la puerta inesperadamente, yo pensaba que seríamos arrestados y perdería la felicidad que había recuperado. Y esa oscura presencia se hacía sentir de nuevo; en mi interior la vocecita susurraba, 'No puede durar'. Si Enrique se hubiera quedado... tal vez yo me habría ahorrado mis angustias de juventud y me habría convertido en una mujer diferente. Mis sentimientos hacia los hombres habrían cambiado para siempre y estoy segura de que la impresión habría sido más favorable, porque Enrique no se parecía a ningún otro hombre de los que se acercaban a mi madre; él era consecuente, amable y leal.

Pero ella dejó a Enrique, y lo dejó por otro hombre, por supuesto.

Tal vez tuve yo la culpa y fue mi carrera en el mundo del espectáculo lo que acabó su matrimonio con Enrique. Si yo no hubiera cantado ocasionalmente en la Radio Española, ella no habría conocido a su siguiente marido, Edward Moreno, cuyo apellido llevo junto con mi eterno desprecio por ese hombre. Jamás perdoné a Edward Moreno por haber roto el matrimonio de mi madre con Enrique, mi amado Popo. Ese hombre bondadoso, mi Popo, había sido el único que me había cuidado con verdadero amor paternal. Y siempre lo echaría de menos. Paco, mi padre biológico, había desaparecido tan pronto que casi ni lo recordaba. Y ahora otra pena... Popo tuvo que irse y su lugar lo ocupó Edward Moreno, el *latin lover*, que me parecía sórdido y falso. Creo que experimenté la clásica desconfianza y disgusto del hijastro por su nuevo padrastro ¡igual que *Hamlet*! Me dolía ver a mi madre en la estación de radio batiendo las pestañas y hablándole a Edward

Moreno con fingidos remilgos y tímida coquetería. Ella le rendía culto a ese hombre y yo jamás pude entender por qué.

Enrique debió sospechar que estaba a punto de ser reemplazado; y cambió. Él, que siempre ocupaba su tiempo en alguna labor de provecho —reparando los relojes, embelleciendo la casa de muñecas y en general siendo una presencia agradable y satisfecha— se metamorfoseó en un hombre colgado de una botella de ron puro, literalmente cocinándose en su propio jugo. Y yo sentí la amargura que emanaba de él igual que una loción tóxica. Todavía pienso que fue lamentable, Enrique merecía ser tratado mucho mejor y yo siempre extrañaría al único hombre que podía recordar como un padre, al hombre que llamé Popo. Un día, Enrique se fue y mi madre sólo tuvo ojos y coquetos murmullos para su reemplazo.

Edward Moreno —con su aspecto de guapo *latin lover*, cabello espeso y suave voz de tenor— parecía ser el hombre más cultivado de todos los que mi madre había conocido jamás. Ella abrió tamaños ojos cuando lo vio en la estación de radio; y aunque era mexicano, él le habló en un castellano elegante. Yo jamás había escuchado a un hombre hispano hablar con tanta fluidez. Y tenía una hermosa y profunda voz "de radio".

Ella quería tenerlo y lo consiguió. Y yo empecé una silenciosa pero implacable campaña: mi guerra fría contra el "ardiente" amante latino de mi madre. Lo evitaba tanto como podía, lo que era fácil pues casi todo el tiempo yo estaba afuera, en el trabajo. Detestaba presenciar la pasión de ellos dos. Había perdido a Popo y buena parte de la atención de Mami. Durante mucho tiempo desconfié de los hombres latinos. Tuve un solo novio latino, que fue todo un caballero. Ahora sé que ese prejuicio era injusto y que muchos hombres latinos son padres y maridos maravillosos. Edward Moreno, en cambio, personificaba el cliché del *latin lover*, yo veía que le encantaba flirtear y dudaba que le fuera fiel a mi madre. Más tarde, Moreno abandonaría a su único hijo, Dennis, confirmando así la baja opinión que tenía de él. Pero nada pudo disuadir a mi madre de desear a Edward Moreno y en las noches yo escuchaba los resortes de la cama y quería gritar. ¿Y qué fue de Popo, el bondadoso Enrique? Hizo mutis por el foro y desapareció para siempre.

Apagué las luces de la casa de muñecas. Nunca más buscaría un padre verdadero. Ni esperaría nada permanente por parte de mi madre.

Mami me había fallado en otros aspectos graves. Francisco aún no había aparecido; no se podía confiar en ella. "Mami, ¿cuándo viene Francisco?". "Ay hija, ¡pronto! ¡Pronto!". *Pronto...* pero mi hermanito menor nunca reapareció. Jamás.

Durante ese tiempo, mi vida se dividió de una manera drástica entre mi carrera y mi casa con Mami y el hombre que siempre desprecié; Eddie Moreno se fue perdiendo en el trasfondo.

Pero el trasfondo cambió: nos mudamos fuera de la ciudad a nuestra casa propia en un pueblo llamado Valley Stream. Aunque mi vida estaba tomando otro rumbo, mi madre y yo misma experimentamos una oleada de emoción al cruzar el umbral de esa primera modesta casita de ladrillo. ¡Una casa! Una casa de verdad en los Estados Unidos reales, no en uno de sus "guetos" étnicos.

Nos habíamos salido de toda versión de El Barrio. Este era un suburbio americano en Long Island, el típico *Wonder Bread* de los blancos. Estábamos a sólo veinte millas de la ciudad, pero parecía que estuviéramos en otro mundo. Era una casita de serie, vivienda de interés social, pero para mí fue como vivir a campo abierto. De hecho, la casa estaba junto a la última franja agrícola que quedaba en el área: una granja de remolachas. El cielo era infinito, de un profundo tono azul con nubes esponjadas. Y en las noches se escuchaban pajaritos y animalitos llamándose entre ellos. Los arreboles del amanecer eran del mismo tono rosado que envolvía a Juncos. Aunque no teníamos la montaña El Yunque ni el bosque tropical, estaban los fértiles campos, el aroma a verde que perfumaba el aire y el cacareo de los pollos vecinos. Al amanecer, los pájaros gritaban y por alguna razón atávica, sus gritos me causaban satisfacción. Me encantaba el llamado de los cacareos mañaneros. Nada de loros ni guacamayas. Pero los pajaritos de los suburbios americanos, ruiseñores y carboneros, todos trinaban. No había ranitas coquí, pero en las noches, las ranas toro americanas croaban en *basso profundo* casi todo el tiempo, armonizando sus voces con el resto del coro nocturno. Y volvimos a sentir el olor de la tierra arcillosa y de la cebolla silvestre en la hierba. Mami se emocionaba cada vez que veía una mariposa monarca y yo también.

Supongo que para Eddie y mi madre esto fue "Vivir el Sueño Americano". Me duele decirlo, porque lo odiaba, pero Eddie Moreno parecía deleitar a Mami. Y debo aceptar que hasta para mí, el recuerdo del tiempo vivido con él en Long Island es una mezcla de sentimientos encontrados. Eddie Moreno hizo posible esta casa de verdad y, por un tiempo, eso hizo que tolerarlo me fuera más fácil.

Por primera vez sentí que ser Judy Garland estaba al alcance de mis coletas. Habría podido usar un delantal de cuadritos o un par de overoles. Me sentía como una auténtica chica americana de la casa de al lado, ¡sólo que me llamaba Rosita!

La granja de remolachas que empezaba junto a nuestra casita de ladrillo justo al final de South Hommel Street me parecía la imagen de la cultura estadounidense. ¡Sólo faltaba que me gustaran las remolachas! Caminaba de puntillas entre las hileras de profundo rojo escarlata y grandes hojas verdes, para robarme unas cuantas. Arrancaba un mazo de esas remolachas gordas y mientras los terrones de tierra americana caían sobre mis pies, pensaba: *Sí. Esta es nuestra finca, je, je, je.* ¡Me convertí en una pequeña Miss Estados Unidos! En mi versión suburbana de Kansas en Long Island, realmente fui Dorothy.

Los chicos que vivían en mi área eran tan amistosos y extrovertidos, que no podía creerlo. El lugar era tan diferente de la ciudad. Nadie amenazaba con bates ni mascullaba *"¡spics!".* Me invitaban a fiestas y a los acordes de "String of Pearls", una de las grandes canciones de la época, bailaba con chicos que no pertenecían a ningún grupo étnico.

Y como era buena bailarina, todos querían bailar conmigo. Hasta me enamoré por primera vez. Conocí a Bobby Laparcierie, el chico de mis sueños —estadounidense de pura cepa, desgarbado, con mucha chispa (no cómico, *con chispa*)— cuya inteligencia y manejo de las palabras simplemente me derretían. Era literalmente "el chico de la casa de al lado" y yo me acurrucaba en la grama a atisbarlo cuando estaba en el sótano de su casa. Muchos años más tarde, tan desgarbado como siempre, él se me apareció en un cabaret y al final de mi show yo lo presenté al público. Y otra vez me dio un vuelco el corazón.

Pero aquella rezongona y oscura presencia seguía murmurando la familiar cantinela. Como cuando me estaba preparando para el baile de graduación de la escuela: *No eres lo suficientemente buena.*

Había tres chicos esperando en la puerta y Mami tuvo que devolverlos, mientras yo lloraba frente al espejo del gabinete del baño. No pude salir del baño. Todavía no me sentía buena, no estaba bien. En el espejo se reflejaba mi piel cetrina, un tono que nunca sería aceptado, no importaba lo que yo intentara creer.

Y mi tolerancia de Eddie se convirtió en abierta hostilidad.

Siempre presentí que él sería como el tornado que arrasó con Oz, el país de Dorothy, y dejaría todo volteado patas arriba antes de salir de nuestra vida. Y eventualmente, me dio la razón.

Lo que más me disgustaba de Edward Moreno es que, con lo que yo consideraba falsos encantos, apartó a mi madre de Enrique para siempre y apartó a Enrique de mí. Alejó a mi Popo querido. Un dolor y una pérdida de los que jamás me he recuperado.

Sin embargo, yo estaba bien mientras pudiera trabajar y no dejaba pasar oportunidad ni empleo que me permitieran escapar de la casa y mantenerme en el escenario.

Mami me permitía viajar a cualquier sitio para trabajar en clubes nocturnos. Yo tenía una vieja maleta repleta de trajes hechos por Mami, que cargaba para todas partes. Las presentaciones no eran muy glamorosas, pero para una chica de mi edad, significaban ganar dinero de veradad por primera vez. Ese dinero iba a dar donde Mami para cubrir los gastos de las dos, pero sin duda me convertí en una adolescente que sostenía a su familia. Viajaba sola, en tren o en autobús, para ir a bailar y cantar en ciudades distantes.

Viéndolo ahora en retrospectiva, pienso: *Pero qué peligroso. ¿Cómo me dejaba hacer eso?* En esa época, sin embargo, yo estaba encantada de estar trabajando. Pero hubo circunstancias algo turbias. Recuerdo una presentación en un club nocturno en particular. Apenas entré al destartalado lugar, vi que era un casino de juego clandestino. Lo que menos le importaba a esos hombres era vernos cantar a las otras chicas y a mí. Eran gángsters, y recuerdo con alivio que no me violaron, robaron ni hicieron algo peor.

Y no me faltaron situaciones peligrosas. Algunos trabajos quedaban tan lejos, que a veces debía esperar hasta seis horas los relevos de autobuses y trenes, todo el tiempo cargando con esa maleta. ¡Hasta una adolescente se cansa! Una vez, tarde en la noche, cometí el error de aceptar el ofrecimiento de un hombre mayor de "llevarme a casa". Pero me quedé profundamente dormida en el asiento trasero del auto y en lugar de llevarme a casa me llevó a un arbolado y desierto callejón sin salida. Me desperté sobresaltada, con sus manos toqueteándome todo el cuerpo.

—¡Qué!

Me recorrió un escalofrío de arriba abajo —esto era Nueva York y yo había escuchado bastantes historias—. En todos los tabloides aparecían noticias de chicas que habían encontrado violadas o asesinadas, en "apartadas zonas boscosas". ¿Cómo pude haber sido tan tonta?

Pensé rápido y balbucí:

—¡Sólo tengo dieciséis años!

En esa época la minoría de edad todavía tenía alguna importancia. Sus manos se detuvieron.

—Pareces mayor —dijo, y me di cuenta de que estaba tratando de decidir si me violaba o no.

—¡Soy menor de edad! —repetí una vez más.

El hombre suspiró decepcionado y me llevó a casa. Jamás volví a aceptar un aventón. En el *subway* me colgaba de las correas, aferrada con desesperación como si en ello me fueran la vida y la virtud. Entraba de puntillas a la casita junto a la granja de remolachas y sin captar la ironía, escuchaba los jadeos y suspiros que salían del dormitorio de mi madre.

Mi estrella ascendía rápidamente y mis dispersas *go-sees* o entrevistas de trabajo, audiciones, e innumerables hojas de vida con brillantes fotos en blanco y negro, empezaron a conseguirme trabajos de verdad.

Entonces, cuando ya tenía diecisiete, la panza de Mami empezó a crecer. Mi madre no dijo ni una palabra, pero era obvio: un bebé venía en camino. Un hermanito de piel cobriza, aterciopelada cabeza y brillantes ojos castaños como los de Francisco. Pero no era Francisco. Era Dennis Moreno.

Sin embargo, yo estaba encantada con mi nuevo hermanito. Era adorable y me fascinó volver a ser la hermana mayor. Jugaba con él, le hacía cosquillas, le mordisqueaba los deditos de sus pies y le cantaba dulces canciones... cualquier cosa con tal de hacerlo sonreír. Ni siquiera me importaba cambiarle los pañales. Regordete y lleno de hoyuelos, mi nuevo hermanito era mi encanto, a pesar de lo mucho que yo despreciaba a su padre. Pero lo cierto era que yo prácticamente ya estaba fuera de mi casa, corriendo al encuentro de mi propio futuro, sobre unos altos tacones muy inestables.

SEGUNDA PARTE

———

El hiperbólico Hollywood

MI SALTO A LA PANTALLA CINEMATOGRÁFICA

Toda actriz y bailarina, por supuesto, acaricia un sueño: saltar a la pantalla de plata. Los Bar Mitzvah, el Ave Maria Hour y el doblaje de películas habían sido de calentamiento. El gran paso siguiente sería filmar y, con ese objetivo, Mami y yo dejamos mis brillantes fotos de 8x10 y mis hojas de vida en cada oficina de selección o *casting* de la ciudad, y asistimos a todas las convocatorias y audiciones públicas posibles. Fue en ese punto que empecé a usar el nombre de Rosita Moreno. Nadie era capaz de pronunciar Alverio correctamente, y sospechaba que si no podían pronunciarlo no lo recordarían. Pero ¿por qué tomar el apellido de un hombre que despreciaba? En realidad no tuvo nada que ver con él. El nombre era práctico, conveniente. Y la verdad es que yo pensaba que era un nombre bonito. Así que me convertí en Rosita Moreno.

Mami y yo íbamos a las convocatorias y audiciones a pie o en *subway* o en autobús: acabamos con el cuero y tacones de bastantes zapatos y con lo que yo ganaba gastándolo en billetes de autobús y tren. Y no pasó mucho tiempo antes de que nuestros esfuerzos dieran fruto: después de una prueba cinematográfica, me llamaron. Di una audición para un buen papel "picante" en una película independiente que contaba en su reparto con un actor bien conocido y resultó ser la plataforma de lanzamiento para tres jóvenes actrices que harían carrera en el cine: Anne Jackson (una chica casada con Eli Wallach), Anne Francis (una joven belleza rubia que pronto se volvería muy famosa). Y yo.

Debo haber nacido para esto: me adapté rápidamente de las actuaciones en vivo, que son "grandes" en comparación con las que se filman, a los matices de expresión que requiere la gran pantalla.

SO YOUNG, SO BAD: WHAT MADE THEM THAT WAY? [Tan jóvenes y tan malas: ¿por qué se volvieron así?] gritaba el cartel de la película. Ese cartel de 1950 muestra a tres chicas díscolas con más aspecto de prostitutas adultas merodeando en busca de clientes que de las posibles delincuentes juveniles que se suponía éramos. La imagen del póster era tan caricaturesca que lucía distorsionada, como una tira cómica; es difícil decirlo, pero se supone que la desgarbada morocha era yo. La rubia bonita con el peinado estilo Veronica Lake y el distintivo lunar junto a la boca es Anne Francis (que más adelante saltaría a la fama con *Forbidden Planet* y *Honey West*). No sé qué actriz representa la otra rubia, que lleva un cigarrillo colgando de los labios, y en realidad no se parece a ninguna de las que aparecíamos en la película pero quizá era una versión de Anne Jackson en tira cómica. Este era uno de esos carteles que no tienen mucho que ver con la naturaleza de la película.

Si se mira con detenimiento, en el fondo del póster se alcanza a ver la malvada matrona del reformatorio, mojando a otras prisioneras y a mí con una enorme manguera contra incendios.

A primera vista, mi primera película parece un perfecto espécimen de uno de esos films B de Hollywood "tan-terrible-que-es-gracioso". Y eso mismo consideré yo a *So Young, So Bad* durante casi toda mi vida. Simplemente no andaba por ahí diciendo: "Estoy muy orgullosa de haber participado en *So Young, So Bad*."

Pero, ¿acaso fue *tan malo*? ¿Fue malo del todo? ¿Era yo mala en él? Ahora, sesenta años más tarde, la película merece una segunda mirada.

Vista a través de la lente del tiempo y con más conocimiento en cuanto a repartos, escritores y directores, *So Young, So Bad* ofrece algunas sorpresas. Tal vez la película *no* sea lo que parece; *quizás* el título y el poster fueron fruto de la exaltada inspiración de alguien para promocionar el film, que se estrenó a un día de la muy exitosa *Caged*, una película de mujeres en prisión, que recibió tres nominaciones a los Premios de la Academia. *Caged – Story of a Women's Prison Today!* fue una historia parecida, en la que Eleanor Parker protagonizaba a la jovencita en prisión y Agnes Moorehead era la arpía matrona de la cárcel.

Más tarde en mi vida, la película me habría podido parecer risible, pero desde mi óptica adolescente, la de Rosita Alverio Moreno, que llegaba de Valley Stream, Long Island al distrito de los teatros, *So Young, So Bad* era una gran oportunidad. También es la única película en la cual aparezco bajo mi nombre real, Rosita.

La película fue producida y protagonizada por un actor muy famoso, Paul Henreid, quien dicho sea a su favor, interpretó a dos personajes icónicos: Victor Lazlo, el noble líder de la resistencia nazi en *Casablanca*, y el amante casado de Bette Davis en *Now, Voyager*. Es precisamente en *Now, Voyager* que Paul Henreid, en una de las más famosas escenas involuntariamente cómicas, enciende en su boca dos cigarrillos a la vez antes de ofrecerle uno a Bette Davis.

Mi papel como "Dolores Guerrero, vagabunda" es mi primer rol hispano en la gran pantalla, pero Dolores no era ninguna fiera. Era la más suave y dulce de las prisioneras, que con frecuencia lloraba mientras rasgueaba tristes y solitarias canciones en su guitarra. No parecía muy dada al vagabundeo y de vez en cuando sufría evasiones de la realidad y acababa temblando, acurrucada en algún rincón. Dolores era tímida, y tenía episodios de alucinación y retraimiento totales. Básicamente, mi origen étnico es exagerado, pero en forma positiva: el día de visita, mi familia en la película (tan genéricamente étnica que parece incluir todas las nacionalidades) llega en alegre tropel, con una canasta de picnic y botellas de Chianti, y pronto están todos cantando en coro.

Dolores Guerrero es uno de los pocos papeles que interpreté para el que se me pidió ser "quejumbrosa". Mi primera línea era un lamento: "Soy la única que no alcanzó a darse una ducha". Más que todo debía soportar, con las demás chicas, una serie de malos tratos.

Sin embargo, me tocaba cantar y tocar guitarra para las otras prisioneras, y esa fue mi escena favorita. Las chicas me descubren sola, llorando, pero cantando en español entre lágrimas, y todas responden maravilladas, mientras poco a poco empiezo a sonreír de nuevo.

Ese es un raro momento de felicidad para mí como Dolores Guerrero. Sin embargo, demasiado pronto, la despiadada matrona me rapa el cabello (realmente una peluca) y me deja con un corte de duendecillo bastante favorecedor y parecido al estilo que llevo ahora.

Henreid interpretaba al sensible y progresista psiquiatra nuevo en la institución, que trata de hacer reformas como poner fin a castigos terribles como los chorros de agua lanzados por mangueras contra incendio y el confinamiento en solitario en calabozos. Es su solícita y preocupada voz en *off* la que relata la saga de su llegada de buena a fe al reformatorio, hasta que descubre todo el sadismo y lucha por deshacerse del mal de la matrona y sus secuaces.

La gran escena es cuando la matrona del reformatorio, que haría sudar la camiseta a la Big Nurse de *One Flew Over the Cuckoo's Nest*, baña a las chicas en el sótano con la manguera contra incendios y se escapa de ahogar a unas cuantas. *So Young, So Bad* era de bajo presupuesto, de modo que no filmamos en un estudio. Nuestro set era un viejo ancianato adaptado para simular un reformatorio. Fue muy auténtico. Hasta el agua salía a borbotones, con mucha fuerza, tirándonos al suelo del sótano. Y a diferencia del "agua de película" que usualmente por lo menos es tibia para comodidad de los actores, la manguera del reformatorio escupía agua helada. ¿Dónde estaba el SAG [*Screen Actors Guild. Gremio de Actores de Cine*] cuando necesitamos un sindicato?

La perversa matrona (interpretada por Grace Coppin) también mata un conejito, y la delicada Dolores no resiste esa maldad y en la escena culminante de la película, la encuentran colgada; se suicidó. Siento reportar que ese gran actor que fue Paul Henreid, que en su papel se suponía invadido por un noble sentimiento de pesar, aprovechó las escenas de bajar mi cuerpo sin vida para pasar sus manos por mis senos. Hicimos muchas tomas de esta escena y, por supuesto, estando muerta, yo no podía hacer un gesto y mucho menos protestar. Pero el trasfondo en realidad fue muy divertido, pues yo llevaba un sostén con relleno y furtivamente, él estaba manoseando pura espuma de goma. Un malsano deseo subyacente corre, no deliberadamente estoy segura, a lo largo de toda la actuación de Paul Henreid. A veces, la cámara revela más verdades de las que los actores se proponen mostrar: hay un primer plano de él mirando a Anne Francis, que definitivamente bordea la lascivia.

A pesar de todos los carteles exagerados, la película en realidad quedó muy bien filmada en blanco y negro, dirigida por Bernard Vourhaus, y con un impresionante listado de jóvenes actrices que interpretaron chicas descarriadas: Anne Francis, la del famoso lunar junto a la boca, es dolorosamente joven, alta, delgada y rubia y hace una fabulosa interpretación de la seductora cabecilla que trata de escapar. *So Young, So Bad* también fue la primera película de Anne Jackson, la actriz del método (que se casó con Eli Wallach). Ella interpreta a una chica durísima cuya agresividad se canaliza en la escritura.

De lo que no caí en cuenta en ese tiempo es de que el trío creativo responsable de esta película: Bernard Vourhaus; el libretista, Jean Rouverol; y Paul Henreid, estaban a punto de ser puestos en la famosa lista negra. Vourhaus y Rouverol eran miembros del partido comunista, y Paul Henreid aparecía como "simpatizante comunista", pues a pesar de su aristocrático origen austriaco, se había vuelto muy de izquierda. Las inclinaciones políticas de Henreid, nacido en Austria e hijo de un Barón, tomaron un cerrado giro a la izquierda cuando su personal fue atacado y perseguido por nazis mientras filmaba en Austria. Como muchos artistas de la época, Paul Henreid sintió que debía escoger entre el fascismo y el comunismo. Tras bastidores, y en todo el film, fue evidente un fuerte mensaje pro comunista que yo nunca alcancé a captar mientras filmábamos la película.

El estudio había mostrado mucho interés en la película hasta que la lista negra entró en vigencia. Como no pudo conseguir el respaldo financiero, Paul Henreid aportó el cincuenta por ciento de la financiación y fue la mejor inversión de su vida. *So Young, So Bad* resultó ser muy rentable y una de las primeras películas independientes en alcanzar el éxito.

Con el tiempo, la película ha ganado algún respeto como un clásico de Time Warner. A los cineastas les parece buena y yo misma la veo con otros ojos.

So Young, So Bad ¿fue realmente mala? Ahora que estoy tan vieja, pienso que para su época fue un buen film y que se deja ver fácilmente. Se merece el status que ha alcanzado. Me gusta que cada aviso del film dice "Rita Moreno (quien aparece bajo su verdadero nombre Rosita Moreno)". Tal vez en la trémula Dolores también había más verdad de la que yo pude ver entonces. En esa época, y todavía ahora, yo era más vulnerable que "explosiva" y, como descubrí más tarde, el suicidio se convertiría para mí en un acto con el que llegué a estar muy familiarizada.

En retrospectiva, yo le daría al film varias estrellas y no tengo arrepentimientos.

"EL CIELO DE HOLLYWOOD":
LOUIS B. MAYER Y MGM

Tenía cinco años cuando se interrumpió el viaje encantado de Dorothy y salí del tecnicolor del país de Oz al dejar las vibrantes tonalidades del bosque tropical de Puerto Rico por la gris ciudad de Nueva York. Doce años más tarde, intenté cruzar de nuevo ese umbral para entrar en el colorido y brillante reino de Hollywood.

A los dieciséis, se me presentaría la mayor oportunidad de toda mi vida. Justo antes de obtener el papel en *So Young, So Bad* un agente cazatalentos me descubrió en un recital y me recomendó al super-mago-magnate, Louis B. Mayer.

Louis B. Mayer era el Mayer de los estudios de cine Metro Goldwyn Mayer, el gigante que había producido *El mago de Oz* y cientos de grandes películas más. MGM y Universal, su estudio rival, se disputaban la supremacía en el mundo del espectáculo de la época, pero MGM era el que tenía "más estrellas que el cielo".

Mi trascendental encuentro con el Sr. Mayer fue concertado poco después de que acabé de filmar *So Young*. ¿Podría la pequeña Rosita Dolores Alverio de Ningunaparte, Puerto Rico, unirse a las filas de Joan Crawford, Jean Harlow, Clark Gable, Katharine Hepburn, Judy Garland y mi propio ídolo de adolescente, Elizabeth Taylor? Aunque Rosa María Marcano elogiaba mi belleza —"Nonni, eres la chica más linda que he visto jamás. No hay nadie más linda que tú. ¡Nadie!"— yo tenía mis reservas. Era una chica hispana de 1.50 de estatura, piel-un-tono-más-oscura-de-la-cuenta y plantas de pies aún callosas de corretear descalza por las destapadas calles de Juncos, y sabía perfectamente cuánto dependía de Maybelline y otros cosméticos de Woolworth's para crear mi belleza. ¿Sería capaz de transformarme en una "legendaria belleza"? Desde mi propio punto de vista yo no pasaba de ser "aceptable", pero sabía que si me aplicaba a hacerlo, me podía "arreglar" bien y presentar una imagen glamorosa.

Lo intentaría. Era mi gran oportunidad. Rosa María Marcano y yo lo sabíamos, y rápidamente nos dedicamos a rehacer toda mi apariencia. De todas las estrellas de MGM contemporáneas conmigo, Judy Garland, Debbie Reynolds y Shirley Temple, la que reinaba suprema con sus ojos violeta, senos voluptuosos y diminuta cintura, tenía quince años y había nacido británica: Elizabeth Taylor. Como todo el mundo, me dediqué a mirar a esta súper naturalmente preciosa y joven protagonista de una serie de películas de amor por los animales como *National Velvet* y *Lassie Come Home*, que la habían lanzado al estrellato. Me concentré en estudiar su rostro excepcional. ¿Qué la hacía tan absolutamente hermosa? ¿Los ojos violeta rodeados de tupidas pestañas, las negras cejas espesas perfectamente arqueadas o el gracioso arco de Cupido de sus labios carnosos?

Reproducir los ojos violeta era imposible, pero el resto podía ser imitado. Mi madre yo trabajamos juntas con una base de maquillaje más clara, lápices de ojos y pinceles de sombras y labios. El peinado fue lo único fácil. Pero con arte y empeño, las cejas y labios de Elizabeth Taylor quedaron superpuestos en la cara mía. Mi madre y yo trabajamos como con una paleta: Renoir y Modigliani con cosméticos de baratillo. Nuestra categoría como artistas del maquillaje resultó de talla mundial: en el espejo apareció el semblante de Elizabeth Taylor. Miré el "reflejo de ella" en mi espejo. Mis ojos no eran violeta y dudé en agregar el toque final, su famoso lunar, en mi mejilla derecha. Pero por lo demás, *era* Elizabeth Taylor quien me devolvía la mirada.

Ahora debíamos simular el cuerpo de Elizabeth Taylor. ¿Qué hacer para conseguir esa imposible combinación de turgente escote profundo y cintura de avispa? Un maquillaje más pálido que el tono natural de mi piel para el cuerpo y la cara me dieron su tez inglesa; creativos brasieres y un corsé para la cintura levantaron y apretaron lo que debían. Sentí que mis órganos internos se comprimían, pero con un poco de ayuda también mi cintura se pudo rodear con una mano. Los senos que jamás tuve fueron agregados. Jamás podrían tener el mismo tono cremoso, pero llenaban mi nuevo escote y solo me restaba esperar que la suerte me acompañara.

Gastamos nuestros ahorros en el salón de belleza para arreglarme cabello y manos, y compramos un atuendo completo estilo Elizabeth Taylor. Rosa María Marcano dio un paso atrás y suspiró. "¡Perfecto!". Yo me miré en el espejo y vi a una extraña. Pero preciosa. Con semejante derroche de alquimia y audacia, ¿cómo no tener suerte?

Fui a mi *go-see* con Louis B. Mayer, con la cabeza alta, los senos bien altos y las esperanzas más altas aún. Caminando insegura sobre mis nuevos y afilados tacones, pasé por las casitas de nuestra cuadra que bordeaba la granja de remolachas, para tomar el bus a mi futuro. Trastabillando un poco, abordé el autobús primero y luego el LIRR, el tren de Long Island, ante la mirada atónita de los pasajeros. Rosa María Marcano lucía radiante. Ella misma parecía la madre perfecta de esta Elizabeth Taylor hispana.

El trayecto de Valley Stream al Waldorf Astoria, situado en 47th Street y Park Avenue, no era tan largo en tiempo o distancia, pero para nosotras el Waldorf quedaba en la estratosfera: mi madre y yo jamás habíamos entrado a un hotel. Como se me dificultaba caminar bien con mis nuevos zapatos de tacón tan alto, tomamos un taxi desde Penn Station en 33rd Street y 7th Avenue hasta el famoso hotel.

Louis B. Mayer, el Mago Fabricante de Estrellas, no estaba precisamente esperándonos en la torre de su castillo, pero sí éramos "esperadas". Sólo eso ya era un milagro. Mi corazón latía desbocado y me sudaban las manos. Empecé a sudar bajo mi reveladora blusa de pronunciado escote tipo Elizabeth Taylor.

Pasamos las garitas de Oz, custodiadas por porteros, y un conserje nos encaminó al Waldorf Towers Penthouse. Jamás habíamos escuchado la palabra *"penthouse"* y nos quedamos mirando los botones del elevador, pero temiendo llegar demasiado tarde nos lanzamos a oprimir el "PH". Rosa María Marcano y yo ascendimos. Sabía que Louis B. Mayer, además de fabricar estrellas, las adquiría. Se había disputado a la propia Elizabeth con Darryl Zanuck en Universal Studios, ambos gritando "¡Contrátenla, contrátenla! ¡Sin prueba cinematográfica!". Louis B. Mayer perdió ese primer *round* y Elizabeth Taylor pasó en Universal el primer año de su carrera en Hollywood, hasta que fue despedida por "su cara prematuramente adulta". ¡*Ajá*! Mayer sabía, como siempre lo supo, que ella era una estrella con o sin su carita y su intensa expresión de adulta. De ahí en adelante, Elizabeth Taylor fue la joya de la corona de Mayer.

¿Podría ser yo su próxima joya?

Ahí estaba Louis B. Mayer, en una suite tan lujosa, y yo no podía creerlo. ¡Y la vista! ¡Dios mío! Parecía que todo Manhattan estaba a sus pies. Me lo imaginé mirando la ciudad como un rey recorre con la vista su reino. Pero yo no podía dedicarme a mirar edificios, debía concentrarme en ese hombrecito frente a mí: él decidiría el curso de mi vida.

Mi Mago del Waldorf era un hombre bajito, fornido, que se estaba quedando calvo, con escaso pelo plateado y anteojos de montura negra. Yo no lo sabía entonces, pero Louis B. Mayer, nacido Lazar Meir en la ciudad de Minsk (donde también nacieron Red Auerbach y Lee Harvey Oswald), había venido como inmigrante en un viaje semejante al mío. Pero antes de llegar a la capital mundial del cine, donde eventualmente se volvería un rey, su destino había sido el frío Canadá, y en las estrechas calles de St. John, New Brunswick, lo habían perseguido matones canadienses gritándole a voz en cuello "¡*Kike*! ¡*Kike*! ¡*Kike*!".

Pero no estábamos aquí para recordar nuestros humildes inicios, y esta reunión fue breve. No tuve ni tiempo de respirar, lo que estuvo muy bien, pues con el corsé habría sido difícil. Mayer extendió la mano, la primera mano de hombre con manicure que yo hubiera visto jamás y, menos aún, estrechado. Su piel era tan suave como la de un bebé. Me observó unos segundos, vio lo que quería y dijo algo como:

—¡Contrátenla, contrátenla, y que firme aquí! ¡Parece una Elizabeth Taylor española! —decretó el Mago—. ¿Qué le parece un contrato de siete años, jovencita?

Yo levité. Mi madre levitó. El Waldorf Towers giró, y en mis zapatos de tacón alto volví a materializarme en el set del estudio en Culver City. Pasaría mucho tiempo antes de que yo deseara volver a estar en la granja "de Kansas" o su equivalente en Nueva

York, aquel suburbio junto a la granja de remolachas en Valley Stream. Mis ojos no eran color violeta pero jamás miré atrás.

Rosa María Marcano y yo delirábamos de alegría. Empacamos y nos mudamos con Dennis a una encantadora casita cerca del set, que el estudio consiguió para nosotros. En ese momento, Eddie Moreno decidió enrolarse en el ejército y fue enviado a Japón, pero a Mami no pareció importarle ese nuevo arreglo. Ambas habíamos soñado juntas que yo me convirtiera en una joven estrella y "alcanzara la fama" y que nuestra familia viviera una vida más glamorosa cerca de las estrellas. En cuanto a mí, yo estaba encantada de que él ya no estuviera.

Todo sucedió muy rápido. Vendimos la casita junto al sembrado de remolachas y nos mudamos con todas nuestras pertenencias. Compré un auto viejo y aprendí a conducir. Me veía a mí misma andando por Hollywood, conociendo a las estrellas, ¡y hasta trabajando con todas! No más autobuses y trenes. No alcancé a imaginar limosinas, pero jamás dudé de que actuaría en películas. Sabía que ese era mi destino. Mis sueños se estaban volviendo realidad, con lujo de detalles.

Hollywood era todo lo que habíamos imaginado y más: teníamos palmeras y nuestro acostumbrado clima propio, cálido y soleado. Era lo mejor de Juncos puesto en Hollywood. Mi madre estaba segura de que yo sería famosa: "Nonni", decía ella, "aquí tú eres una estrella". ¡Estaba ganando $200 a la semana! ¡Mucho dinero en esa época! ¡Éramos ricas! Estaba tan deslumbrada por este nuevo mundo, que para mí era lo mismo que Bel-Air y un contrato de un millón de dólares. Me había mudado al Cielo de Hollywood, a MGM, donde había "más estrellas que en el cielo" y se veían en todas partes. Y ahora andaba entre ellas.

*   *   *

La primera persona que conocí en mi primer día en el set, me saludó con una sonrisa traviesa y una mirada de sabelotodo en sus ojos. Sobre la frente y un ojo le caía un mechón de cabello oscuro. Rhett Butler. Clark Gable. Me tocó la mano y me obsequió una sonrisa todavía más grande que la que le había visto como Rhett. Cuando jamás en la vida se ha estado cerca de una estrella de cine, el impacto es surrealista, pues la mayoría de las estrellas no son tan altas como se ven en pantalla (salvo John Wayne que de alguna manera era más grande), pero sus rostros cobran más importancia que los de seres humanos normales, y parece que se te vinieran encima.

Ahí estaba con sus cejas espesas y grandes orejas. Y yo ni siquiera pude hablar: chillé. Clark Gable no pareció darse cuenta del efecto que había causado. En mi cabeza, lo escuché decir "Rosita, me importa un comino".

En realidad Clark Gable dijo:

—Rosita. Un nombre estupendo, chiquilla.

Pero no tuve ese nombre mucho tiempo.

Rosa María Marcano y yo acabábamos de mudarnos a lo que para nosotras era una casita muy bonita (un *bungalow* del estudio que lucía como una versión glamorosa de nuestra vieja casita de helado en Juncos), cuando me llamaron a la oficina de *casting* de Bill Grady, y mi antigua vida llegó oficialmente a su fin.

Bill Grady era el agente de *casting* más famoso y poderoso de Hollywood. Cuando me dijeron "ve a donde Bill Grady" yo flotaba en mi nube de MGM. Debo decir que estaba tan impresionada por el comedor como por los sets de MGM. Los olores, los montículos de humeantes comidas (para mí) exóticas, *roast beef* con *gravy*, blancas colinas de puré de papas y temblorosos moldes de frutas como joyas atrapadas en gelatina. Aunque comparado con los condimentados platos de casa todo era insípido, la presentación de las comidas me atraía. Y por donde mirara, estaba TODA la gente más guapa: Ava Gardner, Gene Tierney... hasta... Joan Crawford. Todas las mujeres eran preciosas, locamente hermosas, incluso antes de pasar por *Hair and Makeup*. Ellas eran de otra raza. ¿Era yo realmente parte de esto?

No lo creía. Cuando me dijeron "ve a donde Bill Grady", mi corazón empezó a latir contra mi corsé y mi busto de espuma de goma a subir y bajar aterrado. Si un postizo puede palpitar, el mío lo hizo.

No va a funcionar después de todo, pensé, mientras subía las angostas escaleras hasta su nido de águila ubicado en la parte de atrás del set. La austera y oscura escalera me intimidó: me van a despedir. Me habrán mirado con más detenimiento, bajo el sol deslumbrante de Hollywood, y ya vieron que no soy ninguna Elizabeth Taylor latina. Que no existe tal cosa. Simplemente soy una chica puertorriqueña que no tenía nada que hacer, y mi alter ego negativo, esa voz tan conocida, agregó, "una chica puertorriqueña con un poco de acné que todas las capas de maquillaje del mundo no pueden disimular". Estaba segura de que me devolverían, igual que una compra impulsiva, a la sección de ofertas de la que provenía.

Bill Grady entrecerró los ojos mientras examinaba mi cara. No hizo nada para tranquilizarme. Sentí que mis propios ojos, de color equivocado y yo lo sabía, se abrían mucho. También sabía que mis ojos tenían la tendencia a "brotarse", así que me concentré en calmarlos y mantenerlos bien adentro en sus cuencas. Me preparé para lo peor: tendría que volver a casa y tomar un curso de secretariado. Había probado uno de esos cursos una vez, pero me había devuelto aterrada a mi madre y otra ronda de audiciones que pensé habían "valido la pena".

Casi pude escucharlo decir: "No puedes quedarte" pero no, estaba diciendo algo diferente.

—No puedes quedarte con ese nombre —me dijo. Entrecerró los ojos de nuevo—. Demasiado italiano.

En trance, lo escuché especular con posibles nombres artísticos:

—¿Ruby Fontino? ¿Lola Sánchez? ¿Marcy Miranda?

Ni siquiera me dio tiempo de reaccionar y los nombres empeoraban.

—¡Hibiscus Harlow!

Yo no quería ser Hibiscus Harlow. Ni ninguna de las otras. La verdad es que me gustaba mi nombre—Rosita Dolores Moreno. ¿Acaso no había debutado con él como la descarriada chica de reformatorio en *So Young, So Bad*? ¿Perdería cualquier reconocimiento que hubiera alcanzado? (Y ni siquiera tuve el tiempo o la confianza para pensar: ¿Me perdería a mí misma?).

—¡Lo tengo! —estaba diciendo Bill Grady—. ¿Qué tal Rita, por Rita Hayworth?

Me estremecí, pero por lo menos ahí había un reconocimiento para mí. Rita Hayworth era Margarita Cansino, la sobrina de Paco, mi profesor de baile. La de la línea de nacimiento del cabello levantada y las piernas alargadas. Una chica que era una diosa española con nombre inglés.

—Rita Moreno —decretó Bill Grady—, *esa* es la que eres y esa la que serás.

Salí dando tumbos, parpadenado bajo la luz demasiado brillante de Los Ángeles. Durante el resto del día, durante el resto de la semana, durante el resto de mi vida profesional, la gente me llamó Rita.

Pero yo no respondía muy bien a ese nombre. Me gritaban "¡Rita!" y cuando no me giraba, debían acercarse y tocarme el hombro. "¿Rita?". Los meses siguientes se me fueron en una nube de muchos "¿ah?".

Para empeorar las cosas, cuando ya no podía sentirme más

extraña o menos identificada, estando yo en una silla de maquillaje entró una beldad del otro mundo, de ojos naturalmente delineados por una exagerada y asombrosa doble fila de negras
pestañas, que no necesitaban maquillaje alguno. Sus ojos violeta
taladraron los míos. ¡Era ella! Era diminuta y preciosa y me estaba
mirando. Y me di cuenta de que no le había gustado lo que veía:
una Elizabeth Taylor de mentiras, una farsa. A la verdadera Elizabeth Taylor no parecía complacerle la "Elizabeth Taylor española".
Luego ella habló y sentí que la tierra se abría y me iba a tragar
entera. Yo había conocido a su ex esposo, Nicky Hilton, en una
fiesta. Ellos estaban recién divorciados, pero él no parecía estar
lamentando la disolución de su matrimonio. Elizabeth Taylor me
miró, levantó sus auténticas, bien esculpidas y espesas cejas negras, frunció sus genuinos labios de arco de Cupido y acusó:

—Me dijeron que Nicky te lanzó a la piscina, ¿es cierto?

Sin darme tiempo de contestarle, sonrió con suficiencia y se
escabulló del salón. Nadie podía mirar como Elizabeth Taylor;
esos ojos ultravioleta ardían como chorros de gas.

Ese día conduje de regreso al *bungalow* y la casita no me pareció una versión glamorosa de una de las casitas de helado. Me
pareció un lugar del cual pronto sería expulsada. Yo no iba a engañar a nadie aquí; ellos sabían que era una Elizabeth Taylor falsa,
con un nombre falso y una vida falsa que estaba por terminar.

Pero entré por la puerta del *bungalow* y aspiré el familiar
aroma de cilantro y el delicioso olor a ajo del guiso de picadillo.
Mi madre me saludó:

—¡Nonni hice tu plato favorito!

En casa, yo tenía un nombre propio: siempre sería "Nonni".
Eso nadie me lo podría quitar.

UNA ACTRIZ PRINCIPIANTE:
SUS DÍAS... Y SUS NOCHES

Las dos primeras películas que hice para MGM fueron *Toast of New Orleans* y *Pagan Love Song*. Vistas hoy, cuando hasta las películas son más cínicas y realistas, su jovialidad parece un desvarío total. ¿Por qué todos lucen tan contentos? ¿Por qué todo el tiempo saltan y cantan sin motivo, ignorando de plano la auténtica tradición musical y cultural de los personajes nativos: *cajuns* y tahitianos?

En *Toast of New Orleans*, los *cajuns* suenan como italianos y el semi-subacuático musical *Pagan Love Song*, bien podría ser parte de *¡Oklahoma!* Esther Williams y el buen mozo de Howard Keel se lanzan de grandes alturas en impecables clavados entre una y otra canción a "los cielos que besan el mar" de Tahití. En ambas películas la trama es pobre por no decir inexistente: en *Toast of New Orleans* un sencillo pescador *cajun*, Pepe (interpretado por Mario Lanza), corteja y conquista el corazón de una aristocrática diva de la ópera (Kathryn Grayson). Y *Pagan Love Song* gira alrededor de una trama todavía más floja en la cual Esther Williams planea abandonar Tahití (que por supuesto no abandonará) y Howard Keel está a punto de perder sus existencias de aceite de coco (que por supuesto no pierde). Al final, todos se besan, cantan, danzan y nadan sin pausa... sin darse el menor respiro ni el menor intento de mostrar algo creíble.

Ambos musicales se desarrollan en medio de una actividad frenética; todos sonríen, saltan y simulan una identidad étnica que obviamente no tienen. Se supone que Esther Williams es tahitiana (okey, tal vez *medio* tahitiana, pero aún con la gruesa capa de base de maquillaje marrón, en el mejor de los casos ella parece una chica muy bien torneada y fabulosamente bronceada). Y en *Toast of New Orleans*, el obviamente italiano Mario Lanza es un pescador criollo que de repente canta un aria de alguna ópera. En ambas películas yo interpreto "*bonitas*" nativas y empleo mi recién inventado "acento étnico universal", que en realidad es un evasivo inglés rudimentario sin un auténtico origen de mezcla de idiomas.

Como Terru, la chica indígena de *Pagan Love*, llevo un sarong de dos piezas y continuamente me empino para mirar hacia arriba y con adoración a Howard Keel (no tengo más remedio que mirar para arriba porque él mide 1.93). Nuestra gran escena —la cual debo admitir que fue un gran salto para una chica de Juncos vía Washington Heights— es "The House of Singing Bamboo" en la que Howard Keel canta una canción originalmente creada e interpretada por Judy Garland con el título de "Hayride". La canción es totalmente extraña a los ritmos de Tahití, y yo solo tamborileo rítmicamente el bambú junto a Howard Keel, mientras él la interpreta.

En la trama de *Toast of New Orleans* soy Tina, la chica *cajun*, y no modulo ni una línea, pero entro en escena al instante, cantando y bailando en un frenético revuelo de faldas y enaguas que presagian mi baile en *West Side Story*. Y bailo y canto nada menos que con James Mitchell, el fabuloso bailarín. Me aterraba bailar con un bailarín de ballet clásico tan experimentado (protegido de Agnes de Mille), pero era una persona amable y yo había bailado para él uno de mis números españoles y le gustó. Supongo que si Mitchell hubiera creído que no valía la pena, mi número de baile habría sido eliminado. Bailamos juntos una desaforada locura llamada "Tina Lina" con muchos giros y vueltas, una especie de danza ritual tipo español, como de apareamiento, así que en ese aspecto me sentí como en casa. Detrás de nosotros dos, tratando de disimular sus piernas rechonchas mientras cantaba arias a todo pulmón, estaba Lanza.

Bailando, rozo con mi busto el pecho de James Mitchell y giro en rápido escape al gran final: un sonoro beso a Mario Lanza, quien emite su peligrosa nota tan alta que rompe cristales. Después de ese agotador derroche de gracia, suprema agilidad y fuerza de James Mitchell, yo, Tina, todavía prefiero a Mario Lanza (quien por supuesto no me quiere), y esto es lo único de la película que se acerca un poco a la realidad.

Mario Lanza (cuyo verdadero nombre Alfred Arnold Cocozza había cambiado a manos de Bill Grady en MGM) tenía en esa época treinta años y una hermosa voz de tenor que más tarde le permitiría interpretar a Caruso, su ídolo. Fuera de cámara, Mario era presa de sus dos adicciones: comida y alcohol. Su apetito era insaciable y siempre que yo iba a su camerino, lo encontraba engullendo cantidades enormes de comida. Era famoso por comerse dos pollos y medio de una sentada, y yo siempre me preguntaba *¿Por qué dos y medio y no sólo dos... o los tres de una vez?*

La primera vez que me lo encontré a la hora de almuerzo,

Mario estaba dando buena cuenta de su tercera pizza entera y acabándose de un trago una botella de vino rojo. Con razón su peso siempre fluctuaba entre 250 libras y las 160 que debía pesar para lucir bien en una película. Pero aún con 160 libras, cuando bailaba alrededor de Mario, yo veía que se saltaban los botones de su chaleco.

Kathryn Grayson, su aristocrática coestrella, se quejaba de que en escena él siempre trataba de besarla en la boca, a la francesa. Decía que él le metía su lengua cargada de ajo en la boca cuando no podía apartarse. Y ella debía cantar a pesar de las náuseas.

Fuera de cámaras, borracho y tambaleándose bajo la ventana de Kathryn Grayson, Mario le daba serenata cantando "Be My Love" con su perfecta voz de tenor, hasta que el novio de ella salía furioso. Mario, aunque joven, llevaba bastante tiempo casado y tenía cuatro hijos. Era alocado, desordenado y travieso.

No tenía remedio, pero aun así me encantaba, y ocho años más tarde me dolió leer que había muerto en Roma a los treinta y ocho años. Como de costumbre, Mario había intentado bajar de peso para un papel y se sometió a un tratamiento de choque para adelgazar que mantenía al paciente profundamente sedado. También había estado ingiriendo orina de mujeres embarazadas. Eran métodos controvertidos y se sospechaba que habían acelerado su repentino fallecimiento. Aunque es posible que también hubiera influido algún factor genético, pues más adelante, dos de sus hijos fallecieron en forma similar a temprana edad. Pocos meses después de la muerte de Mario, con treinta y siete años apenas, su esposa murió de "dolor en el alma". En menos de un año, sus hijos quedaron huérfanos. ¡Qué tristeza!

Cuando hicimos esta película tan ligera y banal, nadie podía prever la tragedia que se avecinaba. No hubo oscuras premoni-

ciones, pero Mario Lanza sí parecía estar perdiendo el control a
toda velocidad, en esa forma tan usual en Hollywood que parece
garantizar un final prematuro. Mario era un adicto, pero no a la
heroína o a la cocaína, sino a pedidos triples de pizza tamaño familiar con todos los aditamentos (cuya sobredosis quizá podría
ser igualmente letal).

Gracias a sus grabaciones, Mario Lanza sigue siendo un
icono en el mundo de la ópera. Pero ¿quién puede escuchar su
rica voz de tenor sin sentir pena por su muerte tan joven? Su imagen en la pantalla vive para mí, como vive para sus muchos fans.
Aún me parece verlo irrumpir en esa escena del banquete en *The
Toast of New Orleans* anunciando "¡Cuando me siento feliz debo
cantar!" y entonando a todo pulmón "Be My Love", la canción
que se convertiría en su sello característico, y por siempre reso-
nará en mi memoria.

La filmación de *Pagan Love Song* fue una experiencia maravillosa. Debo decir que la alegría de la película era real también
fuera de cámaras. Esa euforia total en una filmación no era común, pero Esther Williams lucía dichosa en sus clavados y caídas
libres en medio de nubes cerúleas; se veía extasiada. Howard Keel
era afable y siempre dispuesto a saltar de los trampolines cantando. Embarazada de Ben Gage, su amado esposo de ese tiempo,
Esther Williams era una persona feliz. Debo decir que siempre
lucía muy satisfecha. Osada, y dueña de una increíble destreza física, a pesar de su embarazo ella misma hacía todas sus escenas
peligrosas y siguió haciéndolas en sucesivos embarazos y films.
Ella era... bueno, vigorosa.

Sin embargo, cuando reconsidero el film ahora, me avergüenza un poco su falta de respeto para con los tahitianos. La
época de 1950 era distinta, y entonces era usual el ostensible
trato condescendiente y festivo para con los pueblos indígenas,

como lo demuestra este film. A los nativos de *Pagan Love Song*, les encanta hacer todo el trabajo pesado del campo y escalar palmeras sin paga, a cambio de fiestas, canto y baile; y obesas mujeres "tahitianas" (realmente samoanas) disfrutan el juego de saltar la cuerda. Cada una de las personas polinesias es presentada allí con un coeficiente intelectual de setenta y la madurez de un bebé de tres años.

Me temo que interpreté a Terru personificando el cliché de la chica polinesia tímida e infantil. Todo el tiempo atolondrada, debía reír tontamente o chillar y después enfurruñarme. Para rematar, mi "hermano" Tavae era aún más chiflado y retrasado; entre los dos hundimos nuestra canoa de cocos y escupimos bastante agua en nuestro cuasi-ahogamiento. Pobre Charles Mauu, que interpretaba a mi hermano. Él sí era tahitiano *de verdad*; y seguramente le causó pena ver su cultura ridiculizada. O quizás, como siempre ocurre con los actores, simplemente estuvo contento de haber obtenido el trabajo.

(Hasta que filmé esa escena de la canoa hundiéndose, yo no sabía nadar, pero aprendí, como he aprendido cada destreza de actuación que he necesitado cuando la he necesitado. Échenme al agua, y actuaré como si supiera nadar).

Pero en ese momento, en Hawái, a mis dieciocho años, nada me pareció estereotipado. Llevaba sarong y estaba encantada en una isla tropical llena de estrellas filmando exteriores. Era el paraíso, ¿y qué creen? Me divertí de lo lindo.

Mi siguiente film fue uno de los mejores musicales de MGM —tal vez el mejor— de todos los tiempos. Gene Kelly me escogió para *Singin' in the Rain*. Y lo fascinante de ese maravilloso premio fue que no interpretaría a ninguna tímida mestiza con mi acento étnico propio. Interpreté a Zelda Zanders, la chica que está celosa de Debbie Reynolds. Después de haber sido tan empalagosamente dulce tanto tiempo, fue refrescante interpretar a la antipática esa. ¡Y además usar los preciosos vestidos de moda en los años veinte! Pero lo mejor fue el turbante a la moda y ¡todo lo que cubría!

Ahora que lo recuerdo, no puedo creer mi propia osadía: Gene Kelly me pidió que cortara mi negra y rizada cabellera que me cubría hasta la mitad de la espalda y yo tendría que haber saltado a buscar las tijeras. Pero no. La pequeña Rosita escogió ese momento para rebelarse un poco:

—Yo no me corto el cabello, Mr. Kelly —y tuve el coraje de seguir—: Eso no se acostumbra en Puerto Rico. Ni las chicas ni las mujeres se cortan el cabello jamás; es cuestión de orgullo femenino.

Se quedó sin palabras. No creo que las actrices jóvenes le llevaran la contraria muy a menudo. Entonces me dijo con su voz dulce:

—Okey, llevarás una peluca.

Y lo hice. Una ridícula peluca roja. Y encima, la bufanda amarrada. Casi me mata el calor de las luces, pero bajo esa envoltura, el cabello de Rosita sobrevivió.

Y fue emocionante trabajar con Kelly y Donald O'Connor. Debbie Reynolds realmente era más novata que yo, que para esa época ya era bailarina. Debbie era gimnasta, ella jamás había bailado. Y debo decir que ambas trabajamos duro, ella para ponerse a la par y yo para perfeccionar los intrincados pasos coreografiados por Gene Kelly, que era amable pero muy estricto.

La parte triste de esta historia fue la de Donald O'Connor, joven actor, bailarín y cantante a la vez. Tenía tanto talento y lo trágico es que en vida él jamás fue reconocido como el inspirado artista que era. Había crecido siendo un actor infantil en el seno de una familia dedicada al vodevil y llevaba las consabidas bandas elásticas en las piernas. Yo observé cada toma —y hubo muchas, por varias razones— mientras él se subía por la pared hasta conseguir la toma perfecta para el número "Make Them Laugh". Creo que debió trepar unas 400 veces: además de magulladuras se ganó verdaderas quemaduras de primer grado por fricción y tuvo que ir al hospital. También se fumaba cuatro paquetes de cigarrillos diarios, pero era un bailarín genial. Hoy su baile es, si se quiere, *más* admirado que el de Kelly en ese film. ¡Ese número "Moses Supposes"! ¡Nadie había hecho jamás algo así! ¡Ese hombre sabía bailar como nadie!

Pero por esas estúpidas ironías de "negocio del espectáculo" la estrella de Donald O'Connor jamás llegó a brillar como debía. Donald había sido "prestado" por Universal, en ese tiempo considerado un estudio muy inferior, para hacer *Singin' in the Rain*, y después fue "devuelto". Lo que más bien sonaba como "devuelto a prisión" y en cierta forma eso fue. Universal no hacía las películas de primera calidad que hacía la Unidad Arthur Freed de MGM. En Universal atraparon a Donald en un largo, largo contrato con *Francis the Talking Mule* [Francis, la mula que habla]. Y tuvo que hablar con esa mula toda una década o más. Con razón bebía, y mucho.

Cuando la gente piensa en *Singin' in the Rain*, lo primero que le viene a la memoria es la clásica escena de Gene Kelly saltando y cantando en la calle la canción que da el título a la película. Esa escena ha quedado registrada en la historia como el momento más efervescente del cine. Yo estaba allí observando el día que la filmaron, pues siempre estaba presente en el set, aunque no apareciera en la escena. Por eso conozco la dolorosa verdad tras esa "efervescencia". Cuando se rodó esa toma, Gene Kelly estaba enfermísimo, y tuvo que pasarse el día bailando y cantando bajo un torrencial aguacero artificial. Tenía cuarenta grados de fiebre y el agua estaba helada. (¿Cuándo se les ocurrió en Hollywood que el agua podía estar tibia?).

Cuanto más saltaba y cantaba, Gene Kelly debía sentir que el agua caía más fuerte y más fría. Me estremecía cada vez que él cerraba ese paraguas. En un momento clave, el agua sale en chorro directo de una canaleta directamente a su cabeza y él ¡se quita el sombrero y canta "I'm happy again" (De nuevo soy feliz) debajo del chorro! Tuvo suerte de sobrevivir.

Guardo en mi memoria el recuerdo de Gene Kelly, una persona clásica en un film clásico, cuya clásica y suprema determinación me inspiró de por vida.

En esa época me sentí en el séptimo cielo. Tres musicales en dos años, junto a algunos de los más grandes intérpretes de Hollywood. ¡Esto era el éxito! ¡Qué lejos había llegado la pequeña Rosita Dolores Alverio de Juncos! Había dejado esa vida —la había dejado— muy atrás.

TODAVÍA ROSITA

Hollywood estaba a un mundo de distancia de Washington Heights y de Juncos a un universo. Pero mi antigua vida me alcanzaría justo cuando mi estrella empezaba a brillar y me tomó por sorpresa. Un viaje a la costa este y un encuentro inesperado, nada menos que con Paco Alverio, me recordarían que todavía era Rosita.

Tuve que ir con otros actores de MGM (entre ellos Katy Jurado) a un teatro de cine en la costa este —algún lugar en Connecticut o quizás Filadelfia— a promocionar el estreno de una película de MGM. No recuerdo cuál, así que no debió ser muy buena y MGM seguramente necesitaba ayuda o no nos habrían enviado. Lo que sí recuerdo es que el grupo era de actores menores. Tal vez ya habría filmado *Pagan Love Song* y estaría por estrenarse. El caso es que me llevaron como atracción visual antes de la presentación y para la fiesta de *première*.

Desde el pasado, como salido de la nada, estaba mi padre, de pie, tras bastidores. De alguna manera lo habían dejado pasar hasta allí.

A mi mente y mis ojos les tomó algunos segundos reconocer a este Paco que ya no era el joven Paco de Puerto Rico que apenas recordaba. Este Paco era un hombre viejo, muy viejo, curtido por el sol. De su lacio pelo brillante poco quedaba, se estaba quedando calvo y su expresión era suplicante, como si de antemano supiera que no sería bienvenido.

Ver a mi padre fue como encajar un golpe directo a la mandíbula de mi memoria: sus ojos, huidizos, su bigote, más delgado aún... *Sí, era él*. Perdida su indolente actitud, ahora se inclinaba hacia adelante, suplicante. Su oscuro rostro arrugado en un silencioso gesto de disculpas.

Como en un relámpago, recordé la última vez que lo había visto: cuando mi madre me alzó en la cubierta del S.S. Carabobo para esa última mirada. Y antes de eso: *No mires ahí, por debajo del retrete de afuera, en las sombras fétidas. Algo que cuelga en la oscuridad.*

Paco Alverio reapareció en la sombra tras bastidores, en un majestuoso cine de los años cincuenta (cuyo nombre no recuerdo), con incrustaciones doradas: el "palacio" del cine en Pennsylvania o para el caso, donde fuera, en ese nebuloso estado en que quedó mi memoria. Y no estaba solo. Paco Alverio había traído consigo a su "nueva" familia. Recuerdo el pequeño grupo, los dos niños, una niña, y una mujer con el golpeado aspecto de una esposa servil. ¿O es mi imaginación la que añade esos detalles?

En mi recuerdo, los niños parecen incómodos y desconcertados. Aferrados a la falda de su madre, se esconden tras ella. Y son tan pequeños. La nueva esposa también es pequeña, más pequeña que yo. Parecen una familia liliputiense de otro tiempo y otro lugar.

Paco Alverio me presentó a su esposa. No recuerdo el nombre de ella, solo recuerdo que tenía permanente. Paco me presentó a sus hijos. (Me sentía tan desconectada de él y de todos ellos, que para mí no eran sus "otros" hijos. Pero sí lo recuerdo diciendo: "Estos son tus hermanos y hermana").

Me abrazó, con lágrimas en los ojos y dijo algo como: "Lo sé. Sé que he debido intentarlo". Queriendo decir, me imagino, que había fallado como padre. ¡Fallado! ¿Qué tal desaparecido? ¿Invisible? ¿O qué tal inexistente?

Estaba furiosa con este extraño que, ahora que me había visto en películas, aparecía de repente. Este extraño que jamás hizo el intento de ayudar a mi madre en forma alguna. Que la sacó de casa con sus infidelidades. Y me enfurecí aún más con el novelón que había esgrimido para conseguirse un pase y entrar: "Soy su padre desaparecido hace mucho tiempo".

A Katy Jurado, con la empatía propia de nosotros los hispanos (ambas condiciones van de la mano) ya se le estaban aguando los ojos, convencida de que estaba presenciando un gran momento en mi vida, y mientras nosotros estábamos ahí ella le decía a todo el que quisiera escucharla: "Es su padre desaparecido hace mucho tiempo; ¡su padre desaparecido hace mucho tiempo!". Pocos actores se interesaron porque estaban repasando las líneas que estaban a punto de decir en escena. "Padre desaparecido hace mucho tiempo. Bien".

—¡Dos minutos! —anunció el director de escena. Uno a uno, actores y actrices se fueron desvaneciendo en las luces del escenario, como si en los rayos de luz subieran a otro planeta... ¡y yo era la próxima!

Le murmuré a Paco Alverio:

—Anota tu dirección y teléfono.

Rebuscó un pedazo de papel, garabateó algo encima y me lo entregó. Como no tenía dónde ponerlo, lo doblé y me lo guardé en el escote antes de correr al escenario y la luz cegadora. Me enfocaron los reflectores y dije mis líneas sonriendo. Hacía calor en el escenario y empecé a sudar. Pero igual que un "buen baño caliente", el calor y la luz me envolvieron y me llevaron de regreso a mi nueva vida en otro planeta.

El aplauso resonó un poco más. ¿Era para mí o para la hermosa Katy Jurado (más tarde un amor de Marlon Brando, una rival, pero en ese momento compañera en lentejuelas) o para las dos? Para cuando terminamos, Paco Alverio había desaparecido de una vez por todas. Para siempre. Se desmaterializó, volvió a su "nueva" familia que había dejado más atrás en las sombras.

Tal vez por esa reaparición y desaparición igualmente inexplicables y repentinas, sentí que mi ira afloraba —hirviente— y empecé a temblar de la rabia, con todas las palabras que no había tenido tiempo de decir. "¿Dónde estuviste tú toda mi vida? ¿Por qué nunca ayudaste a mi madre? ¿Por qué no me buscaste antes? ¿Qué haces aquí ahora que estoy en las buenas? ¿Vienes a sacar tajada?".

Recordé el papel que había doblado y metido en mi vestido. Estaba arrugado y mojado. Lo desdoblé y alisé, apenas pude entender su dirección en Nueva York. No había teléfono. ¿Acababa de mudarse a Estados Unidos y todavía no tenía teléfono? ¿O simplemente no tenía dinero para pagarlo? ¿O el Paco Alverio de ahora era tan sensible que se había dado cuenta de que yo jamás marcaría su número? Esta vez habría sido cortés al marcharse, ¿o fue que se escabulló sabiendo que ahí estaba de más?

Al calor de mi furia, volví al camerino y despejé un espacio en medio de frascos, tubos y pinceles de maquillaje. Vi mis propios ojos brillantes en el espejo... Demasiado brillantes. Y escribí muy rápido. Demasiado rápido:

Nunca estuviste en mi vida. No tengo nada que decirte ahora. No trates de contactarme nunca más.

Dudé para firmarlo. ¿Quién firmaría esto? ¿Rita Moreno... o... la niñita que él jamás se tomó el trabajo de ver? Presioné con fuerza y por la punta de la pluma fuente escapó su sangre azul rey.

Rosita.

¿Fueron días, semanas, o meses o años más tarde, que lamenté haber enviado esa carta? Ahora me pesan las oportunidades perdidas; mi oportunidad de saber más, de escuchar las razones (excusas) de Paco Alverio. En mi furia, deseché una oportunidad. ¿Hay algo más doloroso que un arrepentimiento eterno?

Muy pronto me di cuenta de mi verdadera pérdida: había cortado el único lazo que me unía a otra persona que amaba, y cuando pronuncié su nombre temblé de nuevo, no de rabia sino de dolor, por haber perdido a alguien que jamás volvería a encontrar: "Francisco".

Más o menos por la misma época de mi desventurado encuentro con Paco Alverio, mi madre recibió un ultimátum de su segundo esposo, Edward Moreno, que seguía en el ejército. Todavía en servicio activo, Moreno le pidió reunirse con él en Japón. Rosa María podía reunirse o no, pero si no lo hacía, era obvio que esa decisión afectaría su matrimonio.

Hasta donde recuerdo, mi madre no lo dudó. Se quedó conmigo y el pequeño Dennis en la casita de Culver City. ¿Por qué?

¿Prefirió a su hija y no a su marido? ¿O de todos modos el matrimonio se estaba acabando? Nunca se me ocurrió cuestionar su decisión de quedarse conmigo. Ella estaba disfrutando mi "estrellato", nuestra nueva vida en la soleada California y la acogedora casita que considerábamos nuestro hogar. Su compromiso conmigo siempre había sido absoluto. ¿Quedarme yo aquí y Mami en otro continente? No podía imaginármelo y parece que ella tampoco.

Edward Moreno salió de nuestra vida para siempre, sin mirar atrás, ni siquiera a su hijo Dennis. En mi familia hubo dos niños muy pequeños abandonados por uno de sus progenitores: Francisco por mi madre y Dennis por su padre. Pronto la distancia se convirtió en divorcio y Edward Moreno empezó a ser solo una elocuente voz en la radio que llegaba del lejano Japón en forma bastante deficiente. Y siguió lo inevitable, una esposa japonesa y una "nueva" familia Moreno de medio japoneses.

No eché de menos a Edward Moreno. Siempre lo había despreciado y su salida me produjo placer, pero a Dennis no. Se había convertido en un chico grande para su edad y andaba alicaído por toda la casa. Dennis lucía solitario hasta cuando todos estábamos con él. Mi madre lo molestaba:

—¿Por qué no sales a jugar pelota? ¿Por qué quieres ver tanta televisión?

Y yo intervenía:

—Mami, déjalo en paz.

Y un día, ella lo dejó en paz.

Con esa terrible precisión de la vida real, no acababa de irse el esposo de mi madre cuando yo, que sostenía a la familia, perdí mi trabajo. Después del embriagante efecto de haber "protagonizado" tres grandes musicales de MGM, y de andar con las más grandes estrellas "del cielo de MGM" mi vida encantada cambió abruptamente. De un golpe fui expulsada de Oz y aterricé en mi habitación de Culver City, sin mi contrato de $200 a la semana. ¿Qué había pasado con mi contrato de siete años? Resultó ser que *ellos* tenían derecho a siete años, pero yo estaba sujeta a renovaciones opcionales que les permitían salirse del contrato. Todo lo que debían hacer era abstenerse de ejercer la opción y yo estaba terminada.

Un silencio de muerte nos envolvió. Nadie me llamaba para ninguna película y ni siquiera para un *go-see*. Un día, incapaz de soportar el suspenso, me fui a recibir de frente la mala noticia... y me cayó encima. Bill Grady me dijo en su oficina:

—Estás despedida. Te están dejando como a un mal hábito.

¿Por qué? Esa es la pregunta más peligrosa cuando te dejan, sea un hombre o un estudio. La respuesta, en un momento tan terrible, tiende a ser: "La culpa es mía".

¿Habría sido muy tímida con mi acento trans-étnico? Cuando repaso *Pagan Love Song*, me pregunto: ¿Habría sido una Terru "demasiado arreglada"? ¿Fue que no canté y bailé bien? ¿O que sin el maquillaje de Elizabeth Taylor no era lo suficientemente bonita?

Reaccioné recluyéndome en mi habitación todo el día a mirar televisión y rumiar mi amargura. Pretendiendo estar aún contratada por MGM bajo el truco de Laura en *The Glass Menagerie*, oculté mi desempleo hasta que fue obvio.

Ante la necesidad de conseguir dinero, Rosa María Marcano volvió a trabajar en la única forma que sabía hacerlo: arremangándose y trabajando día y noche. Volvió a coser, a diseñar. ¡Y finalmente a cocinar en restaurantes! Con su increíble capacidad de adaptación a circunstancias extremas, se convirtió en chef auxiliar. Fue maravilloso, pues con su nuevo ingreso ella pudo sostener nuestro modesto estilo de vida en la pequeña casita mientras yo estuve "sin películas".

Hice acopio de algo que me ayudaría toda mi vida: perseverancia. Me enderecé y me dije: *No, yo merezco trabajar en películas. Me gusta mi vida.* Recuperé mi osadía: *No. No voy a ser rechazada así.*

De modo que empecé de nuevo, con mi maquillaje de Elizabeth Taylor y la cintura bien fajada, sin amilanarme, a hacer audiciones y buscar que me seleccionaran. Como fuera, donde fuera, yo podría. Era capaz de hacer lo que fuera y lo hice.

Pronto volví a conseguir trabajo, pero eso trajo consigo efectos devastadores. Primero, mi madre decidió que si en casa no había nadie casi todo el tiempo, había que conseguirle a Dennis una "guardería". Esto fue literal, porque el pobre chico fue a dar a casa de la familia Pear y se quedó en la granja de ellos casi un año. Nunca supe cómo consiguió o conoció a esa familia. Y Dennis, ¿se sentiría confuso y abandonado? Primero su padre lo dejó para irse a Japón, donde rápidamente engendró nuevos hijos medio japoneses y luego mi madre lo dejó en una granja con gente extraña. Finalmente, acabaría matriculándolo en una escuela militar.

Todavía no me explico los motivos que tenía mi madre. Sé que ella no hacía esto porque Dennis fuera una molestia o un malcriado o se metiera en problemas. Era un buen chico. Pero fue el segundo hijo que ella dejó bruscamente y sin mirar atrás. ¿Cuáles eran los sentimientos de Rosa María Marcano hacia los hombres, que la llevaban a "abandonarlos" fácilmente? Conmigo se quedó, y nunca dudé de que siempre lo haría, aunque yo debía cumplir sus reglas. Siempre fui su "muñeca Rosita, Nonni" que debía ser bonita, perfecta y, además... una estrella.

¿Era condicional el amor de mi madre? Me inquietaba demasiado como para atreverme a explorar esos terrenos. Fui todas esas cosas que ella quería. Me esforcé por complacerla y, hasta hoy, no he podido saber si las metas eran mías o suyas. Yo creía firmemente que alcanzaría el estrellato, con todo mi corazón, mi escote falsamente exuberante y mi diminuto ser. Estaba resuelta a no dejarme expulsar tan pronto de Hollywood, después de haber llegado y haberme adaptado tan rápido a sus encantos.

Para poder trabajar, tuve que sumergirme en mucha *schlock* [yiddish para basura] y esta fue la peor época de mis escabrosos roles hispanos, de las Lolitas y Conchitas, con blusones de escote profundo y grandes aretes de aro. Yo hacía lo que tuviera que hacer —aceptaba el trabajo que fuera— si esto me mantendría entre "las estrellas".

RITA EN ASCENSO

En el viaje en montaña rusa en que se convertiría mi carrera, pronto escalé de nuevo las alturas. Mi suerte cambió una vez más. Entre tantas jóvenes actrices que esperaban una oportunidad, a un editor de la revista *LIFE* en busca de imágenes le llamó la atención mi fotografía y dijo: "¡Ella!". No podría haber tenido mejor publicidad... y fue un milagro. La atrayente nota de la portada: *RITA MORENO: EL CATÁLOGO DE SEXO E INOCENCIA DE UNA ACTRIZ.* Aunque de niña había sufrido mi racha de mala suerte, de repente me arrolló una racha de buena fortuna. Mami y yo, encantadas, compramos tantas revistas *LIFE* que escasearon en los kioscos... Pero no me importó. Estaba en una racha ganadora.

Darryl Zanuck Jr. descubrió esa carátula de *LIFE* en la cual yo mostraba los dientes mirando por encima de mi hombro des-

nudo, y antes de que yo alcanzara a murmurar "Sí, Señor" o cantar *"Whatever Lola Wants... Lola Gets..."* [Lo que Lola quiere...
Lola consigue...] me estaban estudiando para un gran papel en
un fabuloso proyecto nuevo: otro musical de primera clase, pero
esta vez en la 20th Century Fox. *The King and I* protagonizado
por Yul Brynner y Deborah Kerr. Yo estaba en la baraja para el
papel de Tuptim, la concubina siamesa del rey. Mi principal com-
petidora era France Nuyen. Y yo estaba segura de que ella se ganaría ese papel. Por lo menos ella era en parte asiática (vietnamita).
Era más joven que yo —France Nuyen solo tenía diecisiete contra
mis veinticinco— y, por lo menos en mi opinión, era más bella.
Obviamente ella era "más apropiada" para el papel. Yo era hispana, no asiática, y por esa época, un poco más vieja de la cuenta
para un concubinato adolescente.

Que yo no me sintiera "adecuada" para ese papel no evitó que
luchara por obtenerlo. Me lo gané y me encontré de rodillas, con
las manos unidas, un dorado tocado de templo sobre mi cabeza y
mostrando la cintura desnuda. Deborah Kerr anuncia que ha venido a Siam para enseñar inglés.

—Ya hablo inglés —murmuro con mi universal acento étnico.

—¡Y *muy bien*! —dijo Deborah Kerr, con su impecable dic-
ción.

Fue una experiencia maravillosa, que no se filmó en exteriores sino en una serie de elaborados estudios a prueba de sonido.
Ellos recrearon los jardines, el palacio, realmente fue una producción asombrosa porque lucía muy auténtica. Aunque yo pensaba que no era "adecuada" para el papel y que France Nuyen
habría sido una mejor opción, el rol me fascinó. Tuptim es un
personaje fundamental que lleva el film a su desenlace: cuando
ella y su amante Lun Tha escapan del Rey, él envía una partida a
buscarlo. Ellos encuentran a los amantes y Lun Tha es muerto.

En el film, Tuptim reacciona histérica, y en las primeras versiones, ella también es ejecutada.

Pero en esta nueva versión, se supone que el Rey debe azotarla; sin embargo, no es capaz de hacerlo. Y su fracaso en cumplir con su deber de rey y de hombre, de castigar a una concubina infiel, le hace perder la razón y empieza a morir.

La película fue considerada un gran éxito y yo recibí buenas reseñas de los críticos. Me veía encantadora con el disfraz y su tocado. Eventualmente, yo misma pude aprobar mi propia actuación, aunque no mi acento fingido.

Por fortuna, seguí trabajando, pero deben haberme catalogado en la categoría "étnica general". Me imagino que ellos pensaban que si había algún tipo de acento, piel más oscura, o algún aspecto exótico, una chica puertorriqueña podría hacer el papel.

Los roles de doncellas indígenas eran populares en esa época. Las doncellas indígenas se convirtieron en un estereotipo, algo insultante en el aspecto sexual y también el racial... Las doncellas siempre son capturadas de alguna forma sexy; y (la mayoría de las veces) ellas aman o no a los indígenas que las capturan... Pero el tema racial se complica porque algunas de las doncellas indígenas son en realidad doncellas blancas capturadas por los indígenas cuando eran bebés. La mayoría de las veces, las doncellas capturadas, sea cual fuera su raza original, desean conservar su atuendo de gamuza y sus trenzas, y permanecer capturadas: basta recordar a Natalie Wood, cuyo personaje era de raza blanca, pero prefiere a los comanches en *The Searchers*. Por otra parte, Audrey Hepburn en *The Unforgiven*, caracterizó a una bebé indígena adoptada por blancos cuando era una niña pequeña. Cuando su hermano Kiowa quiere que ella regrese a la tribu ella lo mata.

Preparándome para el frío de Nueva York en invierno: es tiempo de volver a casa.

Mi hermosa mami y yo.

El último recuerdo del Abuelo Justino con Mami y conmigo.

Presumiendo las labores de confección de Mami, cosidas con puntadas de amor, estoy segura.

Cortesía de Rita Moreno

Dorothy sonriente por fuera, Rita angustiada por dentro

Cortesía de Rita Moreno

El "*look* de Liz": representar un papel era más fácil que encontrarme a mí misma.

Joven intérprete agradece cuando un fotógrafo le regala una foto: esta es esa foto.

En mi papel de princesa indígena número 36... ¿o sería el número 42? Perdí la cuenta.

The Deerslayer: detestaba ponerme esa gamuza helada.

The Yellow Tomahawk: Noah Beery (a mi derecha) y Rory Calhoun (en el
extremo derecho).

The King and I: esas diez libras de tocado realmente hicieron mella en mi cuero cabelludo.

POLISH DIPLOMAT TELLS HOW
HE GOT AWAY FROM REDS

RITA MORENO:
AN ACTRESS'S CATALOG
OF SEX AND INNOCENCE

20 CENTS

MARCH 1, 1954

REG. U. S. PAT. OFF.

"¿Quién es esta chica?... ¡Encuéntrenme a esa chica!". —Darryl F. Zanuck

Siempre me ha dolido esa escena ¡porque ella mata a su propia sangre! Igual que detesto que Pocahontas cause la muerte de su prometido indígena para casarse con John Smith, cuya cabeza en la animación de Disney parece una caja de cereal. Sé que esta opción probablemente se hizo para hacer ver más aceptable a una indígena americana: "¡En realidad ella prefiere a los hombres blancos!". Lo que es un perfecto insulto racial.

The Yellow Tomahawk, con Rory Calhoun y Noah Beery Jr., pareció romper el molde. Aquí interpreto a otro tipo de doncella —una indígena Cheyenne pura— pero el papel es cómico. Honey Bear, muy enamorada de Noah Beery Jr., pasa la mayor parte del tiempo persiguiéndolo. En un sorpresivo final, ella lo conquista. Pero Noah Beery Jr. interpreta a un mexicano, por lo que no creo que esto cuente como matrimonio mixto.

Rory Calhoun era todo un hombre en escena y fuera de cámaras, un rudo hasta en la vida real. Había cruzado de un estado a otro después de robar una joyería, un delito federal que lo envió a una penitenciaría. Rory también era un mujeriego legendario. Cuando su esposa se divorció de él, dio a conocer los nombres de setenta y nueve amantes adúlteras, a lo que Rory respondió: "¡No ha nombrado ni la tercera parte de ellas!".

La actriz principal, Peggy Castle, tampoco era precisamente un ángel. Fue una mujer fatal, literalmente, hasta para ella misma. Tuvo cuatro esposos, innumerables amantes y dio buena cuenta de ríos de licor. Su vida siempre hizo honor a su lema: "Una buena chica no le parece interesante a nadie". A sus cuarenta y dos años murió de cirrosis, con un trago a medias en la mano y sentada en el sofá de su segundo esposo, semanas después de la muerte del tercero.

Sí, fue una época de "dispáralas", el tiempo que pasé exiliada en ese árido rancho en Monument Valley, Utah, donde se filmaban todos los *westerns*. Todos esos años usé vestidos de doncella indígena e interpreté papeles en los que me capturaban los indígenas o, si no, los blancos en represalia contra los indígenas. Sacudía, muy sexy, los flecos de mis vestidos y hablaba con mi genérico acento étnico, pero esta vez usando el posesivo "mi" como pronombre: "Mi gusta tú".

Los papeles de doncella indígena tenían sus bemoles. Para empezar, la gamuza es uno de los materiales más incómodos para vestir; y en las tomas al amanecer en el desierto, se vuelve tiesa y helada. Cualquier primer plano mío en *The Yellow Tomahawk* o *The Deerslayer* o cualquiera de las superproducciones de gamuza-y-trenzas que filmé, muestra mi piel erizada por el frío. Todas mis doncellas tenían la piel de gallina.

Cuando recuerdo mi período de doncella indígena, puedo ver que también todas las películas mostraban ese velado sesgo machista: las chicas debían ser capturadas, retorcerse y disfrutar el sometimiento, o patalear hasta el final. Las doncellas árabes hacían lo mismo. Cuando "cedían" a los jefes guerreros, supervaqueros, sheiks, u hombres blancos liberadores de doncellas capturadas, todas las doncellas acababan hablándoles en susurrantes murmullos serviles.

Ahora veo que cualquier película en la que yo terminaba diciendo el equivalente de "Sí, Señor..." o "Él es mi Jefe...", innegablemente tenía un fondo machista. Supongo que la razón estaba en los todopoderosos magnates del cine por una parte, y por otra, en los libretistas que albergaban o acariciaban fantasías de doncellas esclavas.

No llegué a trabajar en las "superproducciones bíblicas de *soft porn* o pornografía suave", muchas de ellas protagonizadas por Susan Hayward o Jean Simmons. En esas películas bíblicas siempre había chicas esclavas subyugadas, que se convertían en devotas cristianas. Más bien pasé el tiempo en cautiverio con arreos de cuero; nunca llegué a murmurarle a Moisés ni a bailar alrededor del Becerro de Oro y tampoco a desnudarme en un tejado, sabiendo que Gregory Peck me estaba mirando. ¡Y no sé por qué! Seguía interpretando doncellas y lo más cerca que estuve del entorno bíblico fue como doncella árabe del desierto en *El Alamein*. Interpreté a una doncella árabe que usaba un turbante, lo que estaba prohibido. Según supe después, a las mujeres árabes *no* les está permitido usar turbante, solamente los hombres pueden usarlo. *El Alamein* fue un divertido rodaje realizado en las dunas de la playa de Malibú, para simular el Sahara norteafricano. Esto significaba que el elenco debía agazaparse permanentemente para evitar que se viera la línea del horizonte que incluía el Océano Pacífico y los ocasionales surfistas eran suprimidos.

El más emblemático de mis papeles de doncella tal vez fue el de *The Deerslayer*. Interpreté a Hetty Hutter, la "extraña e indómita" hija de un asqueroso colonizador, asesino de indígenas, que nos arrastraba a mi más calmada hermana rubia (Cathy O'Donnell) y a mí, a navegar por ríos "infestados de indígenas" en un fuerte flotante construido por él mismo. Mi espantoso progenitor vivía en busca de "indígenas" para matarlos y agregarlos a su colección de cueros cabelludos. Hutter era un miserable granuja, y es bueno descubrir que yo no soy realmente hija suya. Soy tan salvaje e indómita, me visto de cuero y jamás me peino el cabello, porque soy una de esas niñas mohicanas capturadas siendo bebés y, por supuesto, a una bribona como yo (mohicana y rebelde) ¡de un modo u otro hay que domesticarla! El cartel de la película me muestra sometida por una llave triple, a manos de tres guerreros (uno de los cuales ostenta axilas notoriamente peludas que lo delatan como falso hurón, porque todos los indígenas nativos americanos descienden de la raza mongol, que se caracteriza por tener poco o nada de pelo en el cuerpo). Lo más probable es que los "indígenas" hirsutos y de tez morena que aparecen en la película no sean indígenas nativos americanos. ¿Acaso los indígenas hurones tienen pelo en las axilas? Esa pregunta podría ser el subtítulo de las historias de todos los improbables elencos de gente nativa en las películas de la época.

Al rescate llega el *Deerslayer*, un hombre blanco criado por mohicanos que tuvo que salvar la vida de una mohicana criada por un intolerante hombre blanco. El *Deerslayer* era interpretado por Lex Barker, "el décimo Tarzán" pero uno de los más populares de todos los tiempos. Este increíble monumento de hombre tenía un hermano de sangre indígena, Chingachgook, interpretado por un actor hispano con quien trabajé en dos películas: Carlos Rivas, un mexicano de 1,80 de estatura que también fue mi amante "siamés", Lun Tha, en *The King and I*. Muy rara vez trabajé con un actor principal hispano. Este buen mozo actor latino fue una excepción de la regla pero, igual que yo, él estaba trabajando como un étnico "multiuso". Como fueron tan escasas las ocasiones en que trabajé con un actor latino, aunque fuera disfrazado de otra etnia, trabajar con Carlos dos veces fue como ganarme la lotería contra todas las posibilidades.

Carlos también era abrumadoramente atractivo, talentoso y comprometido con la causa de poner fin a la discriminación racial. En retrospectiva, ¡tal vez *The Deerslayer* no fue tan mala!

Si tuviera que señalar una película racista y machista, creo que *The Yellow Tomahawk* "se llevaría las palmas", i.e. fue la más ofensiva. Si alguna vez me sentí como una bomba sexy explosiva en la vida real, fue debiendo interpretar esos papeles estereotípicos, que eran tan degradantes como las cursis étnicas que había interpretado en los musicales. Añoraba ser seleccionada como una persona auténtica, sin matices racistas o machistas. ¿Dónde habría un buen papel para mí, dramático o cómico? Yo sabía que daría lo mejor de mí y podía apostar que sería bueno, si se me diera la oportunidad. Mi furia herviría durante años, ya que me ofrecieron roles denigrantes hasta después de los sesenta.

Debo decir que muchas actrices jóvenes blancas —no sólo puertorriqueñas nativas— interpretaban el papel de doncellas indígenas y otras jóvenes esclavas. Lo que demuestra que a menudo resulta difícil distinguir el mal que se le está haciendo a una persona por razones de etnia o sólo por ser mujer.

TERCERA PARTE

Hombres, amor y romance

DAMAS PIERNILARGAS
Y OTROS BOMBONES

Llegué a Hollywood en una época en la cual no se podía ser sólo cantante o sólo bailarina. Se hacía todo o no se conseguía trabajo. Yo cantaba y bailaba, pero todavía Hollywood no sabía muy bien qué hacer conmigo. Con fines publicitarios, me encasilló en el estereotipo de chica sexy latina picante, de ojos ardientes e incansables caderas. Pero lo cierto es que yo tenía mucho menos sexo del que se creía. Todavía no había cumplido los veinte y en realidad, cuando llegué a Los Ángeles por primera vez, era una chica muy prudente y conservadora.

A la maquinaria publicitaria de Hollywood, sin embargo, no le importaba quién fuera yo realmente. Hollywood esperaba que sus actrices jóvenes fueran verdaderos *bombones* que adornaran sus eventos y fiestas igual que las flores. Hasta se esperaba que nuestros noviazgos fueran públicos. Yo seguí la corriente —con resultados unas veces graciosos y otras desastrosos— mientras trataba de resolver quién era yo como mujer, como amante y, eventualmente, como esposa y madre.

Por el camino tuve que aprender a diferenciar entre el simple deseo, el amor verdadero y el tipo de obsesión que puede resultar fatal.

Asistir a eventos sociales era parte de mi trabajo en MGM como *starlet* o joven actriz principiante. A instancias de la gente del departamento de publicidad, debía participar en ciertas actividades como la de ir con ellos a los hospitales de veteranos de guerra, para visitar a "los muchachos".

Y no era yo la única que lo hacía. En el anecdotario de MGM se recuerda la vez que con su voz más considerada y gentil, Ann Miller dijo a un veterano al que habían amputado las piernas: "Bueno, cariño, ¡mejor suerte la próxima vez!".

Porque sus propias piernas habían sido objeto de tanta atención, en ese momento Ann Miller quizás no pensó en la pérdida del chico. Bailarina, cantante y actriz nacida en Texas, Ann fue descubierta siendo bailarina de un club nocturno en San Francisco cuando apenas tenía trece años de edad. Empezó a hacer musicales con RKO y Columbia Pictures hasta que fue contratada por MGM, donde alcanzó el estrellato en musicales como *Easter Parade*, *On the Town* y *Kiss Me Kate*.

Las piernas de Ann, largas y bien torneadas, fueron famosas en todo el mundo no solo porque bailaba el *tap* más rápido que ninguna otra mujer del gremio, sino porque simplemente eran hermosas y daba gusto mirarlas. Hemos olvidado que en esa época las piernas importaban más que ahora, y el departamento de publicidad pedía a las actrices jóvenes que enseñaran sus larguísimas piernas en todas las poses. Piernas levantadas, piernas extendidas. Piernas vistas por detrás mientras sus dueñas se inclinaban o atisbaban por encima del hombro. En todas las fotos glamorosas, reinaban las piernas.

Nadie tenía las piernas más largas que Ann Miller. Sus piernas eran tan largas que las pantimedias se inventaron para ellas. Anteriormente, las medias largas iban cosidas a los *panties*, pero Ann hizo que el departamento de guardarropa diseñara interiores continuos que se prolongaban en medias.

Ann falleció hace unos años, pero me encanta imaginar a sus piernas en un coreográfico cielo de Busby Berkeley, todavía levantándose. No puedo creer que se hayan detenido jamás. De hecho Ann todavía las mostraba (y lucían bien) mucho después de que el resto de su cuerpo ya había envejecido.

Cuando me dijeron que volaría con Ann en un viaje publicitario de cuatro días a Palm Beach, Florida, se me aflojaron las piernas. Los vuelos eran diferentes entonces; para empezar, eran mucho más largos y, en los primeros aviones de PanAm, las sillas de primera fila estaban situadas frente a frente. Fue así que me encontré ojo a ojo, rodilla a rodilla, con Ann Miller, que era uno de mis ídolos. Ella tendría entonces unos veinticinco años, y no sólo sus piernas eran tan largas y tan hermosas como se decía: su rostro también era precioso.

Y ahí sentada frente a la gran Ann Miller estaba yo, Rosita Dolores Alverio, perdida y totalmente cohibida. ¿Y qué se le dice a un icono personal?

Se le dice: Yo también soy bailarina, y toda mi vida he admirado su baile.

Ann: Oh, eso está muy bien, cariño. ¿Qué tipo de baile?
Rita: Baile español.

Ann: (mirada en blanco)

Rita: Sí, es ah, sabe, ah, es flamenco: sevillanas. Se pronuncia "sevi-yah-nas".

Ann: ¿*Sevi*-qué? ¿*evi*-qué-*nas*? ¡Ya sé! ¿Como rumbas y tangos? ¡Cosas españolas!

Rita: (en un suspiro apenas audible). Siiiií... Sí, algo así... Bueno, pero quiero decirle que ime *fasciiiina* cuando la veo bailar en todas esas plataformas y pasos y cosas! Digo, es realmente asustador y vaya, ¡¡simplemente no me explico cómo lo hace!! (Pausa) ¿Cómo *es* que lo hace?

Ann: Escucha, cariño, ¿cómo te llamas?

Rita: Rita.

Ann: Bueno, déjame decirte, cariño, si tengo que hacer otro baile de mierda en otra plataforma de mierda más, ¡voy a estrangular a ese coreógrafo de mierda!

Cada vez que mi ídolo soltaba la vieja bomba M, mi cabeza literalmente estallaba, y yo casi ni respiraba, pues no quería que fuera a pensar que me parecía mal. En esta delegación la estrella era Ann Miller, yo apenas era una figura decorativa.

Viajábamos de Los Ángeles a Palm Beach a inaugurar The Colony, el renombrado hotel de lujo estilo Casablanca. The Colony era famoso por sus palmeras *déco* y su Polo Bar tapizado en cuero blanco. Yo llevaba para la ocasión un hermoso vestuario, prestado por el departamento de guardarropa de MGM y, para mí, sólo empacarlo había sido una experiencia embriagadora. Todos esos vestidos habían sido usados por estrellas y en sus etiquetas de archivo se leía "Ava Gardner, prueba cinematográfica" o "Bette Davis, traje de fiesta".

En esa época, Palm Beach era un lugar de altísimo nivel social con adinerados "caballeros" en su mayoría herederos de grandes fortunas, y enjoyadas y peinadas mujeres tipo Babe Paley. (Creo que Palm Beach *todavía* está en esa época, en la que se quedó desde 1953, en una especie de animación suspendida). La expresión "peinadas", en este caso identificaba un suave corte tipo paje, a la altura de la barbilla y partido a un lado. Ya entonces, las mujeres de Palm Beach eran esqueléticamente delgadas (característica por la que más adelante Tom Wolfe las denominaría "las rayos X" en su novela, *Bonfire of the Vanities*). Lo que me recuerda la famosa cita de la Duquesa de Windsor: "Jamás se puede ser demasiado rica ni demasiado delgada", pues las mujeres de Palm Beach parecían ser ambas cosas.

En Palm Beach había dos categorías de mujeres: la de las tradicionales herederas parecidas a los caballos que montaban y la de las jóvenes esposas trofeo. La más linda y más joven de las esposas trofeo que conocí en esa excursión de fin de semana, Gregg Dodge, se convirtió de inmediato en mi favorita. También conocida como Mrs. Horace Dodge, Jr., era una extravagante rubia teñida que yo había visto por última vez como corista del Copacabana.

Gregg se había convertido en la quinta esposa del heredero de los automóviles Dodge tan pronto notó que sus senos empezaban a descender. Una decisión inteligente, pues esa fortuna parecía ilimitada. (Al final, Gregg alcanzaría ese límite, pero de hecho le tomó algún tiempo llegar a la quiebra). Cuando nos encontramos ese fin de semana, estaba en todo su esplendor: bellísima y rica, enormemente rica, y todavía la misma chica tejana despreocupada y decidida a presumir de su buena fortuna y compartirla.

Cuando llegamos a su señorial residencia en Ocean Drive, la principal calle de grandes mansiones, para mí fue obvio que Gregg se había conseguido una fortuna que sobrepasaba todo lo que yo hubiera visto jamás. Camino a su dormitorio, me di cuenta de que las piernas de Gregg eran aún más largas que las de Ann Miller: me habría encantado ver un *kick-off* de ellas dos.

Ya inmersas en temas de chicas, le dije:

—Cuando te vi ponerte en pose pensé que eras lo más lindo que hubiera visto en *toda* mi vida.

¡Y se lo dije en serio! También la felicité por su piel radiante.

Y Gregg se apresuró a confiarme su secreto:

—¡Vaselina! Pero debes aplicarla en una capa muy, muy tenue, cielito.

Era un viejo truco de coristas. (Más tarde la ciencia médica comprobó bajo microscopio que la vaselina es el único componente activo que restaura las células).

Atravesamos lo que parecía una serie de vestidores. (Si la memoria no me falla, todo un piso de la mansión era un vestidor). Finalmente, Gregg dijo:

—Ven a mi clóset de pieles y te prestaré una de mis estolas.

¡Dios mío!, pensé mientras ingresábamos a un enorme enfriador. *¿Así será el cielo?* ¡El cielo en el ártico! El clóset estaba lleno de desdichadas criaturas muertas, lo que en ese momento no me molestó en lo más mínimo. Gregg escogió una plateada estola de visón azul y se inclinó para envolverme los hombros con ella. Me pareció que debía arrodillarme, como si fuera una coronación.

El resto de esa semana caminé entre nubes, sintiéndome absolutamente perfecta, muchas gracias.

Gregg Dodge tuvo una vida larga y extravagante. Supongo que podría decirse que "malgastó" sus últimos años, porque se gastó cada centavo del dinero de Dodge. Hasta que Horace exclamó: "¡No tengo el dinero para sostener esta mujer más tiempo!", y decidió divorciarse.

Pero Dodge falleció antes de que el divorcio fuera final y dejó a Gregg por fuera de su testamento, aunque en realidad a él ya no le quedaba ningún dinero gracias al talento de Gregg para gastarlo. Siempre recursiva, sin embargo, Gregg demandó a su suegra alegando que ella había interferido en su matrimonio y puesto a Horace en contra suya. Ellas llegaron a un acuerdo extrajudicial por una suma no revelada que, según los rumores, sobrepasaba los nueve millones de dólares.

Gregg también se gastó ese dinero. Por último, se casó con su guardaespaldas y se gastó el dinero *de él*, quien se disparó en la cabeza. Ella llevó una vida normal durante algún tiempo, pero murió "en mala situación". Todavía puedo verla. Sus piernas, su pelo, su piel radiante... y experimento la sorprendente levedad de esa piel con que me cubrió los hombros.

El evento nocturno más importante de ese fin de semana publicitario fue la inauguración oficial de The Colony Hotel, que tuvo lugar en el club nocturno del propio hotel, el Colony Club, el cual todavía funciona y presenta a muchos artistas de cabaret. El lugar estaba repleto de personas de la alta sociedad muy conocidas, gente del mundo hípico y gente famosa de todas clases.

La persona en ese evento cuyo recuerdo puedo evocar más vívidamente es Anita Ekberg, la modelo, actriz y sensual suecoamericana. Anita, exuberante beldad nórdica, estaba en la cúspide de su fama y causaba revuelo cada vez que blandía esos excepcionales "atributos", sus senos gigantes, con los que causaba alarma o júbilo, según el género de la audiencia.

Al día siguiente, Anita salió en todos los periódicos porque —más bien en sus sustanciosas copas, y aquí el juego de palabras es intencional— decidió adornar las aguas del Océano Atlántico con su exuberante figura. ¡Bueno! La voz se corrió al instante, ¿para qué están los agentes de prensa si no? Por lo menos tres cuartas partes de los invitados a The Colony Club corrieron a ver qué ocurría.

Eran tantos los que salían, que del Club parecía desbordarse la gente. Como enloquecidas marionetas las señoras saltaban en un pie para deshacerse de sus doradas sandalias llenas de arena, en su apuro por ver el espectáculo.

¡Y qué espectáculo! Anita emergió del mar como Venus entre la espuma de las olas y sin la concha marina, con su *strapless* de chiffón adherido al cuerpo como una reveladora película de adhesivo. Y realmente le enseñó al mundo, y a nosotros simples mortales, lo que Dios puede hacer.

Pero todo lo bueno debe acabar. La diosa, cuando aún disfrutaba de su propio néctar, sufrió una aparatosa caída. ¡*Cataplum*! Cayó patas arriba sobre su amplio *derrière* con una pierna al aire. Su túnica de diosa subió lentamente hasta sus calzones y, en una afrenta final, la tiara se le ladeó encima de un ojo. Había terminado el espectáculo y el público, descortés y veleidoso, se devolvió al Club en busca de trago y acción.

Yo estaba sentada con Ann Miller cerca de la puerta de salida a la playa, observando a la gente llena de arena que regresaba a sus mesas, cuando descubrí a un caballero pelirrojo *muy* bien parecido, vestido de etiqueta. El hombre acompañaba a una preciosa mujer de porte majestuoso, que llevaba puesto EL vestido del momento, que ese mismo día yo había visto en la revista *Vogue*: una falda muy fruncida en tafetán de seda, estampado con grandes rosas rojas. ¡Precioso! Fue la primera vez que vi a una mujer usando guantes largos hasta más arriba del codo. En otras palabras, ella era una *dama*.

La pareja hizo su entrada lentamente, como para captar la atención de todo el mundo, y el caballero en cuestión me miró directamente a los ojos con una inequívoca expresión en su rostro. Como cuando un animal depredador descubre su presa y la paraliza con "esa mirada", la línea del nacimiento de su cabello se retrajo una pulgada. Obviamente fue apetito sexual a primera vista, y recuerdo que pensé: *Vaya, vaya, ¡este tipo no pierde tiempo!*

Todo en un abrir y cerrar de ojos mientras su enguantada compañera del vestido bellísimo intercambiaba saludos con sus amistades. Para mí, sin embargo, su entrada sucedió en cámara lenta hasta que llegaron a su destino en el extremo opuesto del salón. Eran hermosos.

El resto de la noche practiqué un jueguito privado que llamo "ojitos". Cada vez que lo miraba, ese hombre me dirigía ardientes señales. Tan obvias y descaradas que me hizo reír y cuando lo pescaba mirándome, lo señalaba con mi dedo como diciéndole, "¡Pillado!". Pero el hombre ni pestañeaba.

Me sorprendió que nadie notara nuestro juego, pero todos estaban demasiado ocupados mirando a esa hermosa pareja. También me asombró que un hombre con una mujer tan perfecta como la que llevaba a su lado, pudiera estar siquiera remotamente interesado en alguien como yo.

En algún momento, le pedí a Ann que lo mirara a ver si lo identificaba.

—Oh, cariño, ¿cómo diablos voy a saber quién es? —dijo ella—. A mí todos me parecen iguales: ¡ricos!

Supe sin la menor duda, que si le hubiera enviado el más sutil mensaje visual que indicara "me interesas... ¿y ahora qué?", ese hombre habría enviado a alguien a mi mesa para que me acompañara hasta arriba. ¡Sin la menor duda!

Y cuál sería mi sorpresa semanas más tarde, cuando el pelirrojo que había flirteado conmigo tan descaradamente apareció en la portada de la revista *LIFE* y descubrí quién era: el joven senador por Massachusetts, John F. Kennedy, Jr.

Esa noche se presentó un humorista nuevo que probablemente quedó con ganas de tirarse por un balcón después de su número, porque salvo Ann y yo, nadie, pero N-A-D-I-E, le prestó la menor atención. La primera regla de mi profesión es nunca, nunca, nunca actúes para la alta sociedad. Porque esa gente te matará: su pernicioso desinterés destruirá tu voluntad de vivir.

Después de esa debacle en The Colony Club, todos estábamos invitados a una recepción en una de las mansiones de los hermanos Topping, sobre el canal. No recuerdo cuál de los hermanos Topping era, pero el hermano Henry estaba casado con Lana Turner y el hermano Dan más tarde se convertiría en dueño de parte de los Yankees de Nueva York.

La mansión era exactamente lo que cualquiera que viva en ese *medio* esperaría, pero a mí se me querían salir los ojos. El prado del frente en realidad quedaba en la parte trasera de la casa, porque era allá donde los botes o, mejor, los *yates*, estaban fondeados. Y allá era donde tenían lugar todas las celebraciones.

Afuera en el prado, me acomodé en una banca victoriana tallada en piedra, y varios viejos rabo verdes ricos intentaron seducirme. La verdad es que yo deseaba volver a mi habitación, pero Ann me hizo quedarme.

De alguna manera, me convenció de realizar una misión exploratoria de todos los botiquines y de hecho investigué unos cuantos con Ann, pero me asusté cuando en uno de ellos encontré una provisión de condones como para un año. Sí, ¡todo el *maldito botiquín completo!* Salí de la casa en volandas, temiendo que el depravado dueño me encontrara husmeando por ahí y con su inagotable provisión de *Goodyears* me arrastrara a uno de tantos dormitorios.

Un poco alterada, regresé a mi pedestal en el prado del frente que en realidad era el prado trasero. Esta vez, ni un alma se me acercó ni me habló, pero yo no pensaba moverme de mi fría banca de piedra. Más bien tenía la esperanza de que alguno de esos tontos viejos rabo pesados se hubiera caído al canal. Lo cierto es que uno de los botes estaba meciéndose bastante sospechosamente.

Finalmente Ann salió, casi sin aliento y con los ojos tan abiertos que le pregunté si la habían pillado en su viaje de exploración por esa descomunal mansión.

—¡Dios mío, cariño —dijo, con esos maquillados ojos de Minnie Mouse abiertos como platos—. ¡No vas a creer esto! Ya había terminado con los botiquines y salí al corredor cuando escuché unos *ruidos sordos* que provenían de una puerta cerrada. La abrí y puedes creer que contra la estantería de una biblioteca estaba una mujer con la falda por encima de la cabeza y un hombre inclinado sobre ella, con los pantalones en los tobillos, ¡haciéndolo!

En ese punto ya Ann estaba gritando, y yo agradecí que la banda estuviera tocando la canción de las buenas noches "Wishing Will Make It So", mientras ella me describía en detalle la acción de la amorosa pareja que la estaba pasando tan bien.

—Había una gran cantidad de libros, algunos abiertos, que han debido caerse por la fuerza de los movimientos y estaban regados por todo el piso —dijo ella—. Bueno, eso tiene sentido, ¿no? Cuando tienes una falda encima de la cabeza y ni idea de hacia dónde te están empujando, las cosas *tienen* que caerse de los estantes.

—¿Y tú qué hiciste? —pregunté, completamente embebida en su historia e imaginando toda la escena.

—No supe qué hacer, así que solamente dije "Dios mío, Dios mío, ayquécosaquécosa, Diosmío!". ¿Tienes idea de lo complicado que es subirte los interiores con una falda tapándote la cabeza? ¡Bueno, pero es mejor que dejarte ver la cara!

Para entonces ya no podíamos de la risa, mientras yo trataba de imaginarme a mi amiga Ann Miller, Miss *Boquisucia*, reducida a decir "¡quécosaquécosa!" mientras esa desventurada pareja retozaba, patinaba en los libros y trataba de subirse los interiores.

Al día siguiente, en el almuerzo, traté de adivinar cuál era la pareja que Ann había sorprendido, pero fue imposible. Observé demasiadas personas con ojos enrojecidos, y esa expresión de "¿Pero en qué estaba pensando?", que lucían como si desearan estar muertas.

Ann y yo disfrutamos unas cuantas carcajadas más gracias a la pareja que se estaba apareando y yo le hice jurar que realmente había dicho esas idiotas palabras que en nada se parecían a ella. Ann me aseguró que sí, tan grande había sido el impacto.

Entonces me dijo que me había tomado mucho afecto.

—Tú eres una buena chica, cariño —dijo Ann, y agregó que había planeado una sorpresa especial para mí cuando voláramos de regreso a Los Ángeles ese día: había cambiado nuestros billetes de PanAm para que pudiéramos disfrutar de una escala de tres horas en Nueva Orleans y cenar en Antoine's, *el* restaurante de la "excelente, excelente cocina sureña y *cajun*, cariño. ¡Realmente glamoroso!".

¡Y lo era! Además tampoco fue nada malo que yo llegara con la gran Ann Miller. Nos pusieron alfombra roja y mientras cenábamos nos enviaron su trío de violines y una botella de champaña. ¿Qué más habría podido pedir una chiquilla puertorriqueña?

Después, en la terminal del aeropuerto, vi a Ann comprar cientos de dólares en joyas de fantasía y cachivaches, como una Torre Eiffel de tres pulgadas. Su souvenir favorito fue un par de aretes de frutas plásticas en colores tropicales.

—Mira, cariño, ¿no son adorables? ¡Y sólo valen cien dólares!

Cien dólares. ¡La mitad de mi salario semanal! Me pregunté si alguna vez yo podría ser tan despreocupada con el dinero.

Aterrizamos en Los Ángeles y Ann me llevó en su gran limosina negra. Me dejó en mi casita de Culver City, le dio a mi asombrada madre un gran abrazo y desapareció de mi vida por diez años.

EL CÓCTEL: ¿PROXENETISMO?

En esa época, la vida de una *starlet* seguía un patrón casi obligado de noviazgos públicos. A menudo a las *starlets* como yo, nos emparejaban con actores igualmente jóvenes para dejarnos ver en sitios públicos y ser fotografiados para interés y deleite del público. Estas salidas se conocían como *photo ops* u oportunidades para fotografiar. Pero fuera de posar para las fotografías, no teníamos nada que ver unas con otros, ni antes, ni durante, ni después de la cita. Eran citas vacías y falsas, pero los publicistas me convencieron de que eran esenciales para mi carrera.

Otro tipo de "citas" del estudio sí eran nefastas. Para algunas chicas, esa práctica se acercaba de manera inquietante a un proxenetismo. Si la chica accedía a todas las propuestas de los hombres que tenían el poder, se rebajaba de ser una *starlet* para convertirse en una especie de criatura híbrida entre *starlet* y ramera.

En los inicios de mi carrera, fui "programada" para asistir a una fiesta en una mansión de Bel Air, donde supuestamente "conocería a mucha gente famosa". Los del departamento de publicidad insistieron en que debía ir porque esa "gente importante" podía ayudar en mi carrera.

Para esta aparición, se me permitió escoger en el departamento de guardarropas alguno de los vestidos de los percheros marcados: "Elizabeth Taylor, Ava Gardner...". Elegí un precioso vestido de encaje que Debra Paget había usado. (Lo sabía porque se lo había visto en una de sus películas). La ficha de archivo del vestido decía, "Actriz joven: traje de fantasía". ¡Era como un sueño!

El traje era precioso, *strapless*, con un escote muy profundo y la falda fruncida y llena de encajes, como para Cenicienta. Cuando me lo puse esa noche de la fiesta, me sentí tan liviana y ligera que habría podido bailar la velada entera. Y aunque en secreto todavía me consideraba feúcha, sabía que mis trucos de maquillaje me hacían ver... bueno... muy bonita.

No comprendí que iba a estar en compañía de legendarios viejos rabo verdes hasta que era demasiado tarde. Uno de los invitados a la fiesta, Harry Cohn, era el director de estudio que Elizabeth Taylor una vez había llamado "un monstruo". Director ejecutivo de Columbia Studios, de él se rumoraba que exigía sexo de todas sus estrellas femeninas a cambio de empleo. Se sabía que estrellas de cine como Rita Hayworth, Kim Novak y Joan Crawford habían rechazado sus avances.

El anfitrión de la fiesta, Alfred Hart, era igualmente libidinoso y de mala clase. "Alfred Hart-de-Destilerías-Hart" como siempre se refería a él la gente de relaciones públicas, aportaba la sede para la fiesta —su mansión de Bel Air— y, supongo yo, el trago. Hart mantenía una antigua relación con la mafia de Chicago y tenía fama de hacer negocios con reconocidos gángsters. Había contrabandeado cerveza para Al Capone y desarrollado más tarde una extraña "amistad" con el director del F.B.I., J. Edgar Hoover, quien también lo tenía fichado. En 1948, Hart había invertido $75.000 en el Hotel Flamingo del famoso gángster Bugsy Siegel y estaba implicado en tratos corruptos en hipódromos.

La relación de Alfred Hart con la mafia de esa época ha sido bien documentada en varios libros, especialmente alrededor de un caso de infausta memoria que involucró la absorción del hipódromo Del Mar. La sórdida vida de Hart giraba en torno a los más reconocidos mafiosos y estrellas de cine.

En ese entonces, yo aún no lo sabía, pero mucha gente de Hollywood tenía vínculos con el crimen organizado, y entre los nombres relacionados con Alfred Hart estaban los de Frank Sinatra y Bing Crosby. Por la misma época en que yo conocí a Hart, el futuro Presidente John F. Kennedy también era visto con esa gente e incluso compartía una amante, Judith Campbell Exner, con un gángster famoso.

Pronto descubriría yo que el negocio del espectáculo, la política y el crimen organizado se traslapan y entrecruzan. Esa noche, ataviada con mi precioso vestido prestado y mis brillantes sandalias, inocentemente caí en esa trampa de corrupción.

Sin saber nada de todo eso, emocionada e ingenua, para esos hombres era una presa más, inocente y bonita. Yo flotaba en mi hermoso vestido y apretaba en la mano una carterita con mis llaves, un lápiz labial y un billete de $5 dólares. Mi pareja para la noche sería Harry Karl, un magnate del calzado que más tarde se volvió famoso no solo como "el magnate del calzado que se casó con Debbie Reynolds" sino como "el falso millonario que llevó a Debbie a la quiebra".

Cuando Karl se presentó en la puerta de mi apartamento en Westwood, pensé que era más o menos bien parecido, pero me sentí ligeramente decepcionada. Había visto su fotografía en los periódicos, pero en persona sus facciones eran más toscas. De cabello gris acerado un poco rizado, Karl vestía al estilo de muchos hombres del negocio, con el *look* que Sy Devore diseñaba para prácticamente cada uno de los hombres exitosos de Hollywood.

Sy era costoso, pero su ropa se vendía tanto que él había creado toda una especie de clientes que parecían clones unos de otros. No sé si era por las solapas anchas, las solapas estrechas, los cuellos esmoquin, o las aberturas atrás, pero todos los hombres parecían endomingados chicos del coro de un costoso espectáculo o entaconados gángsters de escasa estatura. Las telas siempre brillaban más de la cuenta, y para completar el conjunto todos llevaban mocasines Gucci en terciopelo, gamuza o piel de cocodrilo.

Karl parecía un gángster demasiado acicalado y, a juzgar por sus secuaces, bien podía serlo. Conducía un Cadillac convertible amarillo canario, y en él salimos a toda velocidad hacia el Xanadu de Bel-Air. Cruzamos pocas palabras y pronto fue evidente que definitivamente no estábamos hechos uno para el otro.

De hecho, no estaba claro si en ese momento Harry Karl era un hombre casado. Karl podía estar casado con Marie McDonald, la explosiva estrella rubia de *Pardon My Sarong* o estar soltero momentáneamente, en un breve intervalo entre las dos veces que ellos dos estuvieron casados. Más tarde descubrí que a pesar de su físico poco atractivo, Karl tenía un apetito insaciable por las mujeres bellas. Pero al parecer, yo no era su tipo, y hasta el día de hoy estoy agradecida por eso. Tal vez en este caso ser latina ayudó: Karl no era ningún caballero, pero parecía preferir a las rubias.

—Qué bueno —pensé—, eso está bien. Esta es una salida de negocios.

Me recordé a mí misma que esta fiesta era una oportunidad para conocer gente importante, no una verdadera cita a ciegas y tampoco un sitio para el romance. Además, estaba emocionada y deseosa de ver el interior de una renombrada mansión y conocer gente rica y famosa.

La casa, por lo menos, no me decepcionó. Karl condujo a través de la entrada guardada por enormes puertas de hierro ornamentado y entramos a una vasta heredad. Pasamos junto a una cancha de tenis y cuidados setos en los que trabajaban febrilmente varios jardineros, empuñando pesadas tijeras podadoras que relucían bajo el sol del atardecer.

A nuestra llegada, un valet uniformado se llevó el Cadillac amarillo y en la puerta nos recibió un mayordomo vestido ¡de librea! Al instante, se materializó otro mayordomo portando una bandeja de plata con un par de copas de burbujeante champaña.

Mi pequeño espíritu optimista revivió a la vista del espumoso vino en el cristal, acepté una copa, y la agradecí al mayordomo. Pero cuando volteé, Harry Karl ya no estaba. Se había ido ¡y no lo veía por ninguna parte! Entretanto, el anfitrión, Alfred Hart-de-Destilerías-Hart, se presentó a sí mismo y me llevó a distintos grupos de gente de aspecto muy glamoroso y me presentó en todos como una "sexy *starlet*".

Hart me dejó en una mesa de bridge en medio de la sala, me presentó a Harry Cohn, y se fue.

—¿Eres la nueva chica de 20th Century Fox? —preguntó Cohn.

—Sí —respondí, y charlamos algunos minutos.

Entonces, inesperadamente, Cohn dijo:

—Estás buena para cogerte. Me gustaría cogerte.

Lo dijo en el mismo tono que podría usar para hablar del tiempo. Mi respuesta fue patética. Esbocé una distorsionada cuasi sonrisa y me excusé.

Encontré el tocador, cerré con llave la puerta y me recosté en ella. Jadeante de ansiedad, pensé: *¿Qué voy a hacer? ¿Qué voy a hacer?*

Me quedé en el tocador todo el tiempo que pude, hasta que alguien golpeó y tuve que abandonar mi refugio. Busqué a Karl para pedirle que me llevara a casa, pero no pude encontrarlo. No quería atraer la atención de nadie moviéndome por ahí más de lo absolutamente necesario. Elegí un lugar en la esquina del salón, donde había más gente y me senté, tratando de decidir lo que haría.

La orquesta empezó a tocar un bolero y nuestro anfitrión, que parecía un *troll*, me invitó a bailar. Difícil rechazarlo frente a todo el mundo, pensé. Además, por lo menos estaremos rodeados por otras personas, incluida su esposa. ¿Qué puede pasar?

En un giro rápido (tan bien como podría hacerlo un gnomo), Alfred Hart-de-Destilerías-Hart me llevó a la pista de baile de su enorme sala y me apretó contra él. Al minuto, empezó a respirar pesadamente y gotas de sudor le cubrieron el labio superior y la frente. Me apretó tan fuerte que habría sido imposible deslizar un papel entre nuestros cuerpos, y empezó a restregar sus caderas contra mí. Su esposa estaba a menos de dos metros de distancia, pero coqueteando con otro gnomo y jugando póker (un juego diferente al de su marido).

¡Esto era una pesadilla! Traté de alejarlo de mí sin hacer una escena, pero Hart me estrechó más aún, jadeando ahora sí fuertemente. En este punto, ya su brazo me rodeaba por completo y yo no podía separarme.

—Por favor suélteme —dije—. Me está lastimando la espalda.

—Eres una perrita muy sexy, ¿eh? —jadeó.

—Dios mío, señor Hart, por favor. Suélteme.

—¡Apuesto que eres salvaje en la cama!

Ante eso, lo empujé con todas mis fuerzas. Así logré liberarme del mortal gancho pélvico y me alejé.

—¡Hey! —exclamó—. Nada de ese jueguito conmigo, *hermana*.

Temblando de pensar que alguien se diera cuenta de lo que estaba pasando y de alguna manera me acusaran de un acto sexual con ese asqueroso chihuahua, una vez más me escapé al tocador para calmarme.

Estaba desesperada por escapar, pero mi "pareja" seguía desaparecida. Y de todas maneras no quería nada con Harry Karl. Me di cuenta de que esta fiesta era una socialización de *trolls* y *starlets*, y me pregunté cuántas chicas como yo habrían acabado entre sucias sábanas arriba en algún cuarto de huéspedes, y dejado fiestas como esta abochornadas y con sus interiores empapados. ¡Pero conmigo no cuenten! Todo lo que yo quería era escapar... y bañarme.

Me lavé con agua fría la cara y, claro, mi rímel empezó a correrse, así que me limpié los ojos y llegué furtivamente a la puerta de entrada. No le pedí mi chal al mayordomo por temor a ser descubierta.

Abrí la puerta y un soplo de delicioso aire fresco me acarició la cara. Empecé a caminar rápido, temiendo que alguien intentara seguirme. En mi cartera prestada de fiesta llevaba mi billete de cinco dólares, un lápiz labial, las llaves de mi casa y un polvo compacto. Podía llamar un taxi, pero me aterraba volver a la casa para usar el teléfono.

Empezaba a quitarme mis tacones altos, decidida a caminar millas y millas de regreso a Westwood, cuando una camioneta llegó a recoger a los jardineros que había visto trabajando cuando llegamos a la mansión. Eran mexicanos, corrí a la camioneta y le hablé en español a uno de ellos.

—Por favor, ¿pueden llevarme a casa? —supliqué.

Los hombres no me preguntaron por qué, ni yo tuve que explicar nada. Me acomodaron en el asiento delantero, uno de ellos gentilmente puso su chaqueta sobre mis hombros y me llevaron a casa sin decir palabra. Fueron los únicos caballeros que conocí esa noche.

SALIDAS ROMÁNTICAS
AL ESTILO DE HOLLYWOOD

En realidad, perdí mi virginidad dos veces.

¿Y cómo puede ser posible eso? No lo es, a menos de que uno reprima la primera dolorosa experiencia, lo que evidentemente hice durante años. Sólo seis décadas más tarde, mientras escribo este libro, la he recordado. ¿Realmente debo contarla? Ni siquiera quiero escribir sobre ella.

Yo era una adolescente. Mi educación sexual fue el contenido del libro *Being Born*, acompañado de la indicación de mi madre: "Aquí tienes Rosita, léelo". Ahora que evoco ese acto bastante progresista para la época, me parece que ella hizo un esfuerzo asombroso. Pero después de la lectura no se habló del tema. Todo lo que pude sacar en claro fue que el hombre es un granjero y la mujer es un campo y de alguna manera él siembra una semilla en ella. ¡Y se acabó! Tal vez fue por falta de ese tipo de conocimientos que me convertí en involuntario campo del hombre que me forzó.

Mucho después aprendería que es muy común que las actrices principiantes tengan relaciones sexuales para obtener un papel y casi que se espera que las *starlets* lo hagan. Pero eso era algo que no se me ocurría pensar y NUNCA hacer, ¡JAMÁS! Y por eso me incomodaba cada vez más, porque me ocurrió justo con mi primer agente, y en mi ingenuidad, evidentemente no descifré sus señales amorosas.

En esa época muchos agentes eran del tipo que buscaba presentaciones sueltas. No construían carreras, buscaban presentaciones eventuales porque si uno trabajaba, ellos ganaban dinero. Mi proceso para seleccionar agente fue una especie de *tin, marín de dos pingüé, cuca la mácara títere fue*, porque buscaba *agentes y managers* en las revistas del gremio y simplemente escogía uno, lo contactaba y trataba de concertar una reunión. Seguramente mi madre ignoraba como yo los riesgos de encuentros sin chaperona. En esos tiempos en el negocio no había investigación de antecedentes ni existían leyes contra el abuso de menores.

En una de estas entrevistas, un posible agente me acompañó al vestidor y me dio un vestido de cola larga, con solo unas cubiertas como estampillas para los pezones, que por fortuna bastaron —todavía no se me había desarrollado el busto—. El vestido, explicó, era para un show de desnudos que estaba por abrir en Montreal. Él sabía que yo era menor de edad, ¿pero qué importaba eso? Era en Canadá, allá no les importaba y tampoco a él. Quería contratarme y ganarse su comisión. ¡Nada del otro mundo! Escapé. Y nunca se lo conté a mi madre.

Finalmente conseguí un agente "honorable". O eso creí. Él necesitaba de mi talento y yo necesitaba de sus presentaciones temporales. Supongo que correspondería al "mácara" en la lista de mi proceso de selección. Me dijo que me reuniera con él una noche en su apartamento. Desde allí me acompañaría a un evento muy importante. Llegué temprano, él me ofreció una soda y yo me senté en el sofá esperando que fuera la hora de salir. Pero empecé a sentirme incómoda. No me gustó la forma en que me estaba mirando y traté de mirar a otra parte. Entonces se sentó a mi lado, me quitó la soda de la mano y la puso en la mesita. Me recostó a la fuerza sobre el brazo del sofá, empezó a besarme y me violó.

Con la velocidad e intimidad con que se aplica una vacuna. El dolor de la penetración fue rápidamente anestesiado por el miedo que me ahogó. Escapé de su apartamento llorando aterrorizada. Me agarró por el brazo en la puerta del elevador y me declaró su amor mientras yo me zafaba y entraba al elevador. Creo que volví a respirar cuando el elevador llegó al vestíbulo y salí del edificio.

Pero debía trabajar con él. Ese agente era mi fuente de trabajo. Y yo tenía que trabajar. No podía retirarme. Tendría que reconocer que había ocurrido, levantarme el ánimo, tratar de olvidar, y seguir adelante. Supongo que en ese momento entró y se instaló la amnesia selectiva que me duró hasta ahora.

Varios años más tarde perdí mi virginidad voluntariamente, en una filmación de exteriores, en un árido rancho del oeste en Utah. Estaba helando, especialmente para quienes vestíamos gamuza. En ese set desolado, yo siempre parecía estar corriendo por el terreno cubierto de maleza, los flecos de gamuza volando, mientras interpretaba esos clichés de doncella indígena que tanto odiaba, en los que murmuraba líneas sumisas como "sí, patrón", "me capturaron", "puedo llevarte donde está el oro" o, "jamás he conocido hombre blanco...".

Esa parte fue casi cierta. Durante años, creí que el atractivo integrante del equipo de rodaje que escogí para ser mi primer amante verdadero *había sido* el primero. Era tierno, dulce, experto y casado, lo que al principio yo no sabía. Y me apena decir que cuando lo descubrí, no me importó hacer el amor con él, pero en ese punto, podría decirse que ya estaba enganchada. Y lo disfruté a consciencia porque tenía tanta pasión acumulada y nadie a quién entregarla. No estaba enamorada, quería sentirme deseada.

Después de él, a medida que empecé a salir y tener amantes ocasionales, unos cuantos hombres famosos entraron a formar parte de mi vida con diversos grados de intimidad. Pero en esa época un velo de misterio, como las capas del traje de danza de una esclava, cubría lo que tenía que ver con el sexo. Todavía no se veía bien que una mujer soltera fuera sexualmente activa... ni siquiera en Hollywood.

Cuando no trabajaba filmando en exteriores, volvía a mi modesto apartamento. Ahora vivía sola, disfrutando de mi independencia y tratando de avanzar en mi carrera. Mi apartamento quedaba junto a una estación de servicio Shell en Sunset Boulevard y Doheny Drive, en la zona cero de *"the Strip"*.

El tráfico era constante: insomnes luces rojas, bocinazos estridentes, explosiones de tubos de escape y chirridos de frenos. Vivía en un permanente y rojo amanecer de rechinantes frenazos. Décadas más tarde, la película *American Graffiti* me devolvió a *the Strip* al ver esas escenas de la calle, con los autos que se desplazaban y el flirteo de un auto a otro. Era como estar allí otra vez.

El lugar parecía apocalíptico; y lo era. Yo vivía colina arriba de donde vivía Marilyn Monroe. Y años más tarde, cuando la encontraron muerta por una sobredosis, yo todavía vivía en ese vecindario. Esa intersección era un lugar peligroso para estar, física y psicológicamente. Era allí donde el Sueño Americano de ser Estrella de Cine se encontraba con la Realidad.

El corazón de Sunset Strip era Schwab's, la famosa droguería en la que, según se dice, fue descubierta Marilyn Monroe. Schwab's era la célebre o quizá *tristemente* célebre fuente de sodas, en la cual cada actor joven que quería triunfar pasaba el tiempo cuidando de una soda durante horas. Yo, por ejemplo, me convertí en una experta cuidando sodas. Podía hacer que la soda me durara más de una hora mientras charlaba con otros aspirantes, en particular los jóvenes y apuestos. Bailaba la "danza de las *starlets*".

Cuando trabajaba, típicamente interpretaba personajes nativos de dudosa moralidad y utilizaba mi "acento nativo universal" porque, quién diablos en Hollywood iba a saber cómo sonaba una mujer árabe, tailandesa, polinesia o para el caso, una indígena americana. Cuando yo la interpretaba, ella sonaba "*like thiiis*".

Cuando no tenía trabajo, visitaba museos o bibliotecas para poner a prueba mi pequeña mente obstinada. También enfrentaba la realidad durante semanas o incluso meses, sobreviviendo con un seguro de desempleo. Esas amarguras me las tragaba después de haber saboreado mi dulces batidos de fresa en Schwab's. Las *starlets* vivíamos nuestras azarosas vidas sin tener idea de nada, éramos las glamorosas protagonistas de nuestras propias piezas teatrales inventadas.

Como un yo-yo, entre los roles condescendientes y los pocos buenos que ocasionalmente me ofrecían, yo mantenía un precario equilibrio. Hacía el juego del "noviazgo público" que se requería de mí como joven *starlet*, pero me negué a llevarlo más lejos, sin importar cuánto beneficiara a mi carrera. En ese aspecto, mantuve mis principios.

Recuerdo, sin embargo, una vez que me salvé por un pelo. Estaba contratada por la 20th Century Fox cuando Daryl F. Zanuck fue reemplazado por Buddy Adler, un hombre bien parecido, delgado, bastante alto, con impactante cabello blanco y una mirada lasciva. Yo estaba viviendo con otras tres chicas en una casita, y el señor Adler, que me había visto primero en el comedor del estudio, debe haber llamado a nuestro servicio de mensajes todos los días durante tres semanas.

De algún modo logré evadirlo. Si yo respondía el teléfono y escuchaba su voz, decía: "Oh, lo siento mucho, ¡Rita no está aquí ahora mismo! Habla su compañera de cuarto. ¿Puedo ayudarle?".

Finalmente, la tercera semana que él llamó, una de mis amigas respondió y él dijo: "Solamente dígale a la señorita Moreno que lo intenté" y colgó. Fue una época tenebrosa para mí, porque estaba recién contratada. Y pensé: Bueno, supongo que ese fue el final, porque con toda seguridad yo no voy a querer nada con ese hombre.

Por fortuna, comparada con las otras *starlets*, también en peligro a mí me fue bien. Conseguí trabajo y tuve un romance con una gran estrella que además era gran actor, y realmente lo amé. Pero por cada chica "afortunada" como yo, cien aspirantes habían tenido que empacar maletas o acabar siendo camareras, estrellas-prostitutas o peor.

Hubo muertes y crisis nerviosas. Pero esto era el país de las maravillas, la Ciudad de los Ángeles, Hollywood, y nadie llevaba cuentas.

Uno de mis más extraños encuentros en esos primeros años en Hollywood fue con Howard Hughes. En ese momento, yo era sólo una *starlet* de diecinueve años y Hughes, además de pasar de los cuarenta, era infinitamente rico y poderoso. No sé por qué decidió que debíamos conocernos. ¿Me había visto en algún film? ¿Me había visto en persona, a distancia? ¿Estaba interesado en mí para una película? Nunca lo supe. Y tampoco importó.

Jamás había visto al misterioso billonario, pero antes de conocerlo ya sabía de su fama en diversos campos. Hughes era el dueño de RKO y había producido varios filmes. También era un reconocido inventor y diseñador de cosas tan diversas como brasieres y aeroplanos. Por ejemplo: diseñó un brasier para los senos de Jane Russel en *The Outlaw*. (Ella se negó a usarlo).

Hughes tuvo más pero también menos éxito con sus aeroplanos. Creó algunos aviones apasionantes, pero estrelló dos de ellos. Casi se mata en uno de esos accidentes, que perforó dos casas y destruyó una tercera; también le hizo un hueco al techo de una casa estilo Tudor ocupada por el intérprete más destacado de los juicios de Nuremberg. En ese accidente Hughes resultó gravemente herido y se volvió adicto a la codeína por vía intravenosa y otros analgésicos, de por vida. El uso de esos narcóticos explicaba en parte sus muchas "excentricidades" pero no del todo, pues se le conocieron varias obsesiones muy extrañas desde mucho antes del accidente

Como joven *starlet*, tal vez lo que más me interesaba de Howard Hughes es que no solo era un reconocido amante de las estrellas de cine —famoso seductor de actrices— sino un creador de estrellas. Hughes le propuso matrimonio a Joan Fontaine varias veces, y vivió con Katharine Hepburn, quien escribió que ambos eran un par de "dedicados solitarios". También tuvo relaciones con Ava Gardner, Bette Davis y Jean Harlow.

Lo que yo no sabía de Hughes es que su excentricidad databa de muchos años. Desde 1938 ya se sabía que él contaba las arvejas de su plato y las separaba por tamaño. A sus empleados les entregó un manual para abrir una lata de duraznos; las instrucciones indicaban retirar la etiqueta y refregar la lata varias veces. También era famoso porque no permitía que nadie le pasara alimentos sin envolverse las manos en varias capas de toallas de papel.

Cuando Hughes quiso pedirme una cita, recibí una llamada de Kane, el emisario encargado de todas sus tareas personales. Con la apariencia de un mafioso, Kane se acercó y me dijo:

—El Sr. Hughes quisiera saber si le gustaría reunirse con él para ver la proyección privada de una película.

Esa noche, un auto llegó a las once de la noche para llevarme rápidamente a una de los salas de proyección de Goldwyn Studios. Todavía no me había mudado a un apartamento; Mami dejó encendida una luz en la casita y yo sabía que ella esperaría mi regreso sentada en el sofá.

Mi primer encuentro con Hughes ocurrió en su sintética penumbra crepuscular, con el sordo murmullo de una banda sonora al fondo y ahora, cuando pienso en Howard Hughes, siempre me lo imagino como un perfil en la sombra. El renombrado señor Hughes estaba sentado en la sala de proyección con unos auriculares en el cuello.

—Hola —me saludó con su voz alta y aguda—. Voy a empezar a ver esta película.

Era un film extranjero, la ópera *Pagliacci,* protagonizada por Gina Lollobrigida, y no era muy bueno.

Hughes se quedó con sus auriculares puestos todo el tiempo mientras vimos la película. Cuando se acabó, me preguntó:

—¿Qué te parece ella?

Reducida a un estado cercano al *rigor mortis,* causado por una combinación de aburrimiento y nerviosismo mientras duró la película, me las arreglé para decir:

—Pienso que es una chica preciosa, pero no muy buena actriz.

Y eso fue todo en nuestra primera cita. Dos semanas más tarde el Sr. Kane, de quien Hughes decía que era su "hombre que hacía de todo", me visitó de nuevo.

—A H.H. le gustaría llevarla a cenar —dijo Kane.

El Sr. Hughes se había portado bien antes. Quizás ahora hablaríamos de un film para mí.

Una vez más, la limosina llegó para llevarme a un destino desconocido que resultó ser el aeropuerto internacional de Los Ángeles. El chofer abrió la puerta y yo me sentí enana junto a la desmesurada estructura de acero que sostenía el restaurante con aspecto de platillo volador. Pero no acabó ahí. Cuando el elevador me hubo disparado a la nave madre, sus puertas se abrieron para la carga... yo. Vi a Hughes sentado en una mesa al otro lado a la plataforma de la nave, en medio de gente atareada. Caminé hacia allí bajo el relampagueo de luces de colores que enviaban sus haces como señales, en todas direcciones, como suelen hacerlo las naves espaciales. El hombre miraba como hipnotizado a través de alguno de los muchos portales que adornaban cada arco y no se dio cuenta de que yo había llegado. ¿Qué era este lugar? ¿Qué pasaba con Romanoff's? ¿Chasen's? ¿La Scala? ¿No podíamos ir a algún sitio normal?

Me senté obediente, tratando de comer pero más que todo moviendo las arvejas por todo el plato sin saborear nada. Me esforcé en lucir interesada mientras Hughes me explicaba el radar.

—Dios mío... ah ajá... oh, Dios... eso es tan interesante...

Jamás hablamos de un papel para mí.

Después de ese desastre, Hughes me llevó a casa en su propio auto y me acompañó hasta la puerta.

—Buenas noches y gracias por la encantadora velada —dije.

—¿Qué?

—Dije, Buenas noches y gracias...

—¡Habla más alto!

Oh Dios mío, pensé, *está casi sordo.*

—DIJE: "BUENAS NOCHES".

Cuatro ventanas se iluminaron. Válgame Dios, ¡estaba despertando a todo el vecindario!

Nos estrechamos la mano y él habló con su alta, entrecortada y atiplada vocecita:

—Eres una chica preciosa.

No volví a verlo jamás.

En 1957, pocos años después de que yo "salí" con él, Hughes se desentendió de su higiene personal. De nuevo se enclaustró en una sala de proyección, esta vez en un estudio, The Martin Nosseck Projection Theatre. Martin Nosseck era su proyeccionista y en cierta forma su acompañante permanente. Hughes lo necesitaba para proyectar los filmes que veía hora tras hora, día tras día, en su continuado crepúsculo sintético... que esa vez se prolongó cuatro meses.

Hughes jamás salió de la sala en todo ese tiempo. Vivió de pollo-a-domicilio, barras de chocolate y leche. Orinaba en botellas y almacenaba sus deposiciones en recipientes. De más está decir que también se olvidó de su arreglo personal. Impartió instrucciones escritas a todos sus asesores: "No me miren". Así les ahorró la molestia de verlo al desnudo de esa manera, aunque yo creo que algunos mirarían a hurtadillas, pues esta fase fue bastante documentada.

Cuando emergió en la primavera de 1958, Hughes hedía. Su cabello largo colgaba enmarañado y sus uñas de pies y manos curvadas como garras. Esto fue un preaviso de lo que sería su última década, cuando adoptó esa condición como estado permanente. Sin embargo, siguió viendo muchas películas, rollo tras rollo tras rollo.

Hollywood es un lugar incestuoso. No volví a ver a Hughes jamás, pero seguimos conectados en formas que ninguno de los dos habría podido predecir después de nuestras dos salidas. Eventualmente Hughes se casó con la encantadora Jean Peters, quien coprotagonizó *Viva Zapata!* con Anthony Quinn, otra de mis parejas de Hollywood, y con Marlon Brando, el primer gran amor de mi vida.

En su estilo paranoico, Hughes mantenía a Jean custodiada día y noche. Esto inflamó aún más la pasión de Marlon por Jean. Marlon literalmente trató de entrar por la ventana del dormitorio de ella. Como lo descubriría por mí misma, ¡él no soportaba que una mujer escapara sin que la hubiera seducido!

Pero en este extraño caso, Hughes resultó un rival de cuidado y Marlon quedó frustrado. Nunca pudo tenerla y ésa fue una de sus escasas derrotas.

Mientras estuve en 20th Century Fox, uno de mis noviazgos normales más placenteros fue con Geordie Hormel, heredero de la familia propietaria de Hormel Ham, que a Dios gracias no era actor. Pero era buen pianista, atractivo, joven, muy sensible y algo excéntrico. Era muy acaudalado, pero no usaba el dinero para cosas usuales. Por ejemplo, en esa época coleccionaba viejos Packards.

Geordie y yo habíamos disfrutado nuestro romance más de un año —aunque yo no habría dicho que estuviera realmente enamorada de él— cuando la relación fue interrumpida abruptamente por la policía, que lo acusó erróneamente de posesión de una buena cantidad de marihuana.

En esa época, Geordie tocaba el piano en un trío, con un contrabajista y un baterista y ellos habían conseguido una presentación en The Captain's Table, un popular sitio de jazz en La Cienega Boulevard. Robert Shevak, el contrabajista, fumaba mucha hierba, pero hasta donde supe, Geordie jamás la tocó. Y yo tampoco; de hecho, casi ni tomaba alcohol, sólo un sorbo aquí y allá, socialmente. Al parecer, los policías vinieron donde Shevak una noche y dijeron que querían que él plantara un poco de hierba en la visera del Packard viejo muy grande que Geordie tenía, para producir una noticia y ganarse un dinero y Shevak accedió.

Geordie no sabía nada de esto y yo tampoco, por supuesto. Esa noche los policías irrumpieron en la casa de él, donde yo estaba dormida en el sofá, dijeron que habían encontrado el "alijo" en el auto de Geordie y lo arrestaron allí mismo.

—Arriba, ¡Bella Durmiente! —me gritaron y agarraron mi cartera para empezar a buscar en ella. Cuando echaron mano a mi bolso de fin de semana, simplemente enfurecí. Me quería morir de la vergüenza. En esos tiempos uno no dormía con hombres y en el bolso había objetos personales que se usan cuando se está durmiendo con uno, como ropa interior y un negligé. El sexo era una actividad perfectamente normal, pero en esos tiempos hipócritas habría sido todo un escándalo.

Peleé muy duro con ellos para que no abrieran el bolso, pero los policías me tiraron al sofá de un manotazo y dijeron que si nos los dejaba abrirlo, me acusarían de obstrucción a la justicia. Empecé a llorar y llorar, y me sentí terriblemente humillada cuando voltearon mi bolso y todo lo que contenía cayó al piso.

Discutí con un oficial y casi me arrestan. De alguna manera

salí de todo eso. Pero de todos modos fue malo. Los medios se dieron un festín con titulares como "Heredero de jamón y su sexy chica".

Testifiqué a favor de Geordie en su juicio. Sin embargo, en la corte escuché a los mismos oficiales murmurando cosas intimidantes para que yo las oyera. Me avergüenza admitir que me sentí presionada y rompí la relación, lo cual lamenté pues Geordie era un buen muchacho y no había hecho nada malo.

Conocí a Anthony Quinn recién cumplidos mis veinte años. Era muy varonil, muy casado y tenía cuarenta años. Todavía no era muy conocido, salvo por sus dotes de seductor. Pero no apoyé ese tipo de actuaciones suyas. Tony no era amable con las mujeres y me impactó su inesperada partida, descortés y grosera.

Por fortuna, nunca amé a Tony, pero él me atraía porque teníamos muchas cosas en común a pesar de los años que nos separaban. Era rudamente apuesto y sensual. A las mujeres les costaba resistírsele y muchos hombres querían *ser* él. Mucho más alto que yo, con más de 1,80 de estatura, tenía una cabeza enorme y una voz que retumbaba.

Tony fue uno de los pocos hombres hispanos en mi vida y lo que compartíamos era el odio a la forma que tenía Hollywood de manejar los estereotipos étnicos, que había mantenido a Tony interpretando personajes étnicos, como líderes indígenas y hawaianos, guerrilleros chinos, libertarios filipinos y sheiks árabes. En el fondo, a los dos nos carcomía el resentimiento por los papeles tan estereotípicos que nos solían dar.

Tony fue un verdadero mentor para mí en un aspecto muy importante: como actor, él siempre hizo lo mejor que pudo de los papeles que le daban. Su retrato de Crazy Horse en *They Died*

With Their Boots On proyectaba verdadera dignidad, por ejemplo, y sirvió de mucho a la reputación de Crazy Horse.

Mexicano antes que nada, su madre era una indígena nahua y por parte de padre Tony tenía un abuelo irlandés de County Cork, Frank Quinn, que cabalgó con Pancho Villa. Se enfurecía si se mencionaba su parte irlandesa, pero conservó ese apellido irlandés a pesar de haber nacido en Chihuahua, México y de que ¡seis de sus ocho bisabuelos eran mexicanos! Se sentía mexicano de pura cepa y empezó siendo católico. ¡En alguna época hasta quiso ser sacerdote! Pero cuando lo conocí había dejado esa fase muy atrás y se había convertido en un seguidor pentecostal de la curandera Aimee Semple McPherson.

Tony era mujeriego y era un "marido en serie". Tuvo tres matrimonios legales y un concubinato, con el mismo modus operandi: seducía a su futura esposa estando todavía casado con la actual. Excepto su primera esposa, Katharine DeMille, una hija de Cecil B. DeMille, la segunda y la tercera esposas de Tony eran ambas empleadas suyas cuando las sedujo. A menudo solía decir:

—¡Quiero preñar a todas las mujeres del mundo!

Y murió intentándolo. Tony engendró más de una docena de hijos, que reconoció, y en los tiempos en que no estuvo casado llevó a la cama a cientos de chicas.

Cuando reflexiono sobre mi relación con Tony, debo reconocer lo cercanos que éramos en formas que sobrepasaron nuestro breve tiempo juntos. Cuando Marlon Brando, el primer gran amor de mi vida, triunfó como Stanley Kowalski en *A Streetcar Named Desire*, Tony fue uno de los primeros en reemplazar a Marlon en Broadway y en las giras. Y recibió las mejores críticas de todos los Stanleys que siguieron.

Pero fue en 1952, cuando Tony y Marlon filmaron *Viva Zapata!*, que Anthony Quinn realmente se convirtió en una estrella.

Como Eufemio, el hermano de Zapata, Tony no interpretó una condescendiente caricatura de un mexicano, sino un verdadero mexicano. (Pasaría otra década antes de que yo tuviera la suerte de interpretar una puertorriqueña que no fuera un cliché. La Anita de *West Side Story*: puertorriqueña, pero una *verdadera* puertorriqueña).

Irónicamente, Tony siempre guardó el resentimiento de que Marlon hubiera obtenido el papel principal en *Viva Zapata!* Y rechazó sus intentos de entablar amistad cuando la estaban rodando, a pesar de que Marlon lo respetaba mucho como actor y trató con mucho empeño de mantener las cosas iguales entre ellos.

De hecho, Tony le ganó a Marlon en los Premios Oscar: ese año Marlon Brando no ganó el de Mejor Actor, pero Anthony Quinn sí ganó el de su propia categoría. Fue el primer mexicano-estadounidense en ganar un Oscar (como Mejor Actor de Reparto) como hermano de Zapata. Ese año en que Brando perdió el Oscar a Mejor Actor, Gary Cooper lo ganó por *High Noon*.

MARLON

Llevo un perfume, *Vent Vert* de Balmain, mientras escribo estas palabras. Un perfume que Marlon Brando usaba a menudo. Es un perfume de mujer, pero Marlon usaba perfumes de mujer con frecuencia, y este era su favorito.

Ya hace más de cincuenta años que uso *Vent Vert*: Viento verde. Es un perfume fresco, limpio y natural. Cuando lo aspiro, aspiro el recuerdo de Marlon y casi puedo sentir su piel suave y saborear su dulce aliento. Recuerdo cómo me hablaba, cómo tocaba la batería, cómo hacía el amor... y cómo casi muero de amor por él.

No toda mujer ha conocido un gran amor, pero yo he tenido la suerte de tener dos y el primero, Marlon Brando, fue casi fatal para mí.

Marlon me descubrió inicialmente en la carátula del número

de marzo 1 de 1954 de la revista *LIFE*, una fotografía que me fue tomada cuando yo tenía veintidós años de edad. Es esa famosa foto de mi cara, en la que estoy mirando por encima del hombro. Debajo, la línea de portada dice: *Rita Moreno: El catálogo de sexo e inocencia de una actriz.* Estoy mostrando los dientes y mis ojos muy abiertos dicen "ven acá", con una expresión inocente, dulce y tentadora a la vez. Esa era mi imagen gitana, completa con todo y grandes pendientes. Después de conocer a Marlon, entendí por qué esa imagen mía, la que captaron en esa fotografía, me convirtió en la carnada perfecta para que Marlon picara.

Aparecí en la revista *LIFE* por pura casualidad. En ese tiempo, en Hollywood empezaban a hacer pilotos de televisión y en 1953 fui seleccionada para hacer uno con Ray Bolger. Ray, probablemente más conocido por su papel como el espantapájaros en *El mago de Oz,* era una personalidad de Broadway, un bailarín pero no clásico sino lo que llamaban un bailarín "excéntrico": bailaba y actuaba. Cuando hice el piloto con Ray en los estudios DesiLou para su show de variedades *Where's Raymond?* (que después se llamó *The Ray Bolger Show*), *LIFE* lo estaba cubriendo y su fotógrafo tomó algunas fotos de nosotros dos.

Aparentemente, cuando las fotografías circularon en las oficinas de *LIFE*, al verme, uno de los editores preguntó: "¿Quién es esa chica?". Alguien respondió que no sabía mi nombre, pero que tenía un papel con Ray Bolger, y el editor dijo: "¡Búsquenla! Parece interesante".

Los de *LIFE* me encontraron y preguntaron si podrían hacerme un despliegue fotográfico, y posiblemente una portada. Acepté y un fotógrafo vino, me llevó a todo tipo de lugares y me fotografió con diferentes ropas y poses, desde niña inocente con blusa de encajes hasta fiera de labios pintados y revelador atuendo nativo.

Al comité editorial de la revista le encantaron las fotografías y se ideó el título para la historia *El catálogo de sexo e inocencia de una actriz*. El propio artículo me identificaba como una "satírica del sexo", y empezaba así: "Rita Moreno es una *starlet* de veintidós años que sabe cantar, bailar e incluso, en la medida en que esto llega a ser necesario en Hollywood, actuar".

¿Me preocupó que me retrataran como una "satírica del sexo"? ¡De ninguna manera! ¿Bromean? En ese tiempo cualquier actriz, estrella grande o pequeña, o no estrella, habría matado por llegar a la portada de *LIFE*. Dios mío, ¡eso era mucho! *LIFE* rara vez sacaba actores y actrices en su portada, porque era básicamente una revista de noticias, así que esto era grande.

Además, durante gran parte de mi joven vida actoral en Hollywood, no había tenido otras oportunidades fuera de esos papeles de chicas sexy nativas. Si no hubiera querido hacerlos, si me hubiera concentrado en los principios más que en conseguir trabajo, jamás habría hecho otras películas y jamás habría aparecido en televisión. Hay que jugar el juego con lo que se tiene.

De hecho, ese artículo me llevó a ser contratada por 20th Century Fox, porque Daryl F. Zanuck vio mi fotografía en la portada de *la revista* y dijo: "¿Quién es esta chica? ¿Habla inglés? ¡Encuéntrenme a esa chica!".

Encontraron a mi agente y me contrataron de inmediato. A veces ocurrían cosas así en Hollywood, pero de todos modos fue muy extraño. Entretanto, yo hice lo que tuve que hacer, porque siempre supe que tenía talento. Perseverar, segura de que algún día, alguien importante me descubriría. A pesar de todas mis inseguridades, esa seguridad me impulsó la mayor parte de mi vida.

A Marlon le intrigó tanto mi fotografía en la portada que trató de localizarme y por cualquier razón no pudo. Sólo mucho después, cuando ya habíamos empezado a vernos, Marlon y su hombre de maquillaje de toda la vida, Phillip, hablaron sobre mí y por qué les resultaba tan familiar. Fue entonces que Marlon recordó haberme visto en esa portada.

En 1954, nos conocimos en la sala de maquillaje del set de *Désirée*, el film en el que Marlon interpretó a Napoleón y Jean Simmons a Désirée Clary. Me habría gustado decir que en ese momento Marlon tenía el peinado napoleónico aplastado sobre la frente, y también que llevaba charreteras y los ceñidos *breeches* blancos del Emperador. Pero la verdad es que Marlon llevaba su característica camiseta blanca y jeans de algodón blancos.

Marlon era más que bien parecido. Con su físico musculoso, ojos de párpados caídos, labios carnosos y mente rápida, era un fanfarrón irresistible, con un perfil como para moneda romana. Ese primer día, sólo por conocerlo se disparó la temperatura de mi cuerpo como si me hubieran dejado caer en un baño muy caliente, y me ruboricé de pies a cabeza.

Fue la clase de urgencia que inspira poesías y canciones, novelas y óperas wagnerianas. Desde el minuto en que nos conocimos, sentí que una telaraña se había tejido alrededor de nosotros, acercándome a Marlon. Asombrosamente, él sintió lo mismo y no lo ocultó. De ese día en adelante, Marlon Brando y yo quedamos atrapados en una suprema *folie à deux*, una loca pasión que duró años, hasta que un día fui literalmente forzada a salir de un coma y tuve que escoger entre él y la vida.

Cuando Marlon y yo empezamos a vernos, yo estaba viviendo en el Hollywood Studio Club. El HSC era un bien conocido hospedaje para chicas del mundo del espectáculo, que ofrecía habitaciones sencillas y dobles por un alquiler nominal, más desayuno y cena. Administrado por la YWCA, tenía toque de queda a la medianoche y estrictas reglas de comportamiento social. Probablemente la actriz más famosa que estaba viviendo allí por esa época fue Kim Novak.

Marlon empezó a perseguirme por teléfono después de ese primer encuentro. El teléfono estaba en el pasillo y las otras chicas quedaban electrizadas con sus llamadas: "¡Marlon Brando al teléfono para tí!", gritaban cuando escuchaban su voz.

Y, vaya si estaba al teléfono... horas enteras. Hablábamos —bueno, él hablaba más que yo— con períodos de silencio intercalados que podían durar hasta media hora. Todas las personas cercanas a él tenían esa experiencia con las llamadas telefónicas de Marlon; la gran escritora Toni Morrison, buena amiga suya, también ha comentado esos largos períodos de silencio que tenían lugar cuando quiera que Marlon estaba pensando.

La mayoría de la gente no se atrevería a hacer eso en el teléfono porque sabría que la persona al otro extremo de la línea diría: "¿Hola? Hola, ¿estás ahí?", pero todos los amigos de Marlon estaban acostumbrados y yo también me acostumbré. Llegué al punto de entender que él estaba ahí, y que valía la pena esperar a que hablara. Aferrada al auricular mientras esperaba a que volviera a hablar, casi podía escuchar la mente de Marlon ocupada, haciendo tic tac como un reloj. En una ocasión, me hice manicure y pedicure completos sentada en el piso del pasillo, atada al enroscado cable del teléfono de la casa y sosteniendo el auricular en mi hombro, mientras aguardaba a que él hablara de nuevo.

Pronto, las chicas del HSC empezaron a contar conmigo para su comunicación indirecta con esta estrella que, a los treinta años de edad, había completado su meteórico ascenso a la fama. Una vez, durante una de mis maratones telefónicas con Marlon, dos chicas pusieron sus manos sobre la caja del teléfono simulando estar en el mismo canal de él.

Con nuestras salidas y llamadas telefónicas, pude reconstruir parte de su historia y entender su empeño en rebelarse contra todo y contra todos.

Marlon fue hijo de padre y madre alcohólicos. Su padre era un vendedor que se registraba en un hotel y daba al botones dinero para que le consiguiera una botella y una prostituta. Su madre, Dorothy Pennebaker, bebía y encontró su escape en el teatro. De ella heredó su talento. La señora dirigía una compañía de teatro en Nebraska donde Henry Fonda era uno de sus protegidos.

De niño, Marlon siempre se preocupó por los animales heridos y abandonados. Era un chico muy dulce y sus líricas descripciones de su niñez mostraban su visión y buenos instintos. A pesar del maltrato de su niñez, ya mayor y cuando se iba de gira siempre escribía cartas afectuosas a su familia y las firmaba "Bud".

Como yo, tuvo una educación bastante elemental; Marlon era tan bromista en la escuela que fue expulsado de varias, incluida una academia militar, por hechos como lanzar petardos encendidos al público en el interior de un teatro. Pero fue uno de los hombres más inteligentes que haya conocido jamás. Curioso insaciable y poseedor de una aguda inteligencia, Marlon nunca era aburrido.

Marlon podía parecer un matón y perder los estribos, pero también era uno de los hombres más sensibles que he conocido, siempre defendiendo a cualquier persona que viera con menos posibilidades, como quienes sufrían discriminación racial o de clases. Tal vez es por eso que interpretaba tan bien esos roles en teatro y películas. Parecía una fuerza bruta de la naturaleza con alma de poeta.

"A veces hago teatro y la gente piensa que soy insensible", dijo una vez. "Realmente es una especie de armadura, porque soy demasiado sensible".

Comprendí de inmediato lo que quería decir. Yo era igual, se esperaba que actuara como una candente bomba latina (o hasta una "satírica del sexo"), cuando en realidad yo era una actriz decidida, confiable y muy trabajadora, siempre en busca de un mejor papel.

A la edad de veinte años, Marlon había seguido a sus hermanas a Nueva York, y allí tuvo la suerte de dar con las clases de actuación de Stella Adler. Adler derivaba su modelo de actuación del Método Stanislavsky, técnica que se apoya en la franqueza intelectual y el instinto visceral, que la mayoría de los actores simplemente denominan "el método". Y Marlon lo adoptó con alma, vida y corazón.

Marlon empezó a actuar en teatro cuando todavía era un muchacho amable y generoso. Conoció a Tennessee Williams, allá en Cape Cod en una casita que el dramaturgo había alquilado, y "Bud" dormía en el suelo y arregló la electricidad, la plomería y prácticamente todo lo demás (y se ganó la parte de Stanley Kowalski en el proceso). Era tímido y sin pretensiones.

La actuación de Marlon como Stanley Kowalski en *A Streetcar Named Desire*, dirigido por Elia Kazan en 1947 en teatro, fue tan destacada que decidió probar en Hollywood, con la intención de rodar una o dos películas y volver a Nueva York a hacer teatro. Marlon odiaba la falsedad de Hollywood y se propuso burlarse de toda la maquinaria publicitaria usual, incluidas las columnistas de chismes. No estaba dispuesto a hacerle el juego a nadie.

Pero las cosas no resultaron tal como las había planeado. Marlon hizo varias películas en rápida sucesión, cada una mejor que la anterior. Fue nominado para Mejor Actor por su papel en la adaptación al cine que Kazan hizo de *A Streetcar Named Desire*. Ese año fue derrotado por Humphrey Bogart por su papel en *African Queen*. Sin embargo, en rápida sucesión, Marlon fue nominado para Mejor Actor tres veces más: por *Viva Zapata!* en 1952, por *Julius Caesar* en 1953, y de nuevo por *On the Waterfront* en 1954, que finalmente le ganó la estatuilla. Marlon le había probado a Hollywood que era taquillero y verosímil en cualquier papel, desde el de un mexicano hasta el de un líder shakesperiano hasta el de un estibador que "podía haber sido un contenedor".

Hollywood sentía un respeto reverencial por él. Y yo también.

En nuestra primera cita, Marlon me llevó a una fiesta maravillosa en la que estaban James Dean, Paul Newman, Joanne Woodward, Jack Palance y Eli Wallach. Una fiesta de estrellas y actores del Método. Me sentí intimidada y fuera de lugar, pero tanbién encantada de estar allí, especialmente con él.

Rápidamente llegamos a la intimidad y empecé a pasar mucho tiempo en casa de Marlon. Decir que fue un gran amante —sensual, generoso, y deliciosamente creativo— no alcanza a describir lo que él hizo no sólo a mi cuerpo sino a mi espíritu. Cada aspecto de estar con Marlon era emocionante, porque su compromiso con el mundo era mayor que el de cualquier otra persona que yo hubiera conocido.

Me dio a conocer muchas ideas nuevas y realmente me enseñó sobre el mundo. Marlon despertó mi consciencia política. Lo vi haciendo cosas, involucrándose en eventos para generar consciencia acerca de los indígenas americanos y otras causas, y me di cuenta de que en el mundo estaban ocurriendo muchas cosas en las que jamás había pensado. Realmente yo era muy ignorante e inconsciente; más que todo estaba absorta en "mí". Y fue Marlon quien me despertó a asuntos más allá de mí.

Me dio libros para leer, como *The Art of Loving*, del filósofo y psicoanalista Erich Fromm, un libro maravilloso que hasta el día de hoy atesoro. Marlon me dijo que leyera libros de historia, especialmente sobre la Guerra de Secesión, la esclavitud y los indígenas americanos. Me dio libros no necesariamente populares, pero sí interesantes e informativos acerca del mundo.

Y también me enseñó modales. Yo hablaba en un tono muy alto; Marlon se esforzó mucho para ayudarme a entender que no era necesario que toda la gente del restaurante escuchara lo que yo le estaba diciendo a él. Me enseñó dónde van los pequeños tenedores y cuchillos cuando se pone una mesa.

Incluso me enseñó a vestirme. Sí, eso era importante. Hasta que lo conocí a él, yo me vestía como creía que "debía" vestirme, para lucir como una latina sexy: vestidos muy ceñidos con cinturones bien apretados, que destacaran la curva de mis caderas. También usaba demasiado maquillaje porque pensaba que lo necesitaba; no me creía muy bonita.

Y despacito, muy despacito, Marlon me fue ayudando a crecer. Este inesperado tutor se convirtió en mi afectuoso mentor.

Nunca le preguntaba a Marlon sobre actuación porque sabía que no le gustaba hablar de eso y se quejaba de las personas que querían tocar el tema cuando estaban con él. ¡Simplemente no lo soportaba! Pero algún día, finalmente me sentí segura de que no me tiraría por una ventana ni nada por el estilo, y le pregunté cómo hacía para interpretar a un tipo malvado, como en *The Young Lions*. Marlon me dio el mejor consejo sobre actuación que me hayan dado en la vida.

—No lo interpretes como una mala persona —dijo—. Convéncete de que lo que sea que hace se justifica, porque tu personaje piensa que está en lo correcto al hacerlo.

Ese es el tipo de cosas que uno aprende con los años, con un maestro de actuación, y eso fue lo que Marlon me enseñó. Yo tendría la oportunidad de practicar ese método mucho más tarde, en la única película que haríamos juntos.

A medida que me enamoraba más profundamente de Marlon, la romántica expresión "en brazos de él" cobró un significado absolutamente especial para mí. Los brazos de Marlon me abrazaban de una manera que yo jamás había conocido. No sólo me sostenían sus músculos, era su propio ser.

Aunque jamás pronunciamos las palabras "te amo", sé que Marlon me amó hasta donde él podía amar a una mujer.

AMOR, OBSESIÓN Y
JUEGOS PSICOLÓGICOS

Hay una línea tan fina, como el filo de una cuchilla, entre el amor y la obsesión. En nuestra relación, Marlon y yo manteníamos un precario equilibrio a lo largo de esa línea, pues inevitablemente nuestras intensas pasiones nos arrastraron hasta que no sólo acabamos por aplastar, quebrantar y quemarnos el alma el uno al otro, sino lastimando a tantas otras personas que tuvieron la desgracia de quedar atrapadas entre ambos. Marlon fue uno de los hombres más inteligentes y meditativos que haya conocido jamás, pero tenía dos caras: el Marlon sensible y amable, y el Marlon ajeno e hiriente.

En los años que siguieron a su éxito en *On the Waterfront*, la fama no le ayudó nada. Se volvió hosco e insolente con los directores. Irritaba deliberadamente a todo el mundo con la presencia de su mascota Russell, un mapache salvaje. Gastaba bromas absurdas, como presentarse a una reunión de trabajo con un huevo frito en la mano.

Supongo que cuanto más alocado y rebelde parecía, más mujeres querían domesticarlo. Una combinación peligrosa. Y tener tantas mujeres que se le ofrecían e incluso lo acosaban, volvió a Marlon indiferente e irrespetuoso para con todas sus enamoradas, entre ellas yo misma.

No creo que Marlon fuera cruel conmigo a propósito. Simplemente vivía en medio de la vorágine de su propia compulsión, a merced de sus insaciables necesidades sexuales. Tal vez porque entonces fue el hombre más deseable del mundo, Marlon era una especie de arma sexual letal. Seducía a cuanta mujer se le antojaba y se convirtió en una bomba atómica ambulante. Por último, sus infidelidades físicas y las peores, que eran sus traiciones afectivas, me rompieron el corazón y se escaparon de destruir hasta a mi propio espíritu.

Supongo que los expertos de hoy dirían que Marlon era un adicto al sexo. Como su padre y el mío, se volvía ferozmente celoso de cualquier hombre que se mostrara interesado en mí o en cualquiera de sus mujeres del momento. Aun así, sin importar qué mujer estuviera con él, si otra mujer le atraía, Marlon era incapaz de controlar su pasión y su propio deseo.

Marlon tenía su propia explicación de esa necesidad de conquistar a tantas mujeres. En sus memorias, *Songs My Mother Taught Me*, atribuye su compulsiva ansia de conquistas al hecho de haber sido abandonado por las dos mujeres más importantes en su vida: su madre y su nana, Ermi.

Primero, su madre alcoholizada lo "abandonó" emocionalmente, y luego lo dejó su primer amor: Ermi, una niñera adolescente danesa que dormía desnuda con él cuando era un niño de siete años. Cuando Ermi se casó y abandonó a la familia sin decirle adiós ni ofrecerle una explicación, la atracción sexual que Marlon sentía hacia ella y su temor a ser abandonado, se confundieron en uno.

Marlon siempre hablaba del "dulce aliento" como "fruta fermentada" de Ermi y de su madre. El propio Marlon tenía un aliento dulce y parecía ser químicamente sensible a quienes tuvieran esa misma característica, pues su madre tenía "una dulzura que provenía del alcohol fermentado". Y él decía que mi aliento también era dulce.

Ermi era en parte indonesa y seguramente eso inspiró el obsesivo deseo de Marlon por mujeres de piel morena como la mía. Toda su vida, Marlon prefirió a las mujeres de color. Yo fui ejemplo temprano y duradero de esa inclinación, pero Marlon llevó a la cama, compulsivamente, a tahitianas, indias orientales, indígenas nativas americanas, mexicanas, filipinas, asiáticas, jamaiquinas... a mujeres de cualquier etnia que tuviera algún color. Todos sus hijos son producto de la mezcla de razas.

El primer deseo de un niño pequeño por una hermosa niñera debe ser una fuerza muy poderosa, porque Marlon jamás pudo saciar su interminable búsqueda de un deseo que lo igualara. Sus pasiones lo dominaban y deseaba tener sexo constantemente, sin importar las circunstancias. Su compulsión le amargó la vida y sus acciones generaron una legión de mujeres furiosas o destruidas y, lo peor, unos hijos perturbados. Fuera cual fuere el daño ocasionado a Marlon en su niñez, él lo agravó con creces con el dolor que causó a otros.

¿Y por qué yo seguía aceptándolo? Eso me lo pregunto ahora. Después de todo, había visto a mi madre lastimada por hombres infieles, empezando por mi propio padre. Y yo misma había jurado que no permitiría que nadie me tratara de esa manera, bajo ninguna circunstancia.

Sin embargo, mes tras mes, año tras año, hasta la mitad de mis veinte y más, no fui capaz de rechazar a Marlon cada vez que él reaparecía sin importar lo que hubiera hecho o lo que yo hubiera escuchado. Nuestro intermitente *affaire* continuó, aunque en 1957 Marlon se casó con Anna Kashfi, un matrimonio que sólo duró dos años. En 1960, Marlon se casó con la actriz mexicana Movita Castañeda. Este otro matrimonio también duró dos años. Marlon tuvo hijos con ambas mujeres: Christian, su hijo mayor, con Anna, y Miko y Rebecca con Movita.

Ninguna de esas duras realidades menguó mi obsesión. Tan irresistible era Marlon para mí y tan decidida estaba yo a conquistarlo. No podía alejarme. De hecho, en una forma extraña me fui volviendo adicta a conquistarlo una y otra vez, seducida por esa vertiginosa montaña rusa emocional y física que suponía estar con Marlon.

¿Por qué no lo dejaba? Porque cuando estaba con él había períodos de absoluta felicidad que no podían ser igualados por nada de lo que jamás hubiera experimentado. Por otra parte, a pesar de todo, Marlon se portó bien conmigo, particularmente siempre que no estuviera de por medio su masculinidad o nuestra relación. Se portó bien conmigo en el sentido de que siempre trató de que yo tomara consciencia de mi propio mérito y valía.

Realmente es curioso que no me hubiera suicidado durante esa época, en la que tuve tan baja opinión de mí misma. Pero este hombre que me estaba matando, al mismo tiempo me estaba salvando. Era muy raro pero, en cierta forma, Marlon me cuidaba y me protegía hasta de mí misma.

Por él fui a terapia. Un día cualquiera, Marlon me vio en una entrevista de televisión y en nuestra salida al día siguiente, dijo: "Realmente necesitas ver a alguien, Rita. Tienes muchos problemas".

Creo que, en cierta forma, eso prueba cuánto le importaba yo a Marlon, porque él debía saber que si me sometía a terapia con un buen doctor y trataba de ayudarme yo misma, en algún momento nuestra relación acabaría. Tenía que saberlo, porque era un tipo muy, muy inteligente.

Hasta yo tenía que saberlo. Pero de todos modos, el juego continuó. Cada vez que Marlon, casado o no, andaba con otra o con muchas otras, como pasó tantas veces, yo hacía lo que fuera con tal de recuperarlo. Como salir con otros hombres para ponerlo celoso, porque lo único que Marlon no podía resistir era la idea de que yo estuviera con otro.

Fue por Marlon, realmente, que yo acabé enredada con Dennis Hopper. Dennis era un tipo petulante, cinco años menor que yo, que se daba muchas ínfulas, a pesar de que yo lo conocía desde antes del mayor éxito de su carrera cuando fue co-libretista, co-director y también actor en *Easy Rider*.

Ambos, Marlon y Dennis, eran mucho más altos que yo. Como mujer pequeña, desde mi 1,54 de estatura y ya encogiéndome mientras escribo esto, siempre he estado perfectamente consciente de la altura. Sé quién es más alto que yo, y por cuánto. De Dennis se decía que medía 1,77, pero Marlon también aparece con 1,77 y sé que Marlon era más alto que Dennis, simplemente porque ¡no tenía que empinarme tanto para besar a Dennis!

Acotación al margen: los actores necean mucho con respecto a su estatura y hasta usan plataformas en sus botas y ese tipo de tonterías. Curiosamente, tanto Marlon como Dennis interpretaron a Napoleón en el cine, y Napoleón era mucho más bajo que cualquiera de ellos dos, medía solo 1,62.

Entre los dos hombres, Marlon y Dennis, ¿de quién era el ego más grande? Esa respuesta era más fácil que medir su estatura real: nadie tenía un ego más grande que Marlon.

En otras palabras, Dennis no me impresionó tanto como a él le habría gustado. Era un niño cuando lo conocí, todavía sin la sucesión de esposas y novias que tuvo más adelante, ya famoso por su incapacidad para sostener una relación. Tal como Anthony Quinn, Dennis fue un marido en serie: se casó cinco veces y se divorció otras tantas. Su matrimonio con Michelle Philips fue el más corto, duró dos semanas apenas. Hasta que llegó su triste final en 2010; muriéndose de cáncer de próstata y pesando 100 libras, a sus 70 años Dennis reunió las fuerzas que le quedaban para divorciarse de su última esposa.

Dennis también tenía una larga historia de uso de drogas y violencia. Apuñaló a Rip Torn y mintió al respecto, en una entrevista por televisión. La mentirilla le costó $1 millón en demandas entabladas por el enfurecido Torn. (Nunca fue aconsejable enfurecer a Rip Torn, de quien se decía que había mordido la oreja de Norman Mailer y más recientemente había sido arrestado por disparar un arma en un banco desocupado).

Dennis todavía no se había vuelto tan tormentoso cuando lo conocí; era un tipo más egoísta que trabado. Yo sabía que jamás lo amaría, y quizás ni siquiera habría salido con él de no ser por una poderosa razón: estar con Dennis era darle un aperitivo a Marlon, despertaba sus celos.

Y en realidad Marlon *quería* sentirse celoso. Era uno de los juegos psicológicos que le gustaban. Cada vez que debía ausentarse un tiempo para filmar exteriores o cuando estábamos apartados por alguna de nuestras peleas, volvía donde mí y exigía saber: "¿Te acostaste con alguien más?".

Me faltaba tiempo para contarle a Marlon sobre Dennis, verlo enfurecerse y volver a dedicarse a mí.

En retrospectiva, veo lo absurdo de la situación. Pero en ese tiempo, fue una de mis pocas estrategias en la guerra entre los sexos.

Dennis Hopper afectaba a Marlon, pero no lo enloquecía de celos tanto como a mí sus amoríos. Tuve que afinar mi juego. Mi próxima arma fue un misil humano con mucha brillantina en el pelo y ceñidos pantalones de cuero: Elvis. El Rey.

Hoy día, es casi imposible evocar lo escandaloso, sexy y provocativo que era Elvis cuando salí con él en 1957. Fue el primer cantante blanco de gospel, rock, música country, *rockabilly*, pop, y *rythm and blues*, que mezcló todos esos ingredientes con un movimiento pélvico más rápido que el de una licuadora a máxima velocidad. Elvis produjo combustión espontánea con el primer disco que grabó. Dondequiera que llegaba, las chicas adolescentes asediaban al Rey del Desmayo y el menor movimiento de su pelvis producía una histeria masiva.

Ed Sullivan se negó a contratar a Elvis por considerarlo "no apto para ver en familia", y las primeras críticas de los periódicos censuraron su "payasada de 'gruñidos e ingles'". Se dice que Sullivan afirmó: "Presley lleva algún artefacto colgando bajo la entrepierna de sus pantalones, de modo que cuando mueve las piernas atrás y adelante se puede ver el contorno de su pene. Creo que es una botella de Coca-Cola. Pero eso, simplemente no podemos tenerlo el domingo en la noche. ¡Este es un show para familias!".

Pero todos cedieron ante el terremoto que sacudió la nación. Los dos shows de variedades rivales, Steve Allen y Milton Berle, contrataron a Elvis y ambos obtuvieron altísimos ratings. Hasta Ed Sullivan cedió ante la marea de rating que obtuvo Steve Allen por presentar a Elvis cantando "You Ain't Nothing but a Hound

Dog" ["No eres más que un perro de caza"] a un perro *basset hound*, y por primera vez triunfó en la franja de su rival Sullivan.

Casi contra su voluntad, Ed Sullivan contrató a Elvis. Después de la tercera presentación, solo permitió que las tomas fueran de la cintura para arriba. Sin embargo, fue ese forzado contrato del show de Ed Sullivan lo que más contribuyó a que Elvis alcanzara el súper estrellato.

Tras toda la fama y los giros, Elvis era un tímido joven de Tupelo, Mississippi, que había surgido de la pobreza (lo cual lo favoreció porque fue criado en vecindarios negros, de donde extrajo su más fuerte influencia musical). Había ido a dar al mejor estudio de grabación de negros, Sun Records, desde el que Sam Phillips andaba buscando un "hombre blanco con sonido y sentimiento negros".

Si encontrara un cantante así, decía Phillips "podría ganarme un billón de dólares". Escuchó algunos acordes de Elvis y supo que finalmente lo había hallado: un joven de piel blanca con alma de hombre negro. Phillips sacó a la venta el primer hit de Elvis, "It's All Right", que resultó mucho más que *"all right"*.

Los giros de Elvis originalmente fueron causados por un incontrolable miedo escénico que hacía temblar todo su cuerpo, síntoma que disfrazó tratando de hacerlo parecer deliberado. Ese ardid se convirtió en un éxito total. Por la época en que conocí a Elvis en Hollywood, era el cantante más famoso del mundo y estaba a punto de convertirse también en estrella de cine. Con sus trajes ceñidos y rostro sensual, ya era un símbolo sexual. Los labios fruncidos en lo que parecía un mohín provocativo, eran en realidad un accidente de la fisonomía del labio, igual que había sido accidental su movimiento pélvico y de caderas.

A sus veintidós años, Elvis era cuatro años menor que yo, y más adelante eso empezó a pesar más de lo que se me habría ocurrido. Pero cuando nos conocimos, mi deleite por salir con Elvis giraba alrededor de un hecho: yo sabía que ningún otro podría despertar más celos en Marlon Brando.

Estaba hasta la coronilla de vivir en el tortuoso limbo de ser la intermitente amante de Marlon. Parecía haberme ubicado en su rotación de parejas sexuales, y aunque yo era una parada favorita, cada una de sus traiciones me dejaba deshecha y a las puertas de una peligrosa barrena emocional que en últimas me llevaría a intentar ponerle fin a mi vida.

De esta vorágine emocional entró a formar parte el Rey con su famoso pavoneo fálico. Supe enseguida que el pavoneo era fingido. Como yo siempre estaba posando como latina sexy, no me costaba trabajo descubrir a otro "impostor".

Así andábamos: el tímido chico sureño jugando su papel de estrella internacional del sexo, y yo, la desconsolada chica puertorriqueña malinterpretada como "Rita la Pantera, candente bomba latina". Era inevitable que nos encontráramos.

Elvis me había visto en el comedor de Fox e hizo saber a través de una reconocida columnista de chismes, Louella Parsons, que deseaba conocerme. Ella lo publicó en su columna.

Cuando lo leí, estaba en medio de una racha particularmente mala con Marlon: acababa de descubrir ropas de otra mujer en su casa. Apenas encontré en el closet de él la camisa de dormir y los *panties* de ella, sentí como si me hubieran prendido fuego desde adentro. Una furia hirviente recorrió todo mi cuerpo. Me quedé allí mirando esa ropa y temblando.

—¿Cómo pudo tratarme así —grité—. ¿Cómo se lo permití?

Tiré el resto de las ropas de mujer y me juré a mí misma que le "enseñaría".

¿Enseñarle qué? Que otros hombres me deseaban y que Marlon era un tonto por andar vagabundeando, ¡eso era! ¿Por qué *no* conocer a Elvis? Si Dennis Hopper podía provocarle celos, cuál sería el mega-efecto de Elvis sobre Marlon?

En esa forma pensaba yo en aquel tiempo. ¿Dónde estaba mi amor propio? ¿Mi sentido de identidad? ¿Estaba llevando a mi vida real la humillación de los abyectos personajes que interpretaba en la pantalla?

Daba igual. Estaba furibunda, tan furiosa con Marlon que debía actuar *ahora*. Así que cuando el legendario manager de Elvis, el Coronel Parker, llamó para preguntar si quería conocerlo, accedí enseguida.

El coronel me invitó a ver a Elvis en el set de su film *King Creole*, en Paramount. Rápidamente me di cuenta de que eso parecía ser lo indicado, porque al Coronel Parker le gustó tanto que yo hubiera aceptado, ¡que inmediatamente envió la noticia a los servicios de cable! Una vez más, la maquinaria publicitaria de Hollywood estaba haciendo su trabajo tras bastidores para mi muy anunciada cita con El Rey.

Irónicamente, Elvis idolatraba a Marlon Brando, era uno de sus actores favoritos. De hecho, Elvis había tomado como modelo su ropa de cuero negro y la arrogante actitud del "icónico" y antisocial motociclista interpretado por Marlon, Johnny Strabler, jefe de la pandilla The Black Rebels Motorcycle Club, un grupo de motociclistas que aterroriza una pequeña ciudad en su film *The Wild One*. En el vértice de esa admiración entrecruzada, yo resultaba un prospecto deseable.

Elvis también lo era. Mi pulso definitivamente se aceleró apenas llegué al set de *King Creole*. ¿Y cómo no? Elvis era tan apuesto, tan famoso. Pero en persona, había algo falso, un torpe encanto. Era alto, más de 1,80 y francamente tímido.

Elvis tenía hermosos ojos azules y su cabello negro brillaba. El color de su pelo estuvo en discusión largo tiempo, muchos decían que era naturalmente rubio y teñido de negro. Pero yo jamás vi un cabello teñido que brillara de esa manera. El pelo de Elvis relucía como un espejo y probablemente se lo debía a su ancestro parcialmente *chéroqui*.

Esperaba en el sitio asignado en el set cuando Elvis salió, guitarra en mano, con su copete bien abombado. Cantó al indicarlo el director, que no era otro que Michael Curtiz, famoso por haber dirigido *Casablanca*. Toda una suerte para mí esa cita con Elvis en medio del rodaje de *King Creole*, su mejor film, el último en blanco y negro y además un clásico del llamado *film noir* o cine negro.

En esos primeros momentos, mi corazón latió como el de una adolescente mientras Elvis cantaba "As Long As I Have You". La canción era una balada y él era joven, larguirucho y tierno. Interpretaba a un chico presentándose en una audición en un club nocturno y lo hacía muy bien en escena. Pude ver exactamente el segundo en que el chico, Danny, empezó a sentirse seguro de sí mismo. Un instante conmovedor, y quedé impresionada. No era el tan cacareado Elvis giratorio que yo esperaba y me intrigó.

El director también estaba impresionado. Curtiz elogió la sensibilidad aportada por Elvis en el momento y usó una palabra rara vez asociada con Elvis antes o desde entonces: "elegante".

En persona, Elvis tenía un rostro bonito más que apuesto. Sus facciones se parecían a las de su madre, Gladys, con quien se llevaba divinamente. Gladys se había obsesionado con Elvis desde bebé, pues había perdido a su gemelo al nacer. Entonces abrumó al único hijo que le había quedado, Elvis, con amor, comida, y posiblemente su propia predisposición genética a la adicción y la depresión.

En 1958, un año después de que yo estuve saliendo con Elvis, Gladys murió de hepatitis tras décadas de exceso de licor. Todavía era una mujer joven, y en el funeral Elvis se lanzó a su tumba. Este intenso lazo entre madre e hijo fue explorado en un libro, *Elvis and Gladys*, por una escritora, Elaine Dundy, cuyo camino se cruzaría con el mío varios años más tarde, cuando ella y yo acabamos enredadas por otro amante.

Elvis me invitó a salir varias veces, y las cosas siempre fueron iguales entre nosotros. Él mostraba su "verdadero yo", que era el de un tímido y torpe chico de Tupelo, cuyo libro favorito era la Biblia. También algo que sus detractores sostenían: que era un hijo de mami. Nuestra actividad "sexual", que no llenó mis expectativas, y necesidades, usualmente acababa en mi apartamento de Sunset Boulevard con el rugido del tráfico como acompañamiento. El rojo resplandor de las luces traseras de los autos bañaba en un brillo carnal nuestros acercamientos.

Más específicamente, mis citas con El Rey casi siempre concluyeron en un tierno forcejeo en el piso de mi sala, con la pelvis de Elvis de giros famosos, pero sus famosas partes deseadas en todo el mundo presas contra sus ceñidos pantalones. Yo podía sentir el coartado miembro Real empujar contra mi cuerpo vestido, y esperaba escuchar un conocido ruido de cremallera y confrontar mis propios motivos cuando llegara el momento, pero nunca llegó. El Rey del Desmayo, Elvis la Pelvis, se sentía contento atrapado en sus pantalones.

—Sólo podemos hacer esto —me murmuraba al oído mientras nos restregábamos en el piso—. Sólo podemos hacer esto, ¿okey?

"Esto" era usualmente conocido como "restregarse", y era

todo lo que el Rey realmente quería hacer. Tal vez Elvis estaba inhibido por ancestrales prohibiciones religiosas o un complejo de Edipo, o quizás simplemente prefería la emoción de negarse el alivio. Lo que fuera que frenaba la famosa pelvis, esta llegaba a un alto en cierto punto y eso era TODO.

Más tarde, descubriría que mi experiencia con Elvis fue típica. Natalie Wood lo dejó tirado cuando él se negó a "hacerlo" y muchos decían que lo único que le gustaba hacer era acariciarse con chicas adolescentes u observarlas retozar, chica con chica. Era perfecto para sus fans adolescentes, impresionado, al parecer, por el nivel de desarrollo de ellas. Yo era una mujer hecha y derecha, con deseos adultos, y había estado con Marlon.

En cierta forma, la ambivalencia de Elvis iba pareja con la mía. Todavía estaba tan profundamente enamorada de Marlon Brando que en realidad no deseaba a nadie más. Elvis y yo estábamos perfectamente sincronizados. Rodamos juntos varias veces y no creo que ninguno de los dos encontrara alivio, sólo ese *Hunk a Hunk a Burn' Love* que, cuando después oí la canción, sonaba más como un himno a la frustración que a la satisfacción sexual.

Eventualmente, me di cuenta de que ya no podía seguir fingiendo. Sólo podía haber un número contado de veces en las que pudiera estar en un *abrazo perpetuo* con un chico cuya comida favorita era la mantequilla de maní y cuyos labios fruncidos difícilmente podían expresar una idea o recordar una experiencia. Después de la curiosidad intelectual, el apetito sexual y los camaleónicos cambios de Marlon, la verdad es que Elvis me aburrió. Era más como un hermanito menor con el que no se podía sostener una conversación interesante.

Una noche, viendo a Elvis devorar un sándwich de tocineta, banano majado y mantequilla de maní, me di cuenta de que probablemente deseaba ese sándwich más de lo que me deseaba a mí. Elvis me caía bien, pero ya no había más que decir o hacer.

Cuando Marlon, en una furia de pasión y celos enrolló el sedal de nuevo, una vez más tragué el anzuelo y salté al bote. Di un beso de despedida a Elvis en sus labios de Cupido y no volví a mirar atrás para saber si había dolor en sus ojos azules o se le había aplastado aunque fuera un poco, el copete.

Sin embargo, me dolió en el alma cuando, veinte años más tarde, escuché como todo el mundo la noticia de que El Rey había sido hallado muerto en su baño por una sobredosis de un medicamento recetado. Esos últimos años los pasó deprimido y abotagado y supe que debían embutirlo en una faja para que cupiera en cualquier atuendo. Elvis llegó dando tumbos a su trágico final a los cuarenta y dos, y no pude menos que pensar "pobre muchacho".

CÓMO SOBREVIVIR A UN SUICIDIO

Marlon no practicaba el control de la natalidad, lo consideraba responsabilidad de la mujer. Obviamente era muy fértil; acabó engendrando quince hijos. Por razones tan profundas que todavía no he sacado a la luz, yo permití que Marlon me embarazara.

Tal vez en mi subconsciente pensaba que él me propondría matrimonio, ya que en el curso de nuestro *affaire* se había casado con otras dos mujeres y con ambas había engendrado hijos. Pero eso no ocurrió en mi caso. Sorprendida y horrorizada, vi a Marlon programar inmediatamente un aborto.

El aborto todavía era ilegal, pero yo había visto escenas de aborto —usualmente procedimientos mediocres— en muchas películas. No podía creer que me estuviera pasando esto, pero pasó: aunque tenía su consultorio en Beverly Hills ¡me tocó un asqueroso e incompetente individuo!

Más tarde, me preguntaría a mí misma si el tipo *era* médico. Porque si en realidad tenía alguna clase de capacitación médica, ¿cómo pudo equivocarse de esa manera con mi procedimiento?

Fui sola al consultorio, ni siquiera recuerdo si le pedí a Marlon que me acompañara, pero de entrada me repugnó ese doctor. Era uno de esos tipos de aspecto furtivo que siempre andan husmeando y se movía siempre de lado como un cangrejo. En mis pesadillas todavía veo esos huidizos ojillos demasiado juntos: el hombre sólo parecía tener visión periférica.

Para el procedimiento me durmió con pentotal sódico.

—¿Qué es lo que sacó de mí? —le pregunté cuando desperté—. Quiero verlo.

Me enseñó un tejido sanguinolento.

—¿Eso era todo? —pregunté, temblorosa.

—Sí —respondió—, eso era.

Un amigo de Marlon me recogió. Estaba estremecida, pero pensaba que mi suplicio ya había terminado y que Marlon y yo volveríamos a estar juntos como antes. No podría haber estado más equivocada.

El abortista era tan inescrupuloso que ni siquiera había practicado el aborto. Sólo interrumpió mi embarazo. Marlon llamó a un doctor cuando me empezaron los retorcijones y la fiebre. Me llevaron rápidamente a un hospital, y allí me extrajeron el resto de nuestro bebé.

¿La respuesta de Marlon? Que había sido "engañado". El abortista no se había ganado su paga. ¡Y Marlon quería su dinero de vuelta!

Después me hundí en el vacío y no pude controlar mis emociones. Me enfurecí y lloré. Sufría la agonía que solo un amante obsesionado y maltratado puede entender. Los momentos de ternura y pasión entre Marlon y yo sólo intensificaban mi tormento. Hasta la primera esposa de Marlon, Anna Kashfi, había dicho que estaba segura de que él me prefería a mí. ¿Por qué yo no había podido al menos tener su hijo, como esas otras mujeres?

Marlon parecía estar poniéndome a prueba: ¿Hasta dónde llegaba mi umbral de dolor? ¿Cuánto más podía aguantar? ¿Por qué se mostraba tierno e indiferente a la vez? El que yo conociera algunas de las respuestas, no ayudaba.

La pena de haber perdido el bebé y la humillación de saber lo que había hecho y seguía haciendo con Marlon, me destruyeron. Una y otra vez yo lo recibía o corría a él sin importar lo que hubiera hecho, sólo para que hiciera algo peor la siguiente vez. Estas eran las repetitivas angustias de un borrascoso *affaire* que llevaba mucho tiempo fuera de todo control.

Después de eso, las cosas entre nosotros dos empeoraron aún más. Marlon estaba filmando *Mutiny on the Bounty*, y más que todo exteriores en Tahití, por lo que estuvimos separados bastante tiempo. Interpretaba a Fletcher Christian, un teniente de la tripulación que se enamora de una princesa tahitiana. La princesa era interpretada por Tarita Tariipia, actriz francesa-polinesia-china de exótica belleza, y pronto Marlon estuvo tan locamente enamorado de ella como su personaje lo estaba de la princesa del film. Eso, más el número de sus infidelidades y la profundidad de sus compromisos, sus matrimonios y sus bebés, me llevaron al límite de mis fuerzas.

A pesar de su nueva relación sentimental con Tarita, Marlon me llamó apenas regresó de filmar *Mutiny on the Bounty*. Como siempre, estaba ansioso porque yo fuera a su casa para reanudar nuestro *affaire*.

Estaba sola en su casa, esperando que él llegara y sentí que mi dolor se volvía intolerable.*¿Cómo puedes seguir recibiéndolo?*, me pregunté. *No ha tenido sólo una mujer. ¡Ha tenido legiones! ¡Esto nunca va a parar!*

La verdad seguía sacudiéndome en oleadas, como si de repente estuviera recuperando mi consciencia y claridad después de tantos años de estar perdida en esta obsesión. Y con toda frialdad y crueldad me dediqué a recordarme que durante los años que Marlon había sostenido su apasionado *affaire* conmigo, había desposado y definitivamente preñado no una, sino otras *dos* mujeres: Anna y Movita. Y ni siquiera me había dejado tener a nuestro bebé, ¡mientras en todo el mundo, otras mujeres tenían a sus bebés! ¿Es que le era imposible amarme, es que para él era yo tan indeseable que no podía darme ni ese pequeño consuelo?

En los últimos años, yo había aprendido mucho más acerca de mí con la ayuda de mi terapeuta, Murray Korngold. Sabía que era cuestión de tiempo para que ya no pudiera soportar más esos insultos psíquicos sin poner fin a este sórdido drama o resolver si seguía soportándolo, pasara lo que pasara.

Debo haber roto con Marlon por lo menos unas cinco o seis veces, sólo para volver a su cama después de mucho cortejo y murmullos al oído y cenas y promesas implícitas de que las "cosas" volverían a estar bien si él regresaba. Pero aquí venía el problema, esos viajes de la "mañana-siguiente" en mi auto, de vuelta a mi casa después de haber cedido una vez más ante Marlon, eran unas de mis más lamentables y dolorosas experiencias. Cada vez me sentía usada y humillada. Vacía, como si me hubieran succionado la vida. Sin objetivos. Y al mismo tiempo, extremadamente decepcionada de mí, lo que me hacía sentir todavía peor, si eso era posible.

Supe que las cosas se estaban poniendo mal, pero realmente mal, cuando dejé de llorar, aunque siempre tenía los ojos aguados por estar tratando de contener las lágrimas. También estaba tomando fenobarbital para el hipertiroidismo. Ese medicamento, un reconocido depresivo, me hacía sentir tan desvalida que me llevó a creer que sólo había una salida: yo tenía que poner fin a nuestro *affaire* para siempre, aunque eso significara acabar con mi vida.

Cuando Marlon volvió a California para las tomas en interiores de *Mutiny on the Bounty*, volví a él a pesar de haber dicho que no lo haría. Me sentía maltratada y completamente pasiva. Casi no había comido durante una semana y realmente lucía como un espectro. A él le impresionó mi aspecto. ¿Pero dejó de desearme por eso? ¡No!

Lo único a lo que ambos nos habíamos aferrado siempre, bueno, a lo que *yo* me había aferrado, era a la intimidad y tibieza del sexo. Cuando Marlon y yo hacíamos el amor, parecíamos compartir sentimientos asombrosamente profundos de calidez y confianza. A mí todavía me conmovía la fuerza de los brazos de ese hombre. Esos brazos, ¡esos malditos brazos! Nadie más podía darme lo que sus brazos me daban. Quería estar entre ellos por siempre. Su abrazo era lo único que me daba solaz y me hacía sentir protegida.

Pero no esta noche. La primera noche que pasamos juntos, cuando Marlon regresó de Tahití, yo me sentí como una muñeca de trapo sin fuerza ni voluntad propia. Me sentí asqueada de mí por haber vuelto con él. Por fin, el 19 de abril de 1961, mi dolor se volvió insoportable. Mi mayor deseo era escapar y no volver a sentir nada más.

A la mañana siguiente me levanté muy temprano, Marlon ya se había ido al estudio, pero yo no conduje a casa. En lugar de eso, me fui directamente al botiquín de Marlon, saqué un frasco de las pastillas para dormir, tomé un buen puñado de ellas en mi mano izquierda y las miré fijamente un buen rato. Me recordé a que esta no era una escena de un film; que si me tragaba esas pequeñas balas, con toda seguridad moriría.

—Así que, piénsalo, Rita —dije en voz alta, mirándome en el espejo.

Y realmente aborrecí la imagen que vi reflejada: la imagen de una mujer frágil, débil, sintiendo lástima de sí misma, desmelenada, las mejillas hundidas, la cara roja y brillante y la nariz hinchada y llorosa. ¿Qué podía rescatarse de eso? ¡Nada!

Me eché las pastillas bien atrás en la garganta antes de que cambiara de parecer, apuré un vaso de agua y dije:

—Bueno, ya está. ¿Lo ves? ¡No fue tan difícil!

Y me fui a la cama a morir. Este no era un suicidio por venganza, sino un consuelo, una muerte para poner fin al dolor. No me imaginé a Marlon llorando en mi funeral y echándome de menos, ni nada remotamente parecido. Sólo quería estar en paz finalmente.

Mi sistema inmunológico estaba tan deprimido por el fenobarbital que venía tomando, que mi cóctel químico actuó rápidamente. Me descubrió Alice Marchak, fiel asistente de Marlon de muchos años atrás. Si ella hubiera tardado unos minutos más, con toda seguridad me habría encontrado muerta.

Sin embargo, hice cosas extrañas para una persona suicida. En algún punto de mi intento de llegar al sueño eterno, supongo que unas dos horas después, sentí la urgencia de orinar así que rodé de la cama al suelo y me arrastré hasta el baño junto al dormitorio. Por el camino, me tropecé con las paredes porque todo lo veía en un tono ámbar, no captaba los objetos nítidamente, sólo formas difusas. A tientas llegué al inodoro y ¡me senté y oriné! Después me caí de la taza y me arrastré de vuelta a la cama.

Cuando Alice había llegado a trabajar me había visto en la

cama de Marlon, pero pensó que estaba dormida. Sin embargo, horas después empezó a preocuparse porque yo no me levantaba. Regresó a mirarme una vez más y viéndome inmóvil, trató de despertarme.

Alice vio que yo no respondía y supuso lo peor. Entró en pánico y llamó a Marlon al estudio para que viniera a la casa. Entonces, con ayuda de la empleada, Alice me sacó de la cama, me llevó a la ducha y dejó correr el agua helada. Recuerdo claramente oírla gritando:

—Rita, ¿por qué hiciste esto?

El agua fría me devolvió un poco la consciencia porque yo respondí. Escuché mi propia voz, diminuta, atiplada, decir:

—Soy muy desdichada.

Mi último recuerdo es de las histéricas carcajadas de Alice y la empleada, mientras trataban de hacerme reaccionar bajo la ducha. Ahora sé que su reacción debió ser la de personas tan horrorizadas o nerviosas que hacen exactamente lo contrario de lo que la situación amerita. Pero recuerdo que en ese momento pensé *¿Por qué se reirán de mí?*

La ducha fría probablemente me dejó en shock. El doctor que me atendió más tarde dijo que una ducha fría es casi lo peor que pude haber para alguien cuyo sistema ya se está agotando y apagando. También me dijo que me había practicado una de esas pruebas para reflejos en las que se corre la punta de una aguja o un alfiler a través del arco del pie de la persona. Pero yo no respondí en absoluto, lo que fue un mal presagio para el médico, Marlon y mi terapeuta, que también vino a la casa.

El Dr. Korngold, mi terapeuta, me contó algo curioso que ocurrió mientras llegó la ambulancia y el médico intentaba resucitarme. Cada vez que él, o el doctor que trataba de ayudarme a sobrevivir me decían algo, aparentemente yo empezaba a sollozar y a hablar claramente. Siempre ha creído que respondí así, conmovida por sus esfuerzos para contrarrestar mi profunda tristeza, y encontré la voluntad de vivir.

—¡Estás bien aferrada a la vida! —dijo el Dr. Korngold.

Yo no estaba tan segura de eso. ¡Me asombró saber que la parte saludable de Rita había luchado contra el acto de partir calladamente esa buena noche!

Lo que siguió todavía fue difícil. En el hospital, me clavaron alfileres en la planta de los pies y no hubo reacción. Aún en mi inconsciencia, yo verdaderamente creía que deseaba morir. Cuando logré expresarme, traté de convencerlos a todos de que no me ayudaran: a Alice, a los médicos, a las enfermeras. Sería mejor, más bondadoso, dejarme partir.

No pensé en mi madre, ni en mi hermano Dennis, ni en ninguno de mis amigos y conocidos profesionales a quienes mi muerte les importaría y dolería. Lo que quería era escapar del dolor, igual que aquel pajarito recién nacido que cerró sus ojitos y murió en mi mano cuando era una niña pequeña.

Quería irme. *Escapar*. Ya no podía con la vida.

En el hospital me lavaron el estómago y vomité un líquido blanco y pastoso. Cuando recuperé la consciencia, escuché a los asistentes decir:

—¿Eso es todo? ¿Esta cosa blanca pegajosa?

Hablaban en voz alta y parecían impactados. Pero yo no: hacía días que venía consumiendo solo café y cigarrillos. Ellos no deberían hablar delante de mí, pero eso es lo que hacen los asistentes de los hospitales por uno. Fueron una repetición de los matones que cuando tenía cinco años y me contagié en la epidemia de varicela me llevaron para otro hospital.

Esa noche, mi terapeuta me visitó y me hizo escuchar los extraños sonidos que provenían de una cama tras la cortina, junto a la mía.

—Es el sonido de los estertores de la muerte —dijo el Dr. Korngold—. Estarías produciendo los mismos sonidos si no te hubieran encontrado.

Así de cerca había estado.

En ese preciso instante, yo SUPE que nunca, jamás, volvería a hacer algo así.

Muy adentro en mi subconsciente, seguramente me di cuenta de que la parte más destructiva mi ser había muerto... desaparecido para siempre. En últimas, la parte de mí que deseaba morir, *lo hizo.*

¿Cómo sobrevivir al suicidio? Todo lo que puedo decir es que, cuando de veras traté de morir, mi espíritu se levantó y permitió que la parte más fuerte de mí luchara por mi vida.

No quedé curada instantáneamente de mi obsesión, por supuesto. Nadie se cura tan pronto de un profundo amor tan adictivo y autodestructor como el mío por Marlon.

El día siguiente al de mi intento de suicidio fue uno de los peores días de mi vida. Apenas mi madre y Dennis, mi hermano menor, llegaron a verme al hospital, vi claramente que si uno se suicida o trata de hacerlo, hiere a quienes lo aman. Porque no pueden evitar preguntarse por qué no lo vieron venir y no hicieron algo para evitar que su ser querido siguiera sintiéndose así de abatido y derrotado, desesperado. Seguro se preguntarán: *¿Por qué esta persona a la que quiero tanto pudo sentirse tan sola en el mundo?*

Por mi parte, tuve que preguntarme cómo había llegado a un

punto tan bajo en mi vida, que me volví tan egoísta. ¿Cómo *no* había pensado en mi madre y Dennis cuando me tragué esas píldoras? Mi propia madre, ¡que se sentía tan orgullosa de mí y que había hecho tanto por mí! Y Dennis, ¡mi ingenuo y enorme hermanito menor! Tenía apenas dieciséis años y, a pesar de sus interminables 1,85 conservaba la misma cara de bebé que me había hecho amarlo desde el momento en que llegó a mi vida.

—¡Dios mío! ¡Lo siento tanto! —les repetía yo una y otra vez. Y ni siquiera podía mirarlos a los ojos.

Mi mamá lloraba, estupefacta.

—¿Fue que *yo* hice algo para causar esto? —preguntó ella—. ¿Fue Marlon? ¿Por qué? ¿Por qué?

Dennis lucía desolado y era desolador verlo. Vi en su cara que, a diferencia de mí, él sí había entendido que si yo me hubiera salido con la mía con esas pastillas, lo habría perdido para siempre. Y mi hermanito *realmente* habría estado perdido sin mí, su aliada y defensora. La mirada de su cara llorosa decía, "Tú no pensaste en mí, ¿verdad?".

Y yo no lo había hecho. Un acto que, en mi mente, se suponía iba a darme paz, casi me había traicionado en la forma menos esperada y más dolorosa. ¿Cómo pude *no* haber pensado en ellos?

Sin embargo, en el preciso instante en que tomé las píldoras, no había pensado en nadie. Ni siquiera en Marlon. Sólo había querido escapar de mi tormento.

Ahora, al ver a mi preciosa y pequeña familia junto a mi cama juré que mi vida cambiaría.

—De ahora en adelante —les prometí—, todo será diferente.

Y fue entonces que di lo que hasta Marlon denominó "el más abrupto vuelco" que él hubiera visto jamás.

*　　　*　　　*

Como suprema ironía, la persona que más me ayudó a sanar después de mi crisis, aparte de mí, por supuesto, fue Marlon. Él fue quien originalmente sugirió un terapeuta, y mi terapeuta ahora dijo, tajante, que tenía que olvidarme de Marlon para siempre.

—Rita, no puedes volver a verlo nunca más —dijo el Dr. Korngold—. *Hacerlo te matará.*

Y le dijo exactamente lo mismo a Marlon:

—No veas a Rita nunca más porque la matarás.

Fue desgarrador saber que jamás volvería a estar con Marlon, pero hacerlo sería morir. Sabía que debía evitarlo a toda costa si quería salvarme a mí misma y a las personas que más amaba en el mundo, mi madre y mi hermano.

Así que seguimos adelante, Marlon y yo. Él se casó con Tarita, su princesa tahitiana, en 1962. Compraron una propiedad en Tahití y tuvieron un hijo, Simon Teihotu, y una hija, Tarita Cheyenne.

¿Y yo? Traté de volver a conseguir trabajos de actuación y la apariencia de una vida normal.

SALVADA POR *WEST SIDE STORY*

Muchas veces me ha pasado que a las más duras caídas de mi vida han seguido inesperadas subidas. *West Side Story* cambiaría mi vida para siempre, pero no antes de muchos meses de arduo trabajo, horario exigente, extenuantes ensayos y mi fallido intento de suicidio, poco después de que finalizara su rodaje.

Parece imposible que hayan pasado tantos años desde que giré y giré en aquel vestido violeta, enaguas al aire, cantando "America". Pero cincuenta años más tarde, George Chakiris, Russ Tamblyn y yo estaríamos arrodillados frente al Teatro Chino de Gruaman sobre un cojín de terciopelo rojo, palillos en mano, para escribir nuestros nombres en cemento fresco debajo de la huella de nuestras manos y pies. Menos mal que mi fiel amigo y compañero de danza, George, "cargó" una vez más a Anita.

—¿Rita MORNO? —leyó él. En medio del alboroto y los destellos de los flashes de las cámaras, yo había escrito mi nombre sin la "e". ¡Menos mal que sólo son ochenta!

Más tarde esa noche, yo celebraría con los "chicos", los bailarines de *West Side Story*, que ahora están en sus sesentas y setentas.

El cumpleaños número cincuenta de *West Side Story* marcó medio siglo de cambios y muchas victorias duramente ganadas por las minorías del negocio del espectáculo.

El rol de Anita en *West Side Story* es el epítome del Gran Papel Étnico. Sin embargo, un hecho poco conocido y gracioso es que originalmente el show fue concebido como una pandilla de judíos contra una de irlandeses ¡y se le llamó *East Side Story*! Si ese show se hubiera realizado, con toda seguridad yo no habría sido seleccionada. Siempre me producirá felicidad el hecho de que los productores hubieran decidido que la historia irlandesa-judía ya había sido contada en las tablas, como *Abie's Irish Rose.*

Aunque yo me había pasado la vida tratando de evitar los roles de estereotipos hispanos en las películas, todas esas "Conchitas" y "Lolitas", salté ante la oportunidad de hacer una audición para el papel de Anita. ¡Anita era real! Era puertorriqueña, y luchaba por sus derechos. Tenía bastante que decir sobre lo que estaba mal en Estados Unidos y en el mundo. Hasta ese momento, jamás se me había dado la oportunidad de interpretar a una mujer que se defendiera a sí misma. Su sufrimiento, su ira, eran *mi* sufrimiento y *mi* ira. Convertirme en Anita se volvió una misión personal para mí. Yo había corrido por esas mismas calles huyendo, aterrada, perseguida por las pandillas y obsesionada por ese despiadado insulto: ¡*spic!*.

Cuando me tocó hacer la escena del ataque en la confitería, perdí el control y me eché a llorar, allí mismo en el set. Fue ese clímax increíble, maravilloso, mágico, que ocurre a veces cuando estás actuando y tienes la oportunidad de interpretar un papel tan cercano a tu corazón: cuando traspasas la membrana que separa tu ser en las tablas de tu ser real. Por un tiempo, al menos, eres una sola persona. Tal vez fue esa escena la que captó la atención del Oscar.

Estando aún en producción, supe que no había garantía alguna de que *West Side Story* fuera a ser un éxito de taquilla. Pero cuando escuché que el precio de los boletos sería de $5 dólares, puse el grito en el cielo: "¡No vendrá nadie!". Asientos reservados ¿para una película? Era algo nunca visto y mi pequeña y sombría alter ego pronosticó solo fracasos.

Ahora admito que, aún después de terminado el film y de estar segura de que era maravilloso, jamás imaginé el éxito que alcanzaría a pesar de haber invertido en su filmación tanto sudor y lágrimas, más todo el talento de grandes artistas como Leonard Bernstein, Stephen Sondheim, Arthur Laurents y Jerome Robbins, con quien yo había trabajado en *The King and I*, su otro único film.

Jerry Robbins definitivamente me intimidaba. Trabajar para él podía ser aterrador porque era muy temperamental, intenso y a veces hasta cruel. Antes de que dejáramos el set de *The King and I* para volver a Nueva York, Jerry me había dicho que él iba a hacer *West Side Story* en Broadway. Dijo que en su opinión yo era perfecta para el papel de María, que eventualmente interpretó Natalie Wood en la película, y me preguntó si me presentaría a una audición para ese papel.

Yo acepté, pero a última hora me asusté. En ese tiempo me sentía tan insegura de mí misma, que no creía poder hacerlo. Mi experiencia previa en las tablas había sido en obras como *Skydrift* y *Camino Real,* unos desastres de esos que le destruyen el ego a cualquiera. Para mí, el escenario se abría como una negra caverna y me aterraba volver allí. Quería quedarme en el cine.

Mi futuro papel como Anita, el que me ganaría ese Oscar dorado, lo interpretó Chita Rivera en escena, en Broadway. Para Chita, que lo interpretó maravillosamente en el teatro, tuvo que ser muy difícil no hacerlo en la película. Más aún si a eso se le agrega el hecho de que su esposo, Tony Mordente, actuó en ambas producciones. ¿Frente a esos antecedentes, podría tener yo la gracia de Chita? Años más tarde, asistí a su show y me desternillé de la risa oyéndola decir: "Cuando Rita Moreno obtuvo el papel de Anita en la película *West Side Story,* quise matarme. Pero cuando ganó el Oscar por *West Side Story,* ¡quise matarla a *ella!*". Y me dije: "¡Esta sí que es una dama con clase!".

Apenas se anunció que *West Side Story* se haría para el cine, la noticia llegó a los medios y llenó todas las publicaciones del oficio. Mi agente, Mike Rosenfeld, me telefoneó al instante para decirme que había propuesto mi nombre para el papel de Anita: le conté a Marlon lo que Mike había hecho, y sabiendo cuánto deseaba yo hacer otra película, él llamó a Mike para que "trabajes duro para conseguirle esa audición". Fue muy generoso de parte de Marlon, que se resistía a tratar con nadie del establecimiento en Hollywood, a ningún nivel. Más tarde, Mike me contó de la llamada de Marlon y cómo, cuando escuchó la voz de Brando, saltó de su silla como si hubiera llegado alguien de la realeza. "Después casi me desmayo", me dijo. Pero por más esfuerzos de Mike, no fue posible que me consiguiera una audición o llegara hasta los productores.

Fue Jerry Robbins quien dijo al co-director Robert Wise: "[Rita] sería perfecta para el papel de Anita". Y cuando recibí la llamada para la audición, me sentí eufórica pero también entré en pánico. Apenas tendría un mes para prepararme y no había bailado desde mis épocas de MGM. Corrí a la escuela de danza local y tomé clases todo el día, todos los días. Casi me mato tratando de mejorar mis habilidades. ¿Podría hacerlo? Habían pasado más de diez años desde la última vez que me había calzado mis Capezio. Busqué a una amiga que había interpretado el papel de Anita en la gira costa-a-costa de la obra de teatro y le pedí que me enseñara algunos pasos.

Por fin llegó la fecha de los tres días de audición. El primer día canté, y eso salió bien. El segundo día sería de actuación. Decidí leer la escena de la dulcería y vi que Jerry y Robert estaban muy conmovidos. Empecé a abrigar esperanzas hasta que Jerry me advirtió de que si no me iba bien en las escenas de baile, sería eliminada. Agregó que él realmente me quería para ese papel, pero que todo dependía de mí. ¡Nada como un poco de presión!

El día de la audición llegué con el corazón en la boca. ¿Y si no era tan buena? ¿Y si los pasos que había aprendido no fueran los mismos? ¿Y si no podía manejar los giros? ¡Quería tanto este papel!

Howard Jefferies, el asistente de Jerry, me estaba enseñando los pasos, y fue un gran alivio descubrir que eran los mismos que había aprendido. Tiempo después supe que Howard le reportó a Jerry: "Ella es bastante buena. Tiene estilo, es graciosa y vivaz, y no está en forma, pero no puedo creer lo rápido que agarró los pasos". ¡Ajá! ¡La perseverancia y el trabajo duro una vez más habían rendido dividendos!

Pero quiero referirme un poco más a la reputación de Jerry Robbins de crueldad y maltrato para con los bailarines. En el anecdotario de Broadway es bien conocido que él enfureció tanto a esos chicos durante la producción de la obra, que ellos quemaron sus rodilleras frente a la puerta de su oficina. Tras meses de observación, llegué a la conclusión de que Jerry estaba lleno de una extraña aversión a sí mismo que abarcaba a toda la gente con la que trabajaba, especialmente a los chicos. Jerry nunca fue malo conmigo, pero sí era *brutalmente* duro. Nunca cruel, pero sí a punto de serlo.

Yo sentía que no iba a poder seguirles el paso a los bailarines más jóvenes que tenían tanta destreza. Me sentía en patio ajeno. Además, jamás podría ser tan buena como Chita, que sería siempre la mejor. Pero seguí bailando... bailando para perfeccionar los pasos, bailando para seguirle el paso a Marlon, y bailando con la ansiedad, mi fiel compañera, todo el camino hacia una crisis nerviosa.

Aunque pueda parecer extraño, si tuviera la oportunidad, volvería a trabajar con Jerry en un santiamén. La coreografía de Jerry era sorprendentemente original e increíblemente brillante. Ligamentos rotos, tobillos torcidos y espaldas desgarradas, todo eso eran necesarias ofrendas a Jerry, nuestro dios de la danza. Yo estaba teniendo grandes dificultades con las rodillas durante la producción de la película, así que visité al ortopedista, quien me echó un vistazo y dijo:

—Es muy sencillo, tienes las rodillas viejas.

—¿Las rodillas viejas? ¡Si apenas tengo treinta!

Y él dijo:

—Mmm-mm.

Yo entendía a dónde quería llegar Jerry con su coreografía, ¿pero lo aceptarían?, me preguntaba. ¿Bailarines haciendo pasos de ballet en los callejones? Pero claro que funcionó no solamente bien, sino fabulosamente bien.

Fue una lástima que Jerry fuera despedido antes de que se terminara la película. Pero la filmación jamás se habría podido acabar si se hubiera tratado de satisfacer sus imposibles exigencias. Jerry era tan perfeccionista que nunca podía aceptar que una toma había quedado perfecta.

Jerry acabó haciendo toda la coreografía salvo la de un número, el *Mambo at the Gym*. Pero, por perfeccionista e imposible que fuera su naturaleza, Jerome Robbins era un genio. ¡Y fue una dicha haber trabajado con él!

Una de las pocas cosas que me molestaron de la filmación de la película fue el maquillaje utilizado para pintar a los puertorriqueños de un mismo color. ¡Nosotros los Sharks éramos todos del mismo tono marrón homogéneo! Nuestra pandilla, incluida yo misma, era de un uniforme color tabaco, y eso fue sencillamente un error. Todos los puertorriqueños, por su variado ancestro genético —español, indígena taíno, negro, holandés— nacen dentro de una amplia paleta de colores de piel, desde francamente blanco hasta puramente negro.

Y, por supuesto, para los hispanos resultaba incómodo ver a Natalie Wood interpretar a María, especialmente porque habíamos oído que Natalie no quería el papel pero se había visto obligada a aceptarlo sin poder negarse. Natalie parecía incómoda en su rol de María cuando estaba con todos nosotros, el bullicioso y escandaloso grupo de bailarines. Eso podría explicar su talante poco simpático hacia nosotros los "gitanos" durante todo el rodaje. Tal vez habría sido útil que hubiéramos podido crear algún lazo con Natalie, pero ella mantuvo su distancia.

Los problemas de salud me complicaron la vida durante el rodaje. Estaba hiperactiva debido a un trastorno de la tiroides por el que mis ojos "brotaban". Si se mira la película con detenimiento, se puede ver que cada vez que pongo los ojos en blanco ese gesto era un poquito exagerado, pero me gusta pensar que logré salirme con la mía.

Robert Wise me confió después que casi no me selecciona por mis "ojos brotados". Constantemente me dirigía diciéndome: "¡Vigila tus ojos!". Así que, además de cantar, bailar y actuar si-

multáneamente, también debía concentrarme en mantener mis
párpados bajos.

En últimas, no puedo decir que algo del rodaje de *West Side
Story* fuera un error porque la película fue brillante e hizo historia. Fue una revolución, especialmente por lo emocionante de la
coreografía. Nada como esto se había hecho en un film antes.
Las reseñas sobre la película fueron clamorosas. Un famoso crítico del *New York Times*, Bosley Crowther, me elogiaba a mí en
particular (pero me decepcionó un poco que recurriera al cliché
que menos me gustaba: dijo que era "explosiva").

A medida que la producción de *West Side Story* se acercaba a su
final, empecé a sentirme cada vez más agotada. Estaba luchando
contra un trastorno de la tiroides, mi relación con Marlon se estaba desmoronando, y estaba filmando *West Side Story* al mismo
tiempo que *Summer and Smoke*. En Paramount estaban muy ansiosos porque yo interpretara el papel de la sexy y tentadora Rosa
Zacharias, en esa adaptación para el cine de una obra de Tennessee Williams. Mi papel en *Summer and Smoke* no me hizo muy
feliz porque una vez más estaba en un film importante de un
dramaturgo muy importante, interpretando el estereotipo de una
latina.

Me entristece profundamente recordar que ese estado de
desesperanza llevaría a semejante intento desesperado por cerrar
las páginas del libro de mi vida. El intento de suicidio y el difícil
proceso de sanación que le siguió, fueron arduos. Pero siempre
estaré agradecida con mi íntima amiga y compañera de residencia, Phyllis, quien hizo posibles los demás capítulos. Así que muy
diligente seguí adelante y conseguí otro papel —un personaje que
era una mezcla entre "doncella isleña" y "fuerte mujer nativa— y

viajé a Filipinas para interpretar a una chica guerrillera, un híbrido de agente doble-prostituta-guerrera en *Cry of the Battle*. La película era coprotagonizada por Van Heflin, en el papel de un sórdido oportunista despiadado que cambia de lado en la guerra de guerrillas filipina contra su propio gobierno militar y los japoneses.

Cry of Battle era una película B y fue bastante censurada por el gobierno filipino. Lo cierto es que solamente fue una paga más y no contribuyó en nada a mi sanación, pero al menos los exteriores eran casi idénticos al bosque tropical de mi niñez, El Yunque. Y, en cierta forma, gracias a la gente tan amable y sonriente, el bosque tropical y las fragantes flores, me parecía haber vuelto a casa. Fácilmente podía recordar cuando me paraba en el río mientras Mami lavaba nuestra ropa. Tuve la esperanza de que todo esto simbolizara un nuevo comienzo en mi vida; mi renacimiento.

El rodaje de esa película se distinguió por dos eventos notables. El primero fue la aparición de un medio-hermano que jamás había visto, un hijo de mi padre biológico, Paco Alverio. Cuando el chico llamó y me dijo que prestaba servicio en el Ejército de los Estados Unidos y estaba apostado cerca, en Japón, lo invité a reunirse conmigo en mi hotel.

Era un muchacho joven, delgado, con un bigote muy fino. Imaginé algún parecido entre nosotros, pero tal vez no lo había. El chico era tan tímido que casi no habló mientras estuvimos en mi habitación mirándonos uno al otro. Autografié una fotografía para él mientras trataba de hacerlo hablar, y le di todos mis datos. Aunque me había negado a ver a nuestro padre de nuevo, me agradó conocerlo a él.

Pero el chico era en verdad demasiado tímido para hablar, lo que hizo que la visita fuera penosa para mí y conmovedora, pues después de todo éramos parientes y podíamos haber sido una familia. Realmente estaba empezando a pensar más y más en una familia.

¿Sería esposa y alguna vez tendría mi propia familia? Estaba empezando a añorar un poco de estabilidad, algo que nunca antes me había pasado.

El segundo acontecimiento ocurrió el 26 de febrero de 1962. Y quedé perpleja. Era tarde en la noche cuando volví al hotel después del rodaje del día. Allí, esperando en la recepción, estaba un telegrama de mi agente informándome que ¡había sido nominada para un Oscar como Mejor Actriz de Reparto por *West Side Story*!

Jamás se me había ocurrido que yo pudiera ser nominada al Oscar. Simplemente era imposible, en particular para una chica puertorriqueña. Sólo un hispano en la historia había llegado a ganar un Oscar: José Ferrer, el premio a Mejor Actor por su interpretación de un papel no hispano en *Cyrano de Bergerac*.

De hecho, ninguna mujer hispana había ganado un Oscar, ¡jamás! Ni siquiera me había atrevido a albergar la esperanza de ganarlo. Es un cliché, lo sé, cuando la gente dice "es un honor simplemente ser nominado". Pero para mí era real. Sí que *era* un honor. Pero más que eso, la vertiginosa alegría de ser nominada borró buena parte del dolor de los años previos. Pensé que sería imposible llegar más allá de esa nominación, pero de una cosa sí estaba segura: ¡volvería a casa, a Los Ángeles, para la ceremonia de entrega de los premios!

Lo que siguió fue un aluvión de negociaciones con la compañía de cine. Como resultado, me liberaron solo por tres días: un día para volar hasta allá, un día para la ceremonia de entrega, y otro día para volar de regreso a la selva.

No me importó. ¡Lo importante era que iba! Ordené un vestido de pesado brocado, confeccionado en tela especial para *obi*, un precioso vestido con un top negro de escote bandeja que todavía tengo (y en el que aún quepo, felizmente).

El 9 de abril de 1962 asistí a la ceremonia de entrega de los Premios de la Academia. George Chakiris, quien también había sido nominado, fue mi pareja y, por el camino, en la limosina, nos reímos y practicamos nuestras "caras de perdedores", la sonrisa falsa que deberíamos esbozar cuando otro actor ganara en nuestra categoría.

Estaba tan segura de que no ganaría, que casi esbocé la sonrisa falsa cuando me llamaron por mi nombre: "Y la ganadora es... ¡Rita Moreno!".

Perpleja, llegué al escenario y sin poder creerlo vi a Rock Hudson entregarme el Oscar. Estaba tan aturdida que literalmente quedé muda. No di las gracias a nadie porque no había preparado ningún discurso. Todo lo que pude decir fue: "¡No puedo creerlo! ¡Y con eso los dejo!", antes de salir corriendo.

Cuando me deslizaba fuera del escenario, la co-presentadora de la ceremonia, Joan Crawford, me agarró y me atrapó como si sus brazos fueran tenazas. Ella tenía el físico de un defensa de fútbol americano.

—Estoy tan contenta —entonó—, ¡de que hayas decidido compartir tu momento de triunfo conmigo!

Ella me retuvo unos buenos quince minutos, haciéndoles caras a los fotógrafos que estaban allí para fotografiarme. Por la diferencia de nuestras estaturas, nunca le vi la cara a Jane; sólo su impresionante pecho. Cuando finalmente me pude zafar, sólo pensaba en felicitar a George, quien ganó el premio al Mejor Actor de Reparto, y reunirme con mi madre que me esperaba entre el público.

Esa noche fue maravillosa. Pero la mejor parte fue más tarde, cuando escuché de voz de mi querida amiga Liz Torres que, mientras la entrega de los óscares era televisada, hubo un sagrado silencio en El Barrio y en todos los demás vecindarios puertorriqueños en Nueva York. Mi gente estaba reteniendo su aliento colectivo. ¡Y cuando gané se escuchó un solo grito! La gente literalmente colgada de sus ventanas, gritaba, "¡Ganó! ¡Ganó! ¡ LO HIZO!".

Esa marejada hispana de orgullo y apoyo me hizo más feliz que cualquiera de las demás cosas relacionadas con el premio. Y como para subrayar ese sentimiento, cuando volé de regreso a las Filipinas al día siguiente y empecé el ascenso hasta los exteriores en la jungla, vi una conmoción en la montaña. Era una larga procesión de gente que venía bajando la loma. Cada filipino que trabajaba en la película marchaba montaña abajo, cantando y gritando sus felicitaciones. Todos llevaban letreros que decían "¡*Mabuhay*, Rita! ¡Victoria, Rita!".

ENCUENTRO CONMIGO MISMA
EN CAUSAS POLÍTICAS

Para cuando me gané el Oscar por *West Side Story*, sentía como que realmente estaba buscando una nueva vida sana. En mi terapia de grupo conocí a una mujer maravillosa que me explicó lo que eran las tomas, las marchas y los movimientos políticos que apenas estaban empezando a caldearse en la década de 1960, sobre todo alrededor de los Derechos Civiles. Esta mujer venía de los viejos tiempos izquierdistas y era toda una fuente de conocimientos.

Quizá tan valioso como mi terapia, en ese tiempo, fue su ramificación: mi creciente compromiso con causas políticas. Había descubierto que la mejor cura para el egocentrismo obsesivo que había jugado un papel decisivo en mi complicada vida, era orientar mi energía hacia otros intereses. Empecé a considerarme parte integrante del resto del mundo, y también me di cuenta de que al convertirme en una figura pública, había aumentado la capacidad para ayudar a otros o por lo menos para ayudar a crear consciencia. Y, como descubrí más tarde, cuanto más trabajaba por causas más grandes que yo, menos tiempo pasaba enredada en mis propios problemas.

Mi primera incursión real en el medio político fue una manifestación para que se PROHIBIERAN las BOMBAS. Había estado cayendo estroncio 90, un subproducto de las pruebas nucleares que es un depósito radiactivo, en potreros donde pastaban vacas lecheras. La comunidad científica había establecido que ese estroncio 90 se estaba introduciendo en la leche. Es muy extraño que actualmente no se oiga más del estroncio 90, porque en esa época fue un gran problema ambiental, como ahora el calentamiento global. Muchas personas estábamos convencidas de que debíamos hacer algo para que se eliminara rápidamente, pues ese químico podía deformar los huesos de niños aún por nacer. Esa posibilidad me horrorizaba, así que tomé una pancarta y marché.

De ahí en adelante, participé mucho en causas políticas, orientadas más que todo a poner fin a las pruebas nucleares y también a la discriminación racial y económica. Grandes estrellas, actores de carrera y otros miembros de la comunidad del cine, queríamos participar activamente en causas políticas y ubicarnos en primera línea porque al hacernos visibles podíamos obtener el tiempo de radio y televisión necesario para darle voz a causas importantes.

La atmósfera estuvo muy cargada durante toda la década de los sesenta. Ahora, en esta época tan diferente, cuesta creer lo entusiasmados que estábamos y la seriedad de nuestro compromiso para contribuir a poner fin a todo tipo de males. Como resultado de todo eso, el FBI también se aplicó a seguirnos los pasos.

Probablemente el evento político más histórico en el que participé en esa época fue el de la Marcha sobre Washington por el Empleo y la Libertad, que tuvo lugar en Washington, D.C., el 28 de agosto de 1963. Unas 250.000 personas marcharon en esa que fue la manifestación más grande nunca antes vista en la capital de la nación, y una de las primeras en obtener amplio cubrimiento por televisión.

Tenía que estar allí, por supuesto, y haber estado cambió mi vida para siempre. No volvería a quedarme cruzada de brazos si tenía una opinión, porque fui testigo directo de lo importante que es decir lo que se piensa y trabajar juntos para corregir errores que el gobierno esté perpetuando.

Ese año estuvo plagado de descontento y manifestaciones por la causa racial. Hubo tomas y líneas de gente marchando en piquetes, incluso frente a Woolworth's. Junto a manifestantes adultos, chicos de *college*, blancos y negros por igual, coreaban: "Venceremos". Todo era nuevo y muy valiente. El pulso de la nación iba a mil.

Fue una revolución social cuyos participantes estaban siendo golpeados, e incluso muertos. El cubrimiento que los medios hicieron de acciones policíacas en Birmingham, Alabama, donde se atacó a los manifestantes con perros de presa y mangueras contra incendios, provocó la indignación nacional.

En todo el país se llevaron a cabo manifestaciones, que llegaron a su más alto nivel con la primera Marcha sobre Washington, el evento inmortalizado para siempre por el discurso de Martin Luther King, "Yo tengo un sueño", que pronunció a los pies del monumento a Lincoln.

El 28 de agosto de 1963 abordé un vuelo memorable: un avión lleno de celebridades comprometidas con la causa que iban a Washington para participar en la Marcha. Si ese avión se hubiera caído, habría generado una escasez de actores de cine y la pérdida de otros talentos, pues también llevaba a bordo escritores y directores. Diahann Carroll y Sammy Davis Jr. iban en ese vuelo conmigo. También Jim Garner, amigo mío desde que hicimos nuestra primera prueba de película, engullendo, nervioso, Pepto-Bismol para aliviar los zarpazos de su úlcera. Quizás esta era la primera vez que Jimmy se comprometía públicamente con una causa política, y sé que como muchos de nosotros, probablemente se estaba preguntando cómo afectaría su carrera esa decisión. Me conmovió, pues de todos modos él participó, porque sabía que era lo correcto.

Marlon, por supuesto, jamás se habría perdido este evento. Toda su vida la había dedicado a crear consciencia de los problemas raciales. Había visto a Marlon en una de las reuniones tácticas previas a la Marcha sobre Washington. Y muchas cosas habían sucedido desde nuestro último encuentro: yo había ganado un Oscar, y él se había casado con Tarita. Cuando Marlon me vio y pronunció un suave "hola", respondí con una cortante inclinación de cabeza y me recordé que por mi propio bien debía mantenerme alejada de él.

Al ver a Marlon otra vez experimenté una embestida de miedo y sentí la familiar oleada de calor extremo recorriéndome el cuerpo. Fue una reacción tan primitiva que me avergonzó, especialmente porque con el profundo rubor que coloreó mi rostro al mismo tiempo experimenté aquel otro calor más íntimo del deseo. ¡Increíble! Las obsesiones perduran. Debemos vivir pendientes de posibles cáscaras de banano que nos hagan caer de nuevo y tener mano dura con ellas.

Ese pensamiento me hizo recordar una observación de Marlon. Siempre me decía que yo era la eterna esperanzada y un día hizo esta reflexión: "Tú llevas una vara con un clavo en la punta como los guarda parques. Pero en lugar de recoger basura, recoges trocitos de esperanza y los depositas en tu pequeña bolsa de papel de estraza".

Todavía me causa gracia. Porque sé que es cierto.

Harry Belafonte estaba en la reunión de organización en la que vi a Marlon y también viajó en el avión de las celebridades. De hecho, Harry era el que nos había empujado a todos a participar, porque estaba convencido de que la industria del cine y la actuación debía estar representada en la Marcha. Harry sabía que nuestra presencia atraería a los medios y fortalecería la causa.

Se respiraba determinación. Nadie imaginó jamás que esa época de nuestras vidas tendría un efecto permanente y profundo en este país. Y yo fui parte de eso. Fue muy emocionante. La experiencia ha permanecido en mí para siempre, y hasta la fecha sigo políticamente comprometida con causas cercanas a mi corazón, como la igualdad racial, el cáncer de seno, el hambre y el SIDA.

Aún hoy, recuerdo claramente la emoción de estar en Washington en ese día tan caliente. Nadie sabía cuántas personas se harían presentes, pero su número superó todas las expectativas. Se estima que un cuarto de millón de manifestantes marchó desde el Monumento a Washington hasta el Lincoln Memorial en lo que resultó ser no sólo una protesta, sino también una celebración comunitaria.

Para cuando llegamos al sitio donde se pronunciarían los discursos, el Lincoln Memorial, desde nuestro punto de partida que fue el Monumento a Washington, todos estábamos muy acalorados y sudábamos a mares; y yo deseaba haber llevado un sombrero. Pero nuestro grupo tuvo la suerte de contar con asientos asignados ¡a menos de tres metros de donde estaba el propio Dr. Martin Luther King!

En la cima con "America", el papel fundamental de mi carrera.

La noche más feliz de mi vida... hasta que llegó Fernanda.

"La foto" que se halló en casa de Marlon cuando falleció.

Antes de dar el "Sí acepto"... Lenny y yo frente a la Alcaldía de Nueva York.

Cortesía de Rita Moreno

Cargando a Fernanda en un mítin político. La niñera no llegó.

Archivo fotográfico San Francisco Examiner de la familia Fang
Cortesía de the Bancroft Library, Universidad de California Berkeley

Encontrando mi voz y asumiendo una posición.

Amada por Lenny, que me alienta entre actos

Fernanda "Nandy",
mi preciosa hija.

Posando con mi mayor
fan: Mami.

Amorosas sonrisas, dulces
palabras, pero tantas
cosas que quisiera haberle
preguntado.

La clave para tenerlo todo es amarlo todo.

Cortesía de Rita Moreno

El evento incluyó presentaciones musicales a cargo de Marian Anderson; Joan Baez; Bob Dylan; Mahalia Jackson; y Peter, Paul, and Mary. Charlton Heston, a quien en estos últimos años se ha considerado un líder conservador del grupo de presión The National Rifle Association, entonces visto como un "liberal salvaje", formaba parte de nuestro contingente de artistas, ese día integrado también por Harry Belafonte, Marlon Brando, Diahann Carroll, Ossie Davis y Sammy Davis Jr., así como Lena Horne, Paul Newman, Sidney Poitier y el escritor y poeta James Baldwin.

Los dos discursos más notables fueron los del representante negro por el Estado de Georgia John Lewis y el de Martin Luther King, Jr. En realidad el Representante Lewis, miembro del SNCC (Student Nonviolent Coordinating Committee), fue el que declaró la guerra por la igualdad racial. Recalentada, la muchedumbre escuchó su fogosa retórica.

En cuanto a elocuencia y resistencia, el épico discurso del Dr. Martin Luther King Jr., "Yo tengo un sueño", fue el que me causó mayor impacto, y también a la nación. Me considero privilegiada por haber escuchado en vivo ese discurso cuando él lo pronunció, y estaba tan cerca de King que vi su hermoso rostro marrón iluminado por su convicción.

En esa gloriosa voz dulce, King pronunció su vibrante estribillo "Yo tengo un sueño", hablando de unos Estados Unidos en donde los niños "no serán juzgados por el color de su piel sino por el contenido de su carácter".

Hizo un llamado a "que la libertad resuene" en toda la nación, y terminó diciendo: "y cuando esto ocurra, cuando dejemos resonar la libertad, cuando la dejemos resonar desde cada pueblo y cada aldea, desde cada estado y cada ciudad, seremos capaces de apresurar la llegada de ese día cuando todos los hijos de Dios, hombres negros y hombres blancos, judíos y gentiles, protestantes y católicos, serán capaces de unir sus manos y cantar las palabras del viejo espiritual negro: '¡Por fin somos libres! ¡Por fin somos libres! ¡Gracias Dios Todopoderoso, ¡por fin somos libres!'".

Juro que vibré como un diapasón con sus palabras. Yo estaba lista para el cambio.

La vida es curiosa. La verdad es que jamás esperé encontrar un nuevo romance en un día tan emocionante y de tanta actividad política, pero eso fue exactamente lo que sucedió. Gracias a la Marcha sobre Washington, conocí a James Forman, el Secretario Ejecutivo del S.N.C.C.

A sus treinta y cinco años, James Forman era por lo menos diez años mayor que la mayoría de los miembros del S.N.C.C. y había asumido un rol de liderazgo natural. Parecía ser mucho más alto que todos, especialmente yo, y era un hombre tan apuesto e imponente que enseguida me sentí atraída. No pude evitar mi admiración por su hermoso colorido. Tenía una piel suave, de un cremoso tono marrón; una capa más oscura de fino cabello rizado; fuerte; de facciones bien definidas; y lo más deslumbrante de todo, unos ojos de rico color caoba. Tenía la cara más amable y amistosa que yo hubiera visto jamás, y llevaba los overoles de jean que se habían convertido en un símbolo de los trabajadores en todas partes.

Sabía quién era Jim desde antes, porque había admirado sus carismáticos discursos. El día de la Marcha lo reconocí de inmediato entre la multitud. Congeniamos enseguida y después del evento tuvimos muchísimo de qué hablar. La reverencia de Jim por el Dr. King era conmovedora; me pareció un hombre muy auténtico, con una cierta frescura que era una suave brisa después de la *Sturm und Drang* [tormenta y pasión] de mi vida. Me fascinó.

Nunca se me ocurrió que pudiera haber algo entre los dos, porque llevábamos vidas tan diferentes. Pero, después de la Marcha, Jim y yo seguimos encontrándonos por casualidad en reuniones y protestas. Un día, me ofreció llevarme a casa.

—Claro que sí —dije—. Pero ¿te importaría comer una hamburguesa en alguna parte? Me muero de hambre.

—¿Por qué no vamos donde mi gente? —dijo—. Allá siempre tienen comida.

Porque últimamente había estado reflexionando sobre la importancia de la familia, algo en esa respuesta de Jim me hizo querer quedarme con él para siempre. *Qué maravilla*, pensé, *estar con alguien que cuenta con una red de apoyo*. Para mí era tan claro que la gente tenía el respaldo de Jim, y era gente cuya pasión por algo más significativo que ellos mismos creaba profundos vínculos afectivos.

Hablamos largo y tendido, y descubrimos puntos en común. También Jim había tenido una temprana niñez desorientada, pues su madre se lo dejó a una abuela en South Carolina para que lo criara.

Luego, cuando tenía seis años —apenas mayor que yo cuando mi madre me desarraigó para llevarme a Nueva York— Jim pasó por otro cambio de vida drástico cuando su madre se lo trajo a vivir con ella y su nuevo esposo. Jim usó el apellido de su padrastro, Rufus, hasta su adolescencia, cuando supo cuál era su verdadero apellido y conoció a su padre biológico, Jackson Forman, un taxista de Chicago.

Jim y yo nos enamoramos y tuvimos un sereno romance de verano. Nunca vi una argolla de matrimonio en las manos de Jim, pero años más tarde descubrí que estaba separado de su segunda esposa, Mildred, y próximo a mudarse con su esposa "oculta", Dinky Romilly, la hija de Jessica Mitford. Dinky se convirtió en la madre de los únicos hijos de Jim, y él vivió con ella a intervalos, durante el resto de la década de los sesenta y parte de la década de los setenta.

Según Jessica Mitford, Jim y Dinky nunca llegaron a legalizar su relación porque en ese tiempo una esposa blanca habría parecido inconveniente para Jim. Sin embargo, cuando Jim y Dinky rompieron, él siguió siendo un padre dedicado para los dos chicos. Y yo siempre lo admiré por eso.

Eventualmente, Jim y yo nos separamos por razones prácticas. Él tenía su trabajo, que lo llevaba por todas partes, y yo tenía el mío, que me mantenía en Los Ángeles. Pero de mi tiempo con este hombre excepcional no tengo sino cálidos recuerdos. Conmigo siempre fue tierno y afectuoso. Muy especial: un verdadero caballero que supo amar, y separarse sin rencores.

UNA VEZ MÁS, ENAMORADA

A pesar de este maravillosamente sano romance con Jim Forman, parte de mi vida amorosa siguió siendo tan extraña como la de recién llegada a Hollywood. El mejor ejemplo de eso quizás sea mi relación con Kenneth Tynan, un legendario crítico y periodista de teatro, inglés.

Paradójicamente, haber ganado el Oscar no me trajo nuevos y buenos roles en Hollywood. Uno pensaría que los productores iban a llamar todo el tiempo sin parar, ¿verdad? Pero, Dios mío, no hubo ni el más mínimo interés. Todos me amaban. Todos en el negocio del cine pensaban que yo era espectacular. Pero nadie me ofrecía trabajo, fuera de un par de películas de pandillas y clasificación B. Esas las rechacé. Aunque no volviera a hacer otro film, me prometí que no aceptaría ese tipo de roles nunca más.

Fue muy extraño. Casi como si no hubiera ganado el Oscar.

Tal vez porque el rol premiado había sido definitivamente hispano sólo me ofrecían papeles en películas de pandilleros y películas de clasificación B. Pero cualquiera que fuera la razón, no
me sentía decepcionada sólo por eso. Me sentía deprimida y ape-
nada, porque aunque había trabajado muy duro y obtenido un
reconocimiento, me seguían pidiendo que interpretara los mismos personajes denigrantes que siempre había representado.

Acepté algunos de esos papeles porque necesitaba el trabajo.
Para mantenerme a flote económicamente actué como estrella
invitada en diversas series de televisión, a menudo películas de
vaqueros, en las que una vez más debía ser la señorita.

En 1964, cuando fue evidente que no había mucho para mí
en Los Ángeles, me mudé a Londres por un año con mi amiga
Phyllis, una verdadera anglófila. Eso fue por la época de la inva-
sión de Bahía Cochinos, y ni Phyllis ni yo queríamos estar por
ahí cuando algo tan horrible tuviera lugar. No porque temiéra-
mos bombardeos, sino porque simplemente queríamos alejarnos
de tanta maldad. En Los Ángeles la gente estaba haciendo cosas
que me enfermaban, como correr a los supermercados para abas-
tecerse de provisiones, alimentos, velas y kerosene.

Phyllis y yo reservamos billetes en un barco, *The France*, y
literalmente nos mudamos a Londres con nuestras pertenencias
en sólo un par de baúles. Teníamos dinero suficiente para soste-
nernos tal vez seis meses, así que buscamos una pequeña *maiso-
nette* o apartamento dúplex, y empezamos a llamar a los amigos
de los amigos de Phyllis.

Apenas ahora —justo en mis setenta y mis ochenta— he
aprendido el verdadero valor de las amigas, pero en ese entonces
nunca confié en muchas mujeres y no estaba dispuesta a mostrar-
les vulnerabilidad. No sé por qué. Tal vez porque nunca confié
del todo en mi madre. De todos modos, Phyllis era la única amiga

que realmente apreciaba y en quien confiaba, y me siento muy agradecida por esa experiencia de vivir con ella en Inglaterra.

Acabando de llegar a Londres, tuve la suerte de conseguir un papel en el musical de Harold Prince, *She Loves Me*, que se presentaba en el West End. Se había enfermado la mujer que debía interpretarlo y no habían podido encontrar a nadie que pudiera cantar y bailar y la reemplazara. El marido de Julie Andrews en ese tiempo, Tony Walton, estaba produciendo y diseñando los sets para la producción. Tony le dijo al director que había oído que yo estaba en la ciudad y se preguntaba si estaría disponible. Y cuando me lo propusieron dije que por supuesto, que me encantaría hacerlo.

Esa fue una época maravillosa de mi vida. El West End es como Broadway en Nueva York y un lugar fantástico para alejarse del brillo de Hollywood. *She Loves Me* es una obra con tal encanto que actuar en ella era una delicia. Era maravilloso despertarme todos los días e irme a trabajar. Y para completar, no fui seleccionada como ningún estereotipo.

Protagonizaba la obra cuando conocí en una fiesta a Kenneth Tynan, quien gozaba de una reputación excelente en lo profesional pero pésima en lo personal. Cuando empezamos a salir no sabía mucho de él. Por ejemplo, no tenía ni idea de que su esposa, de quien estaba en proceso de divorciarse, era la novelista americana Elaine Dundy, autora de *The Dud Avocado*, un bestseller. Ella había dicho de Kenneth que, "golpear con un bastón las nalgas desnudas de una mujer, para lastimarla y humillarla, era la mayor satisfacción sexual para él... me casé con el Marqués de Sade".

A mí, Kenneth me pareció el exótico epítome del hombre londinense con sus *tweeds* de diseñador, alma y vida de los mejores salones. Alto y huesudo, era divertido, excitante y, a su manera inglesa, atractivo. Conocía a todos los famosos, o para ser más precisos, todos los que conocía eran famosos.

Kenneth revoloteaba por todo el West End soltando agudezas a la velocidad que fumaba un cigarrillo tras otro. Las palabras le salían tan velozmente que se tropezaban unas con otras en su rápido y recurrente tartamudeo. Era ampliamente conocido por sus citas, como: "Una neurosis es un secreto que uno no sabe que está guardando", y "Un crítico es un hombre que sabe el camino pero no puede conducir el auto". Yo estaba fascinada.

Kenneth había sido el principal crítico de teatro de *The Observer* durante años. Se le atribuía haber sido el primero en elogiar la nueva ola de dramaturgos ingleses, empezando por John Osborne y *Look Back in Anger*, y haber cambiado el futuro del teatro británico con sus reseñas. Cuando lo conocí, acababa de hacer su transición al London's National Theatre como Director Literario a órdenes de Sir Laurence Olivier.

Durante el tiempo en que lo conocí, Kenneth participó en un debate en vivo, por televisión, transmitido como parte del show de medianoche BBC-3 de la BBC. Cuando le preguntaron si permitiría que se presentara una obra en la cual se representaran relaciones sexuales en el escenario, respondió: "Bueno, creo que sí, ciertamente. Dudo que haya gente racional a la que la palabra 'joder' pudiera parecerle particularmente diabólica, asquerosa o absolutamente prohibida. Creo que cualquier cosa que pueda imprimirse o decirse también puede verse".

Esta era la primera vez que la palabra "joder" se pronunciaba en la televisión británica. Ante la oleada de indignación pública, la BBC se vio forzada a presentar disculpas formales. Mary Whitehouse, una activista social inglesa conocida por sus críticas a la corriente dominante de los medios británicos, le escribió una carta la Reina sugiriendo que Kenneth fuera reprendido "con una golpiza en el trasero". (¡No sabía ella los deseos que se habrían satisfecho!).

Lastimosamente para mi liberal amigo de izquierda, Kenneth, su libertad de expresión se le devolvió como un boomerang. Su protesta contribuyó a la campaña de Whitehouse en contra de la BBC; y también acortó la carrera de Kenneth en televisión. Una lástima, porque era un excelente entrevistador; su entrevista con Laurence Olivier de por sí era un clásico.

Si yo hubiera sabido de los enredos de la niñez de Kenneth, tal vez habría estado mejor preparada para lo que sucedió entre nosotros dos. Kenneth fue hijo de un señor bígamo, y durante veinte años creyó que su padre era Peter Tynan. Y sólo se enteró cuando su padre falleció de que el señor "Peter Tynan" realmente era "Sir Peter Peacock", bígamo, y perteneciente a la realeza. La madre de Kenneth tuvo que devolver su cuerpo a su legítima primera esposa.

Todo eso le dio un vuelco total a la vida e identidad de Kenneth, y quizás lo convirtió en un azotador sexual. O tal vez fuera simplemente "el vicio inglés" recogido, según se dice, de las escuelas públicas británicas (que al contrario de nuestras escuelas públicas en EE.UU., allá son las escuelas privadas). Sea como fuera, recién iniciada nuestra relación me enteré de que Kenneth había avanzado y ya no le bastaban unas juguetonas nalgadas. Él fue el ejemplo perfecto de cómo un personaje público puede ser anulado por una perversión privada.

Voy a decir aquí mismo y bien claro que no quiero, ni he querido jamás, incluir nalgadas en mis relaciones sexuales, ni juguetonas ni de otra clase. Kenneth y yo habíamos salido muchas veces cuando planteó la idea. Tuvimos una aventura amorosa bastante placentera hasta una noche en que sacó a relucir un álbum de fotografías y me invitó a sentarme en su regazo y mirar las fotos.

El álbum resultó ser su libro de recortes de zurras. Las fotos eran escenas de mujeres en distintas posiciones, recibiendo una zurra de manos de hombres. Las fotos no lucían crueles sino actuadas, y, para mí, extrañas. Las mujeres y chicas no parecían adoloridas; se veían bastante neutrales, aguardando pacientemente el próximo merecido golpe.

Las fotografías estaban acompañadas por pequeñas historias escritas con tinta blanca, que describían los diversos escenarios. "El director dijo: 'Has sido una niñita mala'". "El doctor dijo: 'Ahora debo examinarte. ¡Deja de retorcerte y quédate quieta!'". El tema común a todas las fotografías era: "A las chicas traviesas hay que darles una lección".

Aunque esas fotos no eran tan repugnantes como las actividades que más tarde Kenneth admitió practicar, un vistazo al libro de recortes fue suficiente para mí. Cuando me negué cortésmente a participar en el pasatiempo favorito de Kenneth, él asumió un aire nostálgico. Yo sabía que él realmente deseaba que siguiéramos viéndonos, pero dado este ingrediente esencial para provocar su placer sexual, debíamos separarnos civilizadamente.

O lo habríamos hecho si yo no hubiera estado ya atrapada en la resaca del divorcio de Kenneth. La mujer de la que estaba separado, Ms. Dundy, encontró el número telefónico del teatro en el que yo actuaba en *She Loves Me* y me llamaba dando rienda suelta a su furia y acosándome. A ella la habían zurrado por años y finalmente se había rebelado negándose a participar en los dramas sadomasoquistas más avanzados que Kenneth había propuesto, pero ellos habían vivido tan enredados uno con otro durante tantos años, que no se podían soltar tan fácilmente.

Elaine me gritaba por el teléfono hasta que finalmente tuve que callarla.

—¡Yo no soy la razón de su divorcio! —grité yo—. ¡Déjeme en paz!

La insensatez de la relación de ellos dos me recordó mi propio obsesivo y tormentoso *affaire* con Marlon, con quien había vuelto a hablar ocasionalmente por teléfono, con lo que ambos establecimos una amistad platónica que duraría hasta su muerte. Por ejemplo, en medio de una bien documentada pelea marital, Kenneth se había parado en el alféizar de una ventana, amenazando con saltar si Elaine no lo recibía de nuevo. Pero en lugar de saltar él, lanzó el manuscrito de ella por la ventana. Al día siguiente, reapareció con el libro forrado en cuero (ella también lo había estado), a rogarle que lo amara y perdonara.

Elaine y Kenneth, como Marlon y yo, se unían y se separaban una y otra vez. Y Kenneth, como Marlon, quería libertad sexual absoluta, pero era presa de los celos si Elaine le era infiel. Cuando volvió a casa después de una aventura adúltera y encontró a Elaine con un hombre desnudo en la cocina, tiró las ropas del hombre por el ducto de la basura.

Elaine finalmente se divorció de Kenneth: se presentó en la corte con los dos ojos amoratados y la nariz partida. Después, ella siguió escribiendo libros, entre ellos una famosa biografía de otro hombre al que conocí bien: Elvis Presley. Su libro, *Elvis and Gladys*, describía la anormalmente cercana relación que Elvis tenía con su madre. Entretanto, Kenneth Tynan repetía su patrón de comportamiento con su segunda esposa, otra exitosa escritora, Kathleen Halton, a quien había conocido cuando estaba saliendo conmigo (sin que yo lo supiera, era un tipo bastante ocupado).

Como su esposa, Kenneth tampoco me dejó ir fácil ni rápidamente. Por un buen rato después de nuestro rompimiento, me acosaba y telefoneaba donde yo fuera. Una noche, estaba cenando con unos amigos en un *pub* cuando Kenneth llamó al restaurante y pidió hablar conmigo. Miré por la ventana y lo vi afuera, su figura desgarbada metida en una de esas cabinas telefónicas rojas de las calles de Londres mientras gesticulaba como loco en dirección a mí.

Nuestros ojos se encontraron un atormentado momento, pero deliberadamente miré hacia otra parte.

Después de dejar Londres en 1964, fui seleccionada como actriz principal para la première en Broadway de la nueva obra de Lorraine Hansberry, *The Sign in Sidney Brustein's Window*. Estaba feliz de haber obtenido ese rol. Lorraine era una joven dramaturga brillante que se las había arreglado para desafiar estereotipos y superar prejuicios. Fue la primera dramaturga negra ganadora de un premio Tony, con su obra *A Raisin in the Sun*, y también fue la primera afroamericana que dirigió una obra en Broadway.

Sin embargo, la producción de *The Sign in Sidney Brustein's Window* estuvo llena de problemas y terminó trágicamente. La obra todavía era tan nueva que faltaba refinarla, y muchos de los que conformábamos el reparto sentimos que si hubiera podido, Lorraine le habría hecho muchos cambios a lo largo de esa primera producción. Pero, a sus treinta y cuatro años, ella estaba gravemente enferma con cáncer del páncreas.

Lorraine apareció unas cuantas veces en los ensayos. Me impresionó mucho su escandalosa carcajada, que era toda una sorpresa viniendo de una mujer menudita y frágil. Sin embargo, ella debió volver muy pronto a su lecho de enferma, con la esperanza de recuperar sus fuerzas a tiempo para la noche del estreno.

La obra describía la vida de un grupo de bohemios urbanos y estaba plagada de temas de actualidad tan delicados como pueden serlo el racismo, un matrimonio disfuncional, la política, la prostitución, el suicidio y la homosexualidad. Con algo más de tiempo, Lorraine bien podría haber racionalizado y refinado la obra, pero el tiempo para preparar la producción fue muy corto y ella pudo aportar tan poco, que nosotros salíamos de una emergencia para otra.

En el centro de la obra está una pareja casada que discute todo el tiempo, Sidney Brustein y el personaje que yo interpretaba, Iris Parodus Brustein, su esposa. Mi primer actor original, el primer Sid Brustein, era Mort Sahl. Él había parecido ser una opción excelente, pero nunca se aprendió sus líneas y acabó por esfumarse también. A sólo días de la noche del estreno, un actor de soporte, Gabriel Dell, entró y trató de dominar ese enorme rol de una obra tan compleja.

Al mismo tiempo, Alice Ghostley, co-protagonista, sufría enormes problemas personales en su matrimonio y se estaba volviendo más y más extraña. La tuve como huésped cuando ella se quiso alejar de su enredo marital, pero todo se complicó, pues ella empezó a hacer cosas muy extrañas como examinar las suelas de mis zapatos y compararlas con las de ella.

En la obra, Iris y Sidney no sólo se enfrentan a la sociedad, sino entre ellos dos. Si hubiera necesitado un recordatorio de lo que me había pasado, la obra me lo habría ofrecido cada noche. Mi hermana en la obra, representada por Cynthia O'Neal, se suicidó 109 veces durante la temporada. Su tragedia debía reconciliarme con mi marido-en-escena, Sidney.

El nombre de mi personaje, Iris Parodus Brustein, anunciaba la naturaleza teatral y trágica de la obra: *parodos* es una palabra griega que se refiere al coro que puede entrar y salir para anunciar la acción. Conociendo a los escritores, lo del nombre no era una coincidencia, y en realidad parecía que una tragedia griega estaba en curso, no sólo en el escenario sino fuera del mismo.

A medida que se acercaba la noche de estreno, todos los que teníamos algo que ver con la obra abrigábamos la esperanza de

que Lorraine de alguna manera lo lograra, pero lamentable-
mente, al final ella estaba demasiado enferma para asistir. Abrimos y obtuvimos una mezcla de críticas buenas y malas y una
venta anticipada de boletos muy baja.

Todos los actores ya habían tenido un recorte en su paga,
pero *Brustein* es la única obra de la que recuerdo a los miembros
del elenco pasando el sombrero después de cerrado el telón, en la
esperanza de recoger suficiente dinero para pagar los gastos de
producción diarios.

Una vez más, fiel a los modelos de mi vida, fue durante este punto
bajo en mi carrera que conocí a Lenny Gordon, mi segundo y
más grande amor.

—¿Quieres conocer al hombre más maravilloso del mundo?
—preguntó mi amiga Leah Schaefer.

Ella tuvo que preguntarme más de una vez, créanme. Tuvo
que engañarme para que aceptara que me emparejaran con otro
hombre, porque ya no tenía mucha fe en que hubiera muchos
hombres maravillosos ahí afuera, en el mundo, esperándome
para que los conociera. Pero después de un buen ejercicio de per-
suasión, de no muy buena gana acepté conocer a este Sr. Maravilloso en el apartamento de Leah.

Allí, me encontré cara a cara con un bien parecido e ingenioso
personaje que estaba haciendo su práctica como internista en
Mount Sinai. "Un amable doctor judío": frase redundante, sin duda.

Lenny me cautivó con su aguda inteligencia y gracioso, gracioso sentido del humor. Me hizo repensar la palabra "amable",
que para mí, normalmente era el golpe de gracia en lo concer-
niente a hombres. Esa noche él me llevó hasta mi casa y preguntó
si me gustaría asistir a una fiesta de Año Nuevo la semana si-

guiente. Cuando dije que sí, se puso tan contento que me encontré a mí misma sonriéndole tan radiante como él me estaba sonriendo a mí.

—¡Excelente! ¿Dónde te recojo? —preguntó.

—¿Qué tal el Henry Miller Theatre apenas termine el show?

¿*Después* del show? Más tarde, Lenny me contó que se fue a casa perplejo.

—Pensé que tú estabas planeando ver sola una obra la Noche de Año Nuevo, pobrecita, o que la ibas a ver con alguien más y ¡después dejarlo para encontrarte conmigo!

A Lenny no le gustaba ninguna de las dos posibilidades. Sin embargo, a las 19:45 en punto él estaba esperando en el lobby, como habíamos acordado. La gente estaba saliendo del teatro a toda prisa para poder irse a otro lugar a celebrar, pero Rita no. Él estaba confundido, pero se quedó allí esperando.

¿Y qué estaba haciendo yo? Estaba tras bastidores. Tan pronto cayó el telón, yo le había dado un apurado beso de Año Nuevo a los miembros del elenco y corrido a mi camerino para deshacerme del vestido. Mi peluquera, Molly, me quitó la peluca y empezó a peinarme lo más rápido que pudo. Me limpié el maquillaje y las pestañas teatrales, y esperé a Lenny.

Los minutos pasaban y yo seguía esperando y esperando, y pensé: *Bueno, ¿qué tal este plantón la noche de Año Nuevo en Nueva York, del hombre más bueno del mundo?*

Lenny no aparecía y me devolví veinte años atrás a una cita adolescente para ir al circo. El chico había llegado tan tarde que el intervalo entre su hora de llegada esperada y la verdadera había sido terrible. Esa experiencia había abierto una grieta en mi ego, en la cual yo había caído muy hondo. Y al fin, por supuesto, el muchacho había aparecido, sin aliento, después de correr como loco desde su tren retrasado.

Ahora yo estaba experimentando una repetición de ese bajonazo emocional... y en la noche de Año Nuevo, para completar.

—¿Hombre maravilloso, ah? —murmuré—. Qué buena manera de empezar mi Año Nuevo.

Al mismo tiempo, Lenny buscaba frenético en el auditorio vacío y le preguntaba a una acomodadora si ella podría buscar en el tocador de damas a una mujer bajita de ojos café y cabello rizado.

—No hay nadie allí, señor —reportó la acomodadora.

¿Será posible que me hayan dejado plantado la noche de Año Nuevo?, pensó Lenny. Entonces se le ocurrió otra posibilidad. *¡Dios mío! ¡Tal vez estoy en el teatro equivocado!*

Corrió a la calle para chequear la marquesina. Allí, claro como el agua, vio: "Rita Moreno en *The Sign in Sidney Brustein's Window*".

Finalmente pillada la verdad, corrió a la puerta del escenario, donde el aliviado portero le señaló mi camerino. Yo iba saliendo cuando Lenny me alcanzó.

—¡Espera! ¿Tú eres LA Rita Moreno? —me dijo.

Bueno, pues quedé encantada. ¿Saben por qué? Porque él no había sabido quién era yo. ¡Simplemente estaba interesado en mí como persona!

Llegamos a la fiesta de la noche de Año Nuevo a las 11:45, apenas a tiempo para intercambiar un casto beso a la medianoche. Después, un Lenny locamente enamorado le susurró a un amigo:

—¡Voy a casarme con esa chica!

Mi nombre escénico, "Parodos", sí presagiaba más drama. La obra cerró después de 109 presentaciones, y la dramaturga, la gran Lorraine Hansberry, con sólo treinta y cuatro años, falleció mientras bajaba el telón.

Y yo por supuesto, había encontrado al más grande amor de mi vida, Lenny Gordon, con quien estaría casada casi medio siglo.

PARTE IV

Reinventándome a mí misma

MATRIMONIO Y MATERNIDAD

Al principio de nuestra relación, yo me mostraba muy asustadiza con Lenny. Guardaba distancia física y emocionalmente. No me sentía bien haciéndolo, pero todavía me costaba creer que esto fuera real: un hombre maduro, tierno, confiable, que me amaba tanto como yo quería ser amada.

Como a los dos meses de estar saliendo juntos, Lenny me llevó al aeropuerto. Me iba a París para la celebración del primer año de *West Side Story* en el teatro en el cual había abierto en Francia, *Le George Cinque*.

En esos días antes de que surgiera la amenaza del terrorismo, todavía se permitía que alguien lo acompañara a uno hasta la puerta del avión. Mientras un descorazonado Lenny me escoltaba a la salida, lo detuve y dije:

—Todavía no te des por vencido conmigo.

—¿Cómo? —dijo él.

Lo repetí.

—Todavía no te des por vencido conmigo. Tú sabes lo que quiero decir.

Entonces me giré y abordé el avión.

Esto no era algo que hubiera planeado decirle. Simplemente me salió. Finalmente entendí que en el fondo había estado esperando el tipo de reacciones que Marlon había provocado en mí cuando lo conocí. Pero mientras íbamos hacia el aeropuerto casi en silencio, me había dado cuenta de lo mucho que iba a extrañar la compañía de Lenny cuando estuviera en París, y no quería dejarlo. Sabía que él experimentaba el mismo sentimiento de pérdida que yo, aunque no fuéramos a estar separados mucho tiempo.

Creo que en ese momento me di cuenta de que había madurado. Lo que yo necesitaba ya no eran reacciones. De hecho, ahora las reacciones eran alarmas que me recordaban expectativas poco realistas. Quería estar contenta y ser amada en una forma en la que yo pudiera confiar. Sabía que Lenny me ayudaría a vivir ese tipo de vida más feliz, más estable.

En 1965, Lenny y yo nos casamos ante un Juez de Paz en la Alcaldía de Nueva York. Llevé un lindo trajecito sencillo. Después de la ceremonia, fuimos a comer comida china con nuestro padrino y nuestra madrina, mi amiga Leah, quien me presentó a Lenny y ha sido mi amiga por siempre. Mientras comíamos, ella tuvo una salida muy graciosa que no he olvidado jamás:

—El problema de irse a comer comida china acabando de casarse es que quieres casarte de nuevo.

Sabía que había tomado una buena decisión al casarme con el absolutamente inteligente, considerado, tierno, y confiable Dr. Leonard Gordon, quien jamás me traicionaría, eso lo sabía. Él me protegería aunque para hacerlo tuviera que tirarse delante de un auto en marcha. ¡Oh! ¡En qué momento me volví tan suertuda!

Cuando le dije a mi madre que iba a casarme con un judío, tuvo alguna dificultad para adaptarse, a pesar de estar impresionada porque era un médico. La primera vez que ella le abrió la puerta, le dijo:

—¿*Are joo a Yew*? [¿Eres judío?]

El pobre Lenny dijo:

—¿Cómo?

—*A Yew*, ¿*are joo a Yew*? —dijo ella.

Y el pobre hombre quedó tan confundido, que le dijo:

—*Jes*, ¡*I am!*

A la familia de Lenny, por otra parte, le había emocionado nuestro matrimonio. Lenny había estado casado una vez antes, infelizmente, y su familia pensaba que yo era fantástica, probablemente porque estaba tan feliz de tener una familia. Todo lo que yo tenía en el mundo era mi madre y mi hermano Dennis. De modo que cuando heredé una familia, todas estas amorosas personas judías que eran tan afectuosas y acogedoras, fue maravilloso.

Conmigo fueron encantadores, siempre. Hasta conseguí que celebraran la Navidad. Y también Lenny.

Siendo judío, claro que jamás se le habría ocurrido conseguir un árbol de Navidad, pero si se trata de la Navidad yo soy una niña. ¡Una absoluta bebé! Decoro todo lo que esté a la vista. Y si en cinco minutos no te has movido, ¡también te decoro a ti! Eso de no tener un árbol me estaba matando. Lenny había accedido a una cena y reunión familiar el día de Navidad para apaciguarme, pero "no puedes llamarla una cena de Navidad", me dijo.

Cuando ya se aproximaba nuestra primera Navidad lloré mucho porque Lenny no cedía.

—La Navidad es algo mercenario, una forma de que las tiendas hagan dinero —decía.

—¡Eso está bien! Pero por favor, Lenny, ¡déjame tener un árbol!

—No, no, no —dijo, por más que le rogué.

Estaba desconsolada. Entonces, la noche antes de Navidad, Lenny me dio esta caja enorme y me dijo que la abriera. Pensé que era extraño que me estuviera dando un regalo de Navidad, y más raro aún que quisiera que lo abriera la noche antes, pero la abrí. Y, dentro de la caja, ahí estaba: un arbolito de Navidad de mentira, con las bolas y guirnaldas y un jueguito de luces. Era el más ralo que haya visto y debe haberle costado $20 dólares. ¡Pero era un árbol!

Llamé a la familia de Lenny y dije:

—¡No se les vaya a olvidar venir mañana! ¡Tengo regalos para ustedes!

Vinieron, y experimentaron su primera Navidad bajo mi glorioso árbol. Mi "regalo" para Lenny fue cocinar una comida judía tradicional. Y la tía de Lenny, Tanta Shirley, miró el festín en la mesa y preguntó:

—*Vat, ¿no toikey?* [¿Cómo, no hay pavo?]

Mi Mami, su esposo Bob y mi hermano Dennis llegaron a tiempo para la celebración. Lenny me los había traído de sorpresa. Por primera vez desde mi niñez en Puerto Rico, sentí que tenía una familia. La sala estaba llena con el sonido de la música klezmer en el *hi fi*, junto con los disparatados acentos y el ruido de bandejas y platos al tropezarlos. Me levanté para hacer un brindis de agradecimiento, ¡y lloré lágrimas de pura felicidad! No pocas botellas de Manischewitz después, ¡todos bailamos una salsa bien achispada!

La pasamos delicioso, de lo mejor, y después Lenny y yo seguimos celebrando *verdaderas* Navidades con su familia durante años.

Una noche, cuando todavía estábamos saliendo, Lenny me llevó a cenar en un restaurante chino y preguntó:

—Bueno, y si nos casamos ¿vas a querer niños?

Yo le respondí:

—Puedes estar seguro de ello.

No esperamos mucho. Después de la boda, Lenny, el acucioso doctor, empezó a vigilar mi ovulación cada mes y tomaba mi temperatura para hacer nuestro sueño realidad tan rápido como fuera posible. ¡Y funcionó a las mil maravillas! Un día me tomé la temperatura y pareció que al día siguiente ya tuviera seis meses de embarazo, así de rápido concebí. De inmediato, mis senos se pusieron muy sensibles y mi barriga y guardarropa pronto estuvieron en desacuerdo. Vaya si estaba lista para ser madre y ¡vaya si este bebé iba a nacer!

Mi embarazo estuvo bien. Pero yo tenía dos preocupaciones secretas. La primera era que no fuera a ser una buena madre. Yo había ido a terapia durante años, tiempo suficiente para conocer mis debilidades. Sabía que lo que más me importaba era *yo*, y me preocupaba que fuera a ser demasiado egocéntrica y narcisista (rasgos que no son poco comunes entre actores) para amar a un bebé. De hecho, me encontré a mí misma convirtiéndome en una persona un poco *más* egocéntrica, porque me preocupaba tanto que yo *fuera* o no, ¡egocéntrica!

También me preocupaba el color de la piel de mi bebé. Ahora me avergüenzo de ello, pero no podía evitar pensarlo: *Mi abuelo tenía la piel oscura. ¿Qué tal que el bebé sea oscuro? ¿Cómo se sentirá Lenny? ¿Cómo se sentirá su familia? ¿Cómo se sentirá mi bebé, si debe vérselas con los prejuicios? ¿Cómo se sentiría todo el mundo respecto a mi bebé si fuera negro? ¿Cómo me sentiría yo?*

Piel. Todavía importaba. Sabía que no debería, pero hasta que tuve a mi hija y me di cuenta de que la habría amado igual de apasionadamente sin importar el color, me preocupé por todo eso. Tan pérfida es la naturaleza de los prejuicios que hasta yo misma había asimilado temores de mi propia herencia, mientras me preguntaba qué genes africanos acecharían bajo mi propia piel.

Mi madre había soportado un duro trabajo de parto para producir a la pequeñita de mí y yo esperaba que pasaría por lo mismo con mi propio bebé. Y así fue. Después de 24 horas de contracciones sin muchos progresos, mi obstetra optó por una cesárea. Nuestra hija Fernanda nació sentada, como si hubiera estado pacientemente en esa posición en una silla dentro de mí, esperando para hacer su gran debut en el mundo.

En el momento en que Lenny puso a mi hija en mis brazos, me olvidé de todo excepto del infinito amor que sentía por esta diminuta creatura que tenía mis grandes cachetes de bebé. Ella estaba acostada en mi pecho con sus ojitos que todavía no podían ver, y cuando la miré, lo vi claramente como en una revelación.

Pensé: *Dios mío, tendré que ser responsable de este don hasta el día en que me muera.* No podía creer que el destino me hiciera semejante regalo. Fernanda y mis nietos ahora son mi alma, mi vida, mi corazón y mi todo.

Fernanda era la imagen mía de bebé, y tenía la misma piel aceitunada de su Mami y de mi propia madre. Todos en mi familia la quisieron. La tía de Lenny le apretó sus cachetes de bebé y dijo "*Oooooh, I luff her so much, ¡I vant to moider her!*" [Oooooh, la quierrro tanto, ¡Quierrro mimarrrla!]

En cuanto a mi otro temor, que yo no fuera a ser capaz de

soltar mi propio ego para amar a un bebé, eso también se evaporó en cuestión de segundos apenas tuve a Fernanda en mis brazos. *Si alguien trata de hacerle daño a esta bebé, ¡lo mato!*, pensé.

Miraba a mi pequeñita tan fijamente mientras la amamantaba que me pinché un nervio del cuello. Antes de que Fernanda llegara a nuestras vidas no sabía yo que la maternidad también es un romance. Estuviera o no con ella, pensaba en ella todo el día y cuando quiera que me despertara de noche. Si ella estaba tomando una siesta, tenía que ir a verla más o menos cada doce segundos sólo para asegurarme de que aún respiraba.

¿Y Lenny? Es imposible describir el amor que lo envolvía cuando miraba a la bebé que había llegado a pensar que nunca tendría.

Esos primeros meses fueron de los más felices de mi vida. Todo lo que hacía era comer, dormir, y cuidar a mi bebé. Jamás me había sentido tan contenta. El nacimiento de Fernanda me encapsuló en una dichosa burbuja del tiempo con ella. Me sentía bañada por la nacarada incandescencia que la maternidad a menudo confiere, tan dichosa que no me di cuenta —ni me importó— depender completamente de Lenny, quien llevaba la voz cantante y se encargó de nuestras finanzas. Número uno: no soy buena para las cifras. Y número dos, ¡no soy buena para las cifras! Matemáticas era la peor materia para mí en la escuela. Admito que puedo contar con mis dedos. Pienso que esto se debe a no haber sabido inglés cuando de niña estaba aprendiendo aritmética.

Antes de conocer a Lenny mi situación económica no era buena, creo que tenía unos cinco mil dólares en el banco. Así que cuando Lenny se encargó no sólo de las finanzas, sino de todo, al principio eso fue como caído del cielo para mí, especialmente porque Lenny me apoyaba tanto como actriz. Me dicen los amigos que él lucía simplemente radiante cuando me veía actuar.

Al poco tiempo de haber nacido Fernanda, volví a trabajar alentada por Lenny. En 1969 tuve la suerte de encontrar un papel que me ayudó a crecer como actriz. En *The Miracle Worker*, una obra de teatro producida por el Philadelphia Playhouse in the Park, interpreté la parte de Annie Sullivan, la tranquila profesora irlandesa que le enseña a Hellen Keller el lenguaje de signos. Esta era la primera obra regional que yo hacía, y para mí fue realmente especial porque estaba haciendo teatro en vivo, en el rol de una mujer *irlandesa* y con un director que realmente me hizo trabajar.

Hasta ese momento, yo había interpretado más que todo los mismos roles en películas o en televisión: explosivas bombas sexy o doncellas indígenas, o muchachitas de India o Arabia. Jamás había tenido oportunidad de interpretar a una persona no hispana con necesidades urgentes que pudiera cambiar cosas, una persona de mucho carácter.

Y este era un director que dijo:

—No quiero que empieces a contar con tu belleza. No vas a llevar maquillaje, el vestido es todo negro, sin adornos, nada. Y quiero que aprendas a caminar como Annie Sullivan.

—¿Cómo voy a hacer eso? —pregunté, alarmada.

—No lo sé —dijo él—. Tú verás.

Lo hice, y fue una de las experiencias más maravillosas que tuve jamás como actriz.

También me encantaba ser la esposa de un médico. Como los de todas las esposas de médico, mis diagnósticos eran bastante acertados, de veras. A veces diagnosticaba a amigos nuestros antes de que Lenny tuviera tiempo de verlos y le decía lo que estaba mal sin que él mismo tuviera oportunidad de pensarlo. Le decía:

"Oh, me parece que ella tiene una pleuresía, ¿no crees?". U: "Oh, ¡a ella se le va a infectar ese pie si no se aplica algo ahí!".

Lenny trabajaba en un hospital, el mismo donde nació Fernanda, y también tenía una práctica privada muy interesante. Atendía personas del común, por supuesto, pero también veía gángsters, coristas y hombres gay. Era una persona que nunca discriminó a nadie y que jamás dudó del valor moral de las personas.

Muchos hombres homosexuales daban el nombre de Lenny a otros de la comunidad gay porque en esa época él era uno de los pocos médicos que no los juzgaban. Simplemente los trataba y cuidaba de ellos como lo hacía con las demás personas. Lenny jamás apuraba a sus pacientes cuando los examinaba. Siempre hacía que se sentaran un ratito y le hablaran de lo que estaba mal —o simplemente les preguntaba por su vida—. Hasta hacía visitas a domicilio. ¿Acaso los doctores hacen eso hoy en día?

Un gángster paciente de Lenny le trajo a otro gángster para que lo viera, uno muy conocido. Lenny lo atendió, habló con el hombre una hora completa, y le hizo un buen chequeo. El reconocimiento completo debió tomarle más de dos horas.

Después, el gángster le dijo:

—Entonces ¿cuánto le debo, Doc?

—Oh, no lo sé —dijo Lenny—. ¿Cincuenta dólares?

El gángster lo miró extrañado y le metió un billete de $100 en el bolsillo de la bata de laboratorio de Lenny.

El amigo que había llevado a ese hombre donde Lenny, llamó unos tres días después.

—¿Le pediste cincuenta *barras*? —le preguntó incrédulo—. Ahora él piensa que eres un doctor *de mierda* ¡y no volverá más!

*   *   *

Yo tenía treinta y cuatro años cuando nació Fernanda, suficientes para saber que las personas no cambian de la noche a la mañana. Sin embargo, soñaba con que mi propia maternidad me acercara más a mi propia mami que tantas veces se había casado. También imaginé que, al dar a luz, me había liberado simultáneamente de todas las neurosis de mi vida anterior.

Pero me equivoqué en ambos sueños.

Cuando mi madre voló a Nueva York para conocer a Fernanda, me la imaginé corriendo a la casa alborotada y alzando a la bebita, en una versión puertorriqueña del "kvell" ("radiante de orgullo" en yiddish). En lugar de eso, cuando Rosa María llegó a nuestro apartamento, entró kvetching (yiddish: gimoteando).

—Mi avión se retrasó —se quejó—, y venía tan lleno que casi no puedo ni respirar.

Siguió quejándose unos minutos más mientras describía en detalle lo cansada que estaba, que su equipaje había llegado retrasado y lo pesado que era. Mientras tanto, yo estaba parada frente a ella cargando a Fernanda y esperando que ella la viera.

Pero eso no sucedió. ¡Mi madre sólo podía hablar de lo que la había incomodado! Parecía no haber visto del todo a su preciosa nieta, hasta que yo levanté a Fernanda y la puse bajo sus narices.

—Mamá, ¡conoce a Fernanda! —exigí.

Y entonces, Mami respondió en la forma más inesperada y mecánica. Le tocó la barbilla con sus dedos, la palmeó suavemente y dijo:

—Bueno, mira tú. Qué cosa linda.

Ni siquiera pidió cargarla, sino que se giró rápidamente a sus maletas y sacó un guardarropas de bebé que había tejido con todo y encajes. Habló de todo el trabajo que le había costado y el tiempo que le había tomado hacerlo, pero nunca tendió los brazos para cargar a su primera y única nieta.

Había cosido docenas de vestidos, botitas y gorros. Quedé estupefacta al ver esas prendas diminutas, perfectas, pero no por la razón que ustedes creen. Por supuesto, fue encantador de su parte haber hecho todo ese guardarropa, pero yo me sentí otra vez en Juncos, cuando mi madre me vestía con sus creaciones y yo me convertía en su "muñeca viviente". No fue esta la primera vez que me pregunté acerca de mi madre y el foco de sus sentimientos. ¿Por qué todo, en últimas, tenía que ver sólo con *ella*?

La pena que me causa recordar esta escena surge no sólo de ver el equivocado sentido de la atención de mi madre en ese momento, sino porque puede haber arrojado una luz demasiado fuerte sobre mi propia vida. Yo jamás volví a relacionarme con mi familia puertorriqueña, y si me preguntaran por qué, honestamente respondería que no lo sé. Sigue siendo un agujero negro, un misterio. Se me ocurre que como Mami, de alguna manera permití que me distrajera mi preocupación por mí misma y lo que había hecho o estaba haciendo en el momento.

En cuanto a la idea de que mis neurosis se habían evaporado, sí, ¡claro! Yo sentía que lo tenía todo: el marido perfecto, mi bebé como de Gerber, un apartamento de lujo en la ciudad, una casita en el campo. Esta chica puertorriqueña estaba viviendo el sueño americano por excelencia.

ÚLTIMA NOTICIA: ¡VERIFICACIÓN DE REALIDAD! Me tomó una década despertar al trasfondo de mi relación con Lenny, darme cuenta de que el contrato tácito entre nosotros establecía que Lenny sería mi "Papi bueno" y yo sería su "niñita por siempre jamás". Un trato siempre tiene un precio, y en nuestro caso los términos estaban claros. Ambos los aceptamos por muchos años, pero, para que nuestro matrimonio no se acabara, tendríamos que encontrar la manera de renegociar nuestra relación.

MARLON Y YO HACEMOS
UNA PELÍCULA

Después de todo por lo que habíamos pasado, yo había rescatado una amistad con Marlon Brando. Estaba enamorada de Lenny y encantada con mi nueva vida como esposa y madre, pero Marlon seguía siendo uno de los hombres más inteligentes y más reflexivos que pasaron por mi vida. Habíamos compartido mucho dolor, pero también mucha felicidad, y permanecimos en contacto como amigos.

Yo pensaba, y creo que Marlon también, que habíamos hecho una civilizada transición a una amistad que preservó nuestros mejores instintos del uno hacia el otro. Creo que ambos confiábamos en que nuestra pasión había quedado en permanente suspenso. Pero estábamos destinados a tener un tumultuoso encuentro más que resultó ser muy público y quedó capturado para siempre en un film.

Marlon nos había tendido la mano cordialmente a Lenny y a mí para renovar nuestra amistad. Hablar por teléfono siempre le había encantado, todavía le gustaba, y aún era capaz de hacer esas pausas de veinte minutos que sacaban de casillas a Lenny. Yo lo escuchaba decir: "¿Marlon, todavía estás ahí?", y me reía recordando que mucho tiempo atrás me había acostumbrado a esos abismos de silencio, en el corredor de la pensión. Era bueno saber que Marlon todavía estaba de mi lado.

A raíz de la abrupta caída de ofertas de trabajo desde que gané el Oscar por *West Side Story,* empezó a preocuparme la posibilidad de no volver a trabajar más en Hollywood, así que llamé a Marlon y le dije que estaba buscando trabajo. Fernanda apenas empezaba a caminar, pero yo me estaba dando cuenta de que no había nacido para ser sólo ama de casa y madre.

En lugar de ignorar mi comentario como lo habrían hecho muchos actores, Marlon —que acababa de hacer *Reflections in a Golden Eye,* un estrepitoso fracaso de taquilla a pesar de su buena actuación— me respondió de inmediato en la forma más positiva posible.

—Creo que serías maravillosa para protagonizar mi próxima película —dijo—. Trataré de conseguirte el papel.

Y lo hizo. Marlon no sólo me consiguió el papel; peleó por mí y avergonzó a los productores de tal manera que acabaron ofreciéndome un salario decente en lugar de la miseria que plantearon inicialmente.

La película, titulada *The Night of the Following Day,* estaba basada en una novela, *The Snatchers,* a su vez inspirada por el secuestro de una joven heredera. La historia era impactante porque los secuestradores torturan sexualmente a una niña pequeña. Había una larga historia de libretos fallidos hasta que el escritor y director Hubert Cornfield, un tipo joven, resolvió el problema aumentando la edad de la niña a un poco menos de veinte años, y evitó así el argumento de que fuera una cinta lasciva y atractiva para predadores.

Era un buen elenco. Marlon interpretaba al secuestrador, junto con Richard Boone como secuestrador "secundario". Yo interpretaba a una azafata drogadicta que era parte de la trama del secuestro y amante de Marlon. En el libreto había una escena de nosotros dos haciendo el amor en una bañera y una pelea en la que él me cachetea.

Pedí que Lenny y Fernanda se me unieran en Francia, cuando el rodaje hubiera avanzado unas semanas. Lenny no podía suspender su práctica médica antes, así que estaría "sola" en una remota aldea bretona durante una helada, en baja temporada. Cuando llegué, Marlon ya estaba allí y quizás me saludó con mayor calidez de la que yo misma percibí.

Sugirió que cenáramos juntos y lo hicimos en su suite. Después de cenar, me senté en una *chaise longue* y él se quedó en la mesa mientras recordábamos viejos amigos, compartíamos historias y nos poníamos al día con nuestras vidas.

Luego Marlon se excusó para ir al baño y, mientras tanto, yo me quedé dormida. Me había tomado varias copas de vino en el curso de nuestras historias. No sé cuánto tiempo pasó, pero me desperté sobresaltada y descubrí a Marlon acostado junto a mí, su firme panza contra mi espalda y su aliento en mi nuca.

—Marlon —dije—, no podemos hacer esto. Sabes que no podemos.

—Sólo déjame dormir contigo —me rogó—. Es lo único que quiero, dormir contigo.

Pero yo no quise nada de eso. Me recuperé de la sorpresa y salí.

El rodaje continuó, pero en el set había problemas. Marlon

despreciaba al director. Y, para ser franca, el director *era* inexperto y su trabajo le estaba quedando grande. Pero también es cierto que en circunstancias así, Marlon podía ser infantil e imposible. Se negaba a que Hubert lo dirigiera y no le hablaba. Pronto Hubert odió a Marlon porque temía que su película, por la cual se había jugado todo, sufriera el mismo fracaso de taquilla que *Reflections in a Golden Eye.*

En el deprimente ambiente de esa helada aldea costera, continuamos lo mejor que pudimos. Pero en ese aislado set, pronto flaqueó el ánimo de todo el elenco y el resto del equipo de rodaje, mientras en el hotel nos alimentaban con una inagotable dieta de lenguado. Con miras a aliviar la tensión intenté organizar para el elenco alguna cena acogedora, pero siempre algo salía mal. Para variar, una noche pedí al hotel una cena de pasta italiana: nos trajeron grandes tazones de espagueti y una botella gigante de salsa de tomate. Después de eso volvimos al lenguado otra vez.

Las cosas mejoraron cuando llegaron mi esposo y Fernanda, pero faltaba lo peor: una escena bastante gráfica de amor y pelea, que debía protagonizar con Marlon. Siempre me he sentido incómoda con la idea de hacer escenas de desnudos y nunca he actuado en cueros, pero en esta escena particular debía aparecer desnuda, de espaldas. Así que bajo la bata de baño, me pegué con cinta un paño de cocina en la parte frontal de mi cuerpo.

Cuando empieza la escena, mi personaje —drogada con heroína— arde de ira. Cree que su amante le ha sido infiel, y lo cachetea. Bueno, yo personalmente, detesto la violencia, aunque sea actuada. No me gusta golpear o hacerle daño a nadie. En el ensayo Marlon insistió en que improvisáramos, porque no le gustaba el libreto. Hasta me entrenó para golpearlo lo suficientemente fuerte para que la cachetada fuera creíble. El director exclamó "¡Acción!" y yo tomé impulso y cacheteé a Marlon con decisión. Lo que siguió no fue una improvisación sino revelación pura: sus instintos primarios transformaron a Marlon en un animal herido y vengativo. Como en cámara lenta, vi cómo cambiaba su cara: la línea de nacimiento del pelo se corrió atrás en medio de una creciente incredulidad y sus ojos usualmente entrecerrados se abrieron por completo. Yo lo había golpeado. Rita Moreno había retado al mismísimo Marlon Brando. Con una mirada de tú-a-mí-no-me-haces-esto, sacó la mano y me golpeó con toda la fuerza de su brazo y su mano abierta. La fuerza del golpe me hizo ver chispas de luz y el impacto me lanzó hacia atrás. Quedé estupefacta y, luego, furiosa. Cuando las sinapsis de mi cerebro se reconectaron, todas las viejas heridas, penas, resentimientos e irrespetos corrieron por todo mi cuerpo. La enconada descomposición salió a la superficie como la suciedad del fondo en un estanque y Rita Moreno emergió como amante ofendida. Me volví una fiera, demente, loca, y solté alaridos y golpes avivados por el combustible de la rabia almacenada muy hondo dentro de mí. Con los brazos levantados, Marlon adoptó la pose defensiva de los boxeadores. La cámara siguió filmando y la escena entera, sin alteraciones, permaneció intacta. Muchos comentarios en línea hablaron de que esta escena era la más auténtica.

El director siempre nos permitía ver los *dailies*, las tomas sin editar de escenas filmadas el día anterior. Esa noche, le conté a Lenny lo que había ocurrido en el set. No quería verme a mí misma mostrando emociones tan crudas, así que le pedía a Lenny que revisara los *dailies* por mí. Cuando volvió, me dijo: "*Wow*, ustedes dos lo hicieron muy, pero muy bien". ¡Mi bienamado esposo!

*   *   *

Después de su muerte, la esfera de privacidad dentro de la cual vivió Marlon fue invadida rápidamente por una prensa desenfrenada. Pero, para sorpresa de todos, en su casa sólo había una fotografía colgada y estaba en su dormitorio. En esa foto aparecen dos amantes abrazados; ella desnuda de espaldas a la cámara, él acariciándola mientras la mira con nostalgia a los ojos. Fue la fotografía tomada después de nuestra explosiva confrontación en el film. ¿Cómo iba a saber yo que el sentimiento que expresaban esos ojos permanecería hasta el fin de su vida?

Algún tiempo después supe que la foto había sido vendida con otros objetos de su propiedad que fueron subastados, al precio propuesto por el mejor postor. Pero sólo yo conozco su verdadero valor.

A medida que me acercaba a los cuarenta, fueron escaseando cada vez más los buenos papeles en películas. Entonces, a finales de 1969 tuve suerte y conseguí el papel protagónico en *POPI*. En esta película, el versátil actor Alan Arkin interpreta a un padre puertorriqueño que no sabe qué hacer para salvar a sus hijos de la pobreza y se le ocurre sacarlos de la ciudad de Nueva York y enviarlos en un bote a la costa frente a Miami, Florida, para que los chicos sean tomados por cubanos y les den asilo.

Yo interpretaba a Lupe, la novia de Alan, de identidad racial no identificada en la película. Salvo por un incómodo incidente, hacer *POPI* fue un verdadero placer porque Alan es un actor muy talentoso. Fue durante una escena en la que Alan y yo, o más bien Popi y Lupe están haciendo el amor en la cama. Estábamos totalmente "metidos" en nuestros papeles (sólo en forma profesional, por supuesto), cuando la esposa de Alan en la "vida real" llegó de visita. Ella dijo: "Hola, ¡oh Dios mío!", y se devolvió para la salida.

Alan saltó de la cama en medias y calzoncillos, en posición erecta. "Dana, me gustaría presentarte a Rita, Rita Moreno", dijo él.

Ella farfullaba: "Lo siento mucho, yo... ah... no quería interrumpir...".

Para entonces, yo había halado la sábana hasta mi nariz tratando de ocultar mi mortificación y murmuré un avergonzado "hola", pero ella siguió farfullando sus disculpas por haber interrumpido la escena, y desapareció del set.

Alan estaba tan avergonzado como yo. ¡Y sin habla!

Trasfondo: los dos éramos bastante recatados. Bajo las sábanas yo tenía puestos bombachos baratos, medias de gimnasia y mis senos cubiertos por postizos asegurados con cinta de doble faz. Pero a los dos nos tomó por lo menos una hora recuperar la calma hasta sentirnos lo suficientemente cómodos uno con otro como para repetir la escena. El estado de ánimo había quedado impotente, *actus interruptus*.

Nota para mí: Cónyuges de actores NUNCA, JAMÁS deben ir al set sin ser invitados.

Tuve mi propia crisis marital un año más tarde, cuando se me presentó la oportunidad de actuar en la película *Carnal Knowledge*. El libreto indicaba que mi personaje, una prostituta llamada Louise, excitara oralmente al personaje de Jack Nicholson, Jonathan. Lenny se opuso enfáticamente.

Pero yo hice todo un drama sobre la importancia de este trabajo, que no había sido escrito para apelar a intereses lascivos, sino para mostrar cómo los hombres vuelven a las mujeres objetos sexuales.

Me reuní con el director Mike Nichols en su apartamento y

cualquier duda que hubiera tenido después de la decidida desa-probación de Lenny, fue eliminada de plano. Nichols no me dejó ir hasta que le prometí interpretar a Louise, quien es la última parada en la odisea sexual de Jonathan en la película.

La verdad es que el papel me encantaba. Louise era una pros-tituta, sí, pero el papel estaba tan bien escrito que yo vi la posibili-dad de lograr mucha profundidad en el rol. ¿Louise odia a Jonathan mientras lo aplaca? ¿Cuán cínica es su competencia? (¡Bastante!).

Las líneas de Louise, una oración ritual para excitarlo, son fascinantes, literarias y abyectas a la vez. En cierta forma, Louise era la evolución máxima de las serviles esclavas que yo había in-terpretado desde los inicios de mi carrera. Nosotras habíamos cre-cido juntas. ¿Cómo resistirme a interpretar un papel como éste?

Ningún actor habría dado la espalda a ese rol, no bajo la di-rección de Mike Nichols y con ese reparto: Jack Nicholson, Can-dice Bergen, Art Garfunkel y Ann Margaret. Y menos con un libreto escrito por Jules Feiffer, para una película que todo el mundo esperaba que fuera muy controvertida. Y lo fue, porque refleja la sexualidad masculina en una forma nunca antes vista.

Entonces ¿qué importaba si eso significaba que yo debía in-terpretar a una prostituta y fingir que daba placer a Jack Nichol-son con sexo oral, toma tras toma? Este era el mejor papel de prostituta jamás escrito para el cine, y llegué al fin de la película con la línea final: "Está parado en el aire".

Durante nuestra famosa escena juntos Louise consigue que Jonathan tenga una erección. El meollo del tema es la disipada juventud de él: un hombre que por su deseo carnal toma tan mal camino que en últimas tiene que recurrir a la habilidad de ella y pierde toda oportunidad de obtener amor y felicidad verdaderos. Por no haber permitido que las mujeres fueran sus iguales, acabó por degradarse también él mismo.

En mi mente, no dudaba de que Louise ejercía sobre él un control implacable: es ella la que manda. ¡Y no veía la hora de interpretarla!

La escena, rica en simbolismo, se llevó a cabo en un montacargas hidráulico. Para mí, el único lugar para encontrar motivación mientras hablaba directamente a la fría, opaca negrura de la lente, eran los ojos de Jonathan mientras lo llevaba a la excitación sexual. Todo eso mientras la plataforma va bajando lentamente. Se requería de la presencia de Jack, caracterizado, tendido por ahí cerca, para proveer la inspiración necesaria. Y ahí estuvo, encantado. "Convertida" en Louise, que parece descender en una espiral sin final, quedé exhausta mental y físicamente.

Jack Nicholson fue el co-protagonista más amable del mundo. Sin él sonriendo y animándome lascivamente fuera de cámara, no creo que yo habría podido hacerlo tan bien.

Ese set resultó ser uno de los más miserables en los que he estado y el más helado tras bastidores. Me abrumó el peso de haber decepcionado a mi esposo, quien tenía profundas reservas morales acerca del guión. Emocionalmente, fue como haberme mudado a Siberia.

Ensayamos y ensayamos, y Mike Nichols seguía diciendo: "No actúen, que sea real". Decía que yo era Louise y... "Louise es una prostituta". Eso no me gustaba. Por añadidura, la filmación de la escena del felatio se llevó treinta tomas porque Mike quería esa escena sexual en una sola toma continua, sin pausas. Esta era la primera vez que yo trabajaba en una película filmada en *continuidad*, un singular estilo de filmación. Lo común es filmar al mismo tiempo todas las escenas que ocurren en un mismo exterior, en ese exterior o escenario. Esto evita andar de aquí para allá más de la cuenta, y es oportuno y eficiente. Pero a fin de alimentar una siempre recrudecida neurosis de sus personajes,

Mike filmó cada escena en secuencia. Cuando llegué, sentí que para ese tiempo la toxicidad de los personajes había penetrado la psique de algunos de los actores.

Fue una experiencia extenuante, y también aislante. A los tres días de estar filmando la película, yo no había compartido una comida con nadie de la compañía. Extrañaba a Lenny y a Fernanda; estaba absolutamente sola y odiaba sentirme como un paria.

Supuse que era sólo casualidad que yo no hubiera compartido una comida con ninguno de mis compañeros de trabajo, pues en la filmación de exteriores ocurre todo el tiempo. Así que cuando escuché a Mike, Jack y Art hablando de planes para la cena en presencia mía, dije: "Hey, llevo tres días aquí y no he cenado con nadie". Ahora me doy cuenta de que mi auto invitación pudo ser molesta para ellos, pero no me parecía cordial que no me hubieran incluido.

Sintiéndose obligado, inmediatamente Mike me invitó a que los acompañara esa noche. Fue la cena más fría e incómoda de toda mi vida. Pero no fue Rita la que asistió a esa cena. Fue Rosita. Sentada a la mesa de ellos, volví a ser aquella tímida e insegura niñita que no era aceptada. Y sólo pude soportar esa cena obligándome a mí misma a pensar en los aspectos positivos de mi vida con cada cohibido bocado. Oh, ¡qué no habría dado por estar en casa con mi familia!

BIG BIRD, THE ELECTRIC COMPANY Y YO

Durante esos primeros años con Fernanda, fue como si Lenny y yo hubiéramos creado la clase de matrimonio perfecta para criar un bebé. Vivía feliz porque finalmente tenía una familia que podía llamar mía y contenta de sentirme estable por primera vez en mi vida. Y Lenny estaba eufórico cómo sólo puede estarlo a sus cuarenta y siete años el padre primerizo de una preciosa bebita.

Nuestro amor y nuestro matrimonio estaban personificados en Fernanda. Nosotros la habíamos "hecho" a ella y ella nos había hecho felices y completos. La mirábamos durante horas y horas mientras ella descubría sus adorables deditos de manos y pies, aprendía a sonreír y a sentarse sola, empezaba a caminar y después —muy pronto— a bailar. Fernanda empezó a bailar tan pronto pudo caminar.

También teníamos un hermoso lugar para vivir, en un edificio histórico del West Side de Manhattan: un apartamento de ocho habitaciones que paradójicamente estaba a sólo cien cuadras del gueto hispano al que mi madre me trajo cuando dejamos Puerto Rico.

Cuando Fernanda empezaba a caminar, quise cultivarle su lado creativo, el que fuera. Me sentaba con ella a hacer *collages* con frijoles, lentejas y arvejas. Pegábamos los granos con goma en un pedazo de cartón, formando bonitos diseños. También dibujábamos juntas, y todo eso le encantaba.

Algo que Fernanda siempre hacía me dejaba pasmada. Todavía muy pequeñita, antes de que aprendiera a hablar, un día cualquiera, se puso realmente inquieta.

—¿Crees que necesitas unos mimos? —le pregunté.

Fernanda me miró con sus grandes ojos y asintió.

Yo tenía un mecedor en su dormitorio, así que la alcé, me senté en el mecedor con ella y empecé a acariciarle el pelo, a abrazarla, besarla y cantarle. Yo tenía álbumes con canciones de niños en español y también algunas en inglés. Ya después, cuando Fernanda se sentía insegura o triste, ella me decía: "Creo que necesito unos mimos" y yo respondía: "Aquí vienen, chiquilla", y la sentaba en mi regazo para mecernos.

Oh, ¡cuánto la amamos Lenny y yo! Cuando Fernanda estuvo lista para entrar a primer año, no podíamos soportar dejar de verla. Así que el primer mes o algo así, cada vez que Fernanda tenía que irse en la guagua a la escuela, la seguíamos. (En estos tiempos, jamás pensarías en enviar a un chico casi de ninguna edad en una guagua para ir a ninguna parte, pero entonces era la forma en que todos los chicos iban a la escuela en Nueva York). Como no queríamos que ella lo supiera, Lenny estacionaba su auto a la vuelta de la esquina, y después de que yo subía a Fernanda a el camión, seguíamos la guagua todo el camino hasta la escuela, solo para asegurarnos de que nuestra hija amada estuviera bien.

Fernanda traía a casa amigas de la escuela y creo que yo me divertía tanto como ellas. Acostumbraba a armarles una tienda cubriendo la mesa de bridge con una sábana, y Fernanda y sus amigas tenían allí las reuniones de su pequeño club. Ella lo llamaba el Club *PBS*, por *Plays, Ballets and Spooks* [Juegos, Ballets y Fantasmas].

Fernanda quería ser bailarina de ballet. Lenny y yo le dijimos que si hacía sus tareas, podría tomar clases en la New York City Ballet School of Dance, y lo hizo. Le encantaba y se convirtió en bailarina de ballet. Tenía una clase de baile especialmente maravillosa en la cual las animaban a moverse como quisieran. La profesora decía: "Hagan de cuenta que son una goma elástica. ¡Ahora empiecen a bailar!".

Yo observaba esa clase y pensaba: *Vaya, esto es una delicia. Me habría gustado tener esa libertad de expresión en mis clases de danza.*

Llevábamos a Fernanda a museos, obras de teatro y conciertos. Desde muy niña, Gilbert and Sullivan le encantaron, y más tarde, cuando empezó a dibujar más seriamente, recibió clases en The Museum of Modern Art. Se convirtió en una maravillosa pintora y ahora hace joyas hermosas. Me gusta creer que montamos el escenario para que expresara ella su verdadero yo, y su creatividad la hiciera feliz en cualquier forma que quisiera expresarla.

Lo que puso por las nubes a mi embelesada Mami-ternidad fue un trabajo que encajaba perfectamente con el de ser madre. Siempre veía con Fernanda los brillantes nuevos programas para niños, como *Sesame Street*, y en menos de lo que canta un gallo empecé a aparecer en ellos.

También aquí mi perseverancia rindió dividendos. Hablé con Jim Henson, el genio creador de *The Muppets*, y fui tan persistente como Animal: me abalancé sobre él y dije:

—¡Haré lo que sea por usted! ¡Trabajaré sin paga!

—Tranquilízate —dijo—. Te pagaré.

Pronto estuve felizmente enfocada en mi nueva línea de trabajo, que parecía un juego. Sí, las horas eran largas, por supuesto, y supongo que el trabajo era duro, pero al entrar al mundo de la televisión infantil, crucé la línea entre trabajo y puro placer. Y al otro lado entré en un estado de éxtasis industrioso que alcanzó su punto culminante en una serie de mis actuaciones más divertidas.

En una presentación en el *Muppet Show*, canté "Fever" en mi mejor estilo para canciones de amor enfundada en un vibrante vestido rojo tomate. Sacudí mi largo cabello negro pronunciando cual diva latina *"Fev-uh!"*. Y cuando Animal golpeó sus tambores en un intento de alterar mi sensual decoro (si es que existe eso, pero sí existía), lo fulminé con mi mejor mirada latina ("la de Evita Perón"). Y al final, apreté su cabeza entre los platillos con un resonante ¡CLANG!

Canté mi "Fever" más alta, cuarenta grados, en medio de una furibunda sensualidad puertorriqueña que hizo desternillarse de risa a todos los chiquillos que me estaban viendo, y tal vez a los papás que estuvieran cuidando a algunos de esos chiquillos.

Me divertí aún más haciendo mi propia versión de una danza apache con Elmo. En este dueto, yo irrumpo en el restaurante vestida a la estilizada moda de una francesa y hago la danza apache, que es la versión francesa de un tango machista. En la clásica apache (que NO se pronuncia *"A-patch-ee"* como los indígenas, sino *"a-pash"*, el hombre cachetea todo el tiempo a una mujer, quien baila alejada de él. En mi versión de la danza yo cacheteé al hombre (Elmo) y gané mi asalto... y también un premio Emmy.

También gané un premio Grammy, esta vez con *The Electric Company*. Este show fue un experimento arriesgado, era un show de conjunto orientado a mejorar las habilidades de lectura de los niños a punta de cantidades industriales de diversión. Una de mis rutinas más populares era mi imitación de Tina Turner, con el respaldo de niños cantantes y bailarines. Todos íbamos vestidos de lamé dorado y botitas plásticas y ellos se movían bien sincronizados detrás de mí mientras yo cantaba una picante pero ridícula *"Un-Song"*. *"Un-Button your love... Un-zip your lip and tell me that you lo-ve-me"*.

Lo mejor de todo es que el estudio quedaba exactamente al frente de nuestro apartamento en el Upper West Side. Fernanda me visitaba a menudo en el set de *The Electric Company*. A ella le encantaba, y yo siempre la llevaba a visitar el estudio de *Sesame Street* también. Ella tuvo una niñez maravillosa y colorida y yo llegué al pináculo de la felicidad siendo su madre.

Otra gran ventaja de hacer estos shows para niños era la oportunidad de actuar con algunos de los mejores actores del momento, como Bill Cosby y Morgan Freeman, que estuvieran por ahí. Dios mío, era como hacer vodevil ayudando al mismo tiempo a que los niños mejoraran sus habilidades de lectura.

Yo llamo esos años —de principios de los setenta a 1977—, mis "años de dicha absoluta", porque jamás había sido tan feliz en mi casa y en mi carrera.

Y sí, Jim Henson me pagó; el sindicato insistió. Pero yo le habría pagado a él, encantada.

*   *   *

Para entonces ya me estaba acercando a los cuarenta, una edad peligrosa para una actriz. En "el negocio" era como haber cumplido ochenta. (En realidad, acabo de cumplirlos, y créanme, ha sido MUCHO más divertido. Anticipo: hasta ahora, la de los ochenta ha sido mi MEJOR época).

A las buenas intenciones de Lenny a veces les salía el tiro por la culata. Él creía firmemente en mí como actriz, y no podía entender cómo era que no estaba en constante demanda y obteniendo excelentes papeles, o por lo menos algunos papeles. Cuando íbamos para algún sitio, Lenny descubría todas las vallas que anunciaban una nueva película u obra de teatro. "Pero por el amor de Dios", decía. "¡No entiendo qué está pasando aquí! ¡Tú tienes tanto talento! ¡No veo por qué no consigues trabajo!". Y no se conformaba. Escuchar eso me producía desasosiego y empezaba a darme vueltas en la cabeza. Hay tantas maneras de interpretar un comentario como ese. Sabía que yo no lo había defraudado; él simplemente se preguntaba por qué Ann Bancroft, Shelly Winters y Janet Leigh se estaban "llevando todos los papeles". ¿Es que yo no tenía importancia ya? ¿Mi carrera estaba llegando a su fin frente a mis propios ojos? ¿Estaba mi *manager* en la jugada? ¡Pero si Lenny era mi *manager*! Agotada después de tanta elucubración y tanta montaña rusa emocional, yo simplemente asentía al comentario de Lenny, callaba y sufría. Pero alcancé otro Punto Alto en lo que ahora creo que más o menos fue el habitual ritmo de azarosos descensos y ascensos vertiginosos de mi vida profesional. El año era 1975, y me gustaría detenerme ahí un momento.

Estaba en algún punto entre un azaroso descenso y un ascenso vertiginoso, cuando en 1975 me ofrecieron el delicioso papel de Googie Gómez, la extraordinaria y terrible cantante de *lounge* en la divertida farsa de Terrance McNally, *The Ritz*.

Conocí a Terrance en una fiesta de James Coco, un hombre divertido y adorable que hacía unas fiestas buenísimas. James y yo estábamos co-protagonizando en Broadway una comedia de Neil Simon, *The Last of the Red Hot Lovers*.

En esa fiesta, mientras Lenny y yo circulábamos entre los invitados, James me tomó de la mano y me llevó a un dormitorio. Allí estaba sentado Terrance en el borde de una cama, hablando con otros invitados. Jimmy dijo:

—Rita, haz esa chiflada mujer latina para Terry.

Yo había desarrollado mi personaje de Googie en unas cien horas "perdidas" en vestidores y fiestas con amigos del mundo del espectáculo. ¿Quién era Googie? Ella era LA PEOR cantante de cabaret hispana de todos los tiempos, de gestos operáticos, pestañas de una milla de largo, y maquillaje aplicado con espátula. Sus ceñidos trajes sufrían continuos problemas de costura. Pero finalmente era el inglés mal pronunciado de Googie —que le debo a Mami— lo que la ubicó en el Salón de la Fama de Peores Artistas: "*I hada dring, a dring about joo babie...*".

Creo que me lancé con el parlamento del rey actor de *Hamlet* para Terrance:

—*Es-pick the es-pich I pra joo...*

Terrance había escrito una obra llamada *The Tubs*, que ambientó primero en una casa de baños como los baños Continental donde Bette Midler empezó. Hay algo bastante chiflado y cómico acerca de una provocativa cantante en una casa de baños, que se contonea mientras interpreta sensualmente canciones de amor para un montón de tipos gay en toalla.

Terrance incluyó a Googie entre las estrellas de su obra después de verme en la fiesta de Coco. A pesar de que no pude estar en la première mundial de la obra en Yale, sabrán que yo, Googie, sí estuve disponible para Broadway. Me lancé a interpretar la

Googie de Broadway con más energía de la usual, la casa de baños se vino abajo y yo me gané un premio Tony para Mejor Actriz Caracterizada en un Musical.

¡Estaba en la cima de la felicidad! Ganar el premio Tony en 1975 me convirtió en una de las pocas artistas en ganar un Oscar, un Emmy, un Grammy, y *también* ¡un Tony!

Para la ceremonia de entrega de premios, llevé un traje beige elegante, ceñido, de manga larga y turbante a juego. Mi discurso de aceptación fue exagerado en más de un aspecto: me retorcí, reí, armé el jolgorio y grité. Alcé el brazo y les di el puño de la victoria. Lo único que me faltó fue una lata de *pie* para golpear.

Fue la versión completa de Googie y mi Rosita también saltó del reloj como un cucú, alardeando: "Rita Moreno está fascinada, pero *Rosa Dolores Alverio* de Humacao, Puerto Rico ¡está DESATADA!".

Y luego ella, Googie Gómez-Rosita, no pudo resistirse y dijo: "Yo NO soy la Actriz Secundaria de *The Ritz*. ¡Yo soy la PRIMERA ACTRIZ! *Listen Honey, Honey- the honly thing I support in tat cho is my beads* (pronunciado-*biiits*)".

Todavía estaba en la flor de la vida: tenía cuarenta y cuatro años. Pero ahora puedo decirlo: en ese escenario me pasé de la raya; con razón el productor de los Tony se molestó. Tenía todo el derecho a hacerlo.

En 1981 tuve la suerte de ser seleccionada junto a Carol Burnett para un film de Alan Alda, *The Four Seasons,* película divertida y sin pretensiones que presentaba una especie en vías de extinción: parejas de edad madura y actrices envejecidas. Carol Burnett y yo nos hicimos amigas rápidamente durante el rodaje. La película resultó mucho mejor fuera de la pantalla que en ella porque todos reímos sin parar mientras la hacíamos. Pero la triste verdad es que encontrar trabajo en Hollywood —o en cualquier parte como actriz— ya era muy difícil. Ya no era una "chica sexy". Nadie recordaba, y mucho menos apreciaba, el giro en ese traje violeta que me ganó un Oscar, y la fama por los shows para niños no tuvo el mismo efecto en los adultos.

Toda mi vida había combatido el racismo y el machismo. Ahora debía combatir el peor enemigo de todos: el *ancianismo*. En Hollywood volverse vieja es un problema serio. Si no puedes posar en bikini y correr una milla en siete minutos sin que tus muslos tiemblen, estás FUERA. Francamente hablando, mis queridos, creo que de nosotras se espera o bien que nos suicidemos a los treinta y seis —como lo han hecho tantas actrices— o que nos esfumemos calladamente en la sombra, usando chaquetas de punto y zapatos cómodos.

Yo no quería nada de *eso*. Pero tampoco quería ceder y hacerme lucir de menos edad que la mía. Para empezar, por pura herencia, ya me veía más joven de lo que era. De hecho fui rechazada para los escasos papeles de mujeres de más de cincuenta. Me fui a ver al gran productor Norman Lear para hablar sobre el papel de esposa de Charley Durning en un piloto que Norman estaba produciendo. Me miró y dijo:

—¿Esposa de Durning? ¿Bromeas? ¡Si pareces una chiquilla!

—Pero Norman, tengo sesenta.

—¡Fuera de aquí! —dijo con un guiño travieso. Pero llegué a mi auto y lloré, porque lucía demasiado bien para mi edad. Otro problema más.

Encima de todo, esos roles se limitaban a pequeñas actuaciones sin importancia, de mamá o de nana. Y mientras tanto, seguí rechazando los roles pandilleros y los estereotipos de siempre.

Empecé a preguntarme si alguna vez volvería a tener estabilidad laboral.

EL BANANO ACUSATORIO

Muy al principio de nuestro matrimonio, hablando de esperanzas y sueños para el futuro, Lenny dijo sin pestañear:

—Y podremos viajar, tener un pequeño refugio en el campo, tú dejarás el mundo del espectáculo, yo me retiraré de mi práctica...

—Espera un poco, ah, qué, ¿qué es eso del mundo del espectáculo? —tercié yo. Pero en el tono más casual Lenny siguió.

—Oh, de eso podemos hablar después, ahora no importa...

Siempre había habido un cierto estira y encoge de poderes en mi matrimonio, pues Lenny y yo tratábamos de equilibrar mi deseo de trabajar y ser independiente con su deseo de ser el proveedor y protector de la familia. Aunque esos roles habían estado bien para los dos durante la infancia de Fernanda, yo me estaba sintiendo cada vez más inquieta mientras Lenny seguía tratando de controlarlo todo en mi vida.

Había dejado pasar la primera campanada de alerta sin comentarios, pero ahora escuché un gong. Y lo llamo "El Ignomioso Incidente del Banano".

Una mañana, Lenny llegó a la cocina mientras yo pelaba un banano. Me miró halar la cabeza durante un segundo pero me quitó la fruta de la mano y dijo: "Así no se pela un banano". Entonces abrió la gaveta, sacó un cuchillo pequeño y empezó a cortar la cabeza. Por cualquier razón, esta fue la única de muchas veces en que se me estaba enseñando la "manera de Lenny, la manera correcta" frente a la "manera de Rita, la manera incorrecta" en que yo decidí plantar mi bandera, marcar mi territorio y no ceder:

—¡FUERA!

Siguió una discusión de veinte minutos en la que Lenny continuó insistiendo en que hay maneras correctas e incorrectas de hacer las cosas. Desconcertada por lo absurdo de esta acalorada discusión, le pregunté si se estaba escuchando él mismo, pero sólo reafirmó su posición una vez más.

Una oleada de calor me recorrió el cuerpo —la misma reacción primitiva que siempre he tenido cuando me asusto o me siento acorralada—. La intrínseca estupidez de nuestra discusión me dejó a mí, que soy una persona que usualmente expresa bien sus argumentos, farfullando de rabia y frustración.

La discusión del banano continuó y entonces Lenny lo hizo por primera vez: apuntó su dedo hacia mí y lo agitó. Ese gesto me pareció sentencioso, acusatorio y farisaico. Ahora las alarmas atronaban. Esto no era acerca de pelar fruta, ajustar el termostato o apagar ciertas luces, esto era sobre nuestro matrimonio, sobre concesiones mutuas, sobre algo de flexibilidad. Si yo no lograba abrirme un espacio, eso no sería nada bueno para nuestro futuro en común.

Tuve que salir de la cocina.

—Terminaremos esta discusión más tarde, cuando ambos nos hayamos calmado —dije.

—¡Es un agitador de dedo! —reporté por teléfono más tarde ese día al menos indicado de los consejeros matrimoniales: Marlon.

Hubo una gran pausa. Entonces Marlon dijo:

—¿De verdad hizo eso? ¿Te agitó el dedo a tí?

—¡Sí! ¡Y perdí los estribos!

—Mmh. Si alguien me hiciera eso a mí, lo cogería del cuello y lo tiraría escaleras abajo —dijo Marlon—. Tienes que detenerlo.

—Pero ¿cómo, por el amor de Dios?

—¡Díselo! Sólo dile cómo te hace sentir.

En ese momento no caí en cuenta de la ironía, pero Marlon me había agitado más que su dedo, y más de una vez. De todos modos hice lo que Marlon sugirió y le dije a Lenny que me sentía menospreciada, acusada y furiosa cuando él se comportaba con esa superioridad moral. Lo tomó bien, pensé, pero él sustituyó el dedo con un puño cerrado inequívocamente conspicuo, con el nudillo del dedo acusador asomado.

Tuve que reírme. Pero en sueños, esa noche tomé venganza: se lo arranqué de un mordisco. El dedo, quiero decir.

En nuestro séptimo año de matrimonio, Lenny y yo hablamos de divorcio por los mismos problemas que se habían empezado a afianzar cuando sobrevino la Acusación del Banano. La mayor parte del tiempo, Lenny me adoraba y yo lo adoraba, pero él tenía la "forma Lenny" de hacer la mayoría de las cosas y no era para nada tolerante con la forma Rita de hacer las cosas, ni para el caso, con la de Tom, Dick o Harry.

Discutíamos tanto, que a veces parecía que nuestra relación era una discusión continua. Hice a Lenny muy infeliz con mis exigencias de una relación más equitativa. Yo estaba sufriendo las consecuencias de no haber mantenido mi privacidad personal en nuestra relación desde el principio. Yo había permitido que la línea se desdibujara demasiadas veces sin protestar. Y necesitaba alguna libertad para que esto funcionara. Necesitaba libertad con Lenny, no libertad de Lenny. Fueron muchas las veces que envidié a quien decía algo como: "John se va de fin de semana con sus amigos, así que estoy sola", o "Maisie se va a Francia con su hermana".

Lenny me había acosado desde el principio de nuestro matrimonio. No sé cómo obtenía los números telefónicos de donde yo estaba, pero me localizaba en restaurantes y llamaba para hablarme. Me encontraba en los salones de belleza; me encontraba donde fuera. Era inquietante. Donde quiera que fuera, Lenny siempre me llamaba para decirme cosas como: "¿Qué haces? ¿Por qué te denoras tanto? ¿No me dijiste que estarías en casa a las cuatro?".

Recuerdo haber estado tan furiosa y disgustada por todo eso, que en un momento dado dejé de usar reloj. *¿Por qué hace esto?* Me preguntaba todo el tiempo. *¿Estará celoso? ¿Pero de qué?*

En últimas llegué a pensar que Lenny lo hacía porque de alguna manera muy retorcida temía perderme. Mirando atrás, veo que de hecho Lenny tenía muchos problemas, pero en aquella época yo no veía las cosas de esa manera. Como nunca antes había estado casada, y solo había tenido otra relación seria, con Marlon —pero descabellada, loca y perturbadora—, no sabía contra qué comparar lo que Lenny estaba haciendo o lo que nos estábamos haciendo uno al otro. No tenía un marco de referencia.

Nunca se me ocurrió que simplemente me podría ir y vivir sola. Probablemente habría podido hacerlo, pero no habría sido fácil porque Lenny habría dicho: "¿Qué hay de malo en que estés conmigo?".

Parecía que yo nunca estaba lo suficiente con Lenny. Tal vez porque con él me sentía tan sofocada nunca estaba lo suficiente en espíritu, pero una cosa exacerbaba la otra, y él me reprimía tanto que a veces me sentía prisionera en una jaula de oro.

Un día, escuché literalmente el ruido de una puerta metálica. Juro por Dios que eso fue lo que oí. Y me dije: "Hasta aquí. Ya no me gusta estar con él". Y después de eso mi esposo dejó de gustarme por un largo tiempo, hasta que fue al hospital por última vez y me permitió ser su compañera de verdad.

Ahora, cuando miro atrás en nuestro matrimonio, pienso que yo estaba intentando crecer, pero eso no encajaba en los planes de Lenny, ni tampoco en los míos porque, francamente, yo no sabía cómo hacerlo.

Mis intentos de desplegar mis alas eran torpes y los errores que cometía servían a la necesidad de Lenny de mantener a Rita en el lugar de la pequeña Rosita: "Ves, cariño, te dije que esto no funcionaría", decía él cada vez que yo intentaba arreglar algo en la casa, coordinar un viaje o negociar la compra de un nuevo aparato. En realidad, cada vez que trataba de hacer cualquier cosa.

"Para empezar, has debido dejarme hacerlo", diría Lenny. "Ves lo que quiero decir, ¿cuánto más fácil y mejor habría sido?".

Cuando me puse a analizar por qué Lenny era tan controlador y rígido, empecé a entender. Su madre había muerto cuando él tenía sólo seis años de edad. La pérdida de amor y control, de toda seguridad, fue total. Todos somos más complicados de lo que una tragedia puede explicar, pero esa terrible primera pérdida tal vez dejó a Lenny indefenso por dentro. Igual que yo a las mías, Lenny trataba sus neurosis haciendo lo que mejor sabía hacer: dando y dando y dando, especialmente en su profesión.

Nuestros desacuerdos continuaron a través de los años y en lugar de mejorar, con el tiempo empeoraron. Yo hasta fui a psicoterapia con una maravillosa y acertada mujer, a quien tuve que dejar de ver después de un mes de tratamiento porque pude prever la disolución de mi matrimonio si le permitía ayudarme a "crecer".

Finalmente, a instancias de mi hija Fernanda, tomé un curso de fin de semana con una organización especializada en "amor intransigente". Parte de su trabajo con los clientes era práctico, pero en cierta forma irresponsablemente arriesgado para tratar con egos muy frágiles. Este grupo había inventado un vocabulario que a efectos prácticos me sonaba a puras sandeces y como falto de naturalidad, pero que al parecer los hacía sentir especiales.

Aun reconociendo todo eso, seguí con mi objetivo de seleccionar lo que pudiera serme útil de ese programa. Lo hice, y en unas tres semanas le planteé a Lenny cosas que yo necesitaba expresar y otras que él necesitaba oír.

¿Y saben qué? Después de eso, Lenny puso todo su empeño en darme mi lugar en nuestro matrimonio. Quedó tan impresionado por mi capacidad de expresar mis necesidades directamente, sin histerismo, que nos permitió a Fernanda y a mí persuadirlo de que hiciera el curso un fin de semana, él por su cuenta.

Estaba segura de que a Lenny, campeón en el arte de disimular sus emociones, le aplicarían su buena dosis de improperios en ese programa de amor intransigente. Fácilmente imaginé a los orientadores gritándoles cosas como: "¡Deja de culpar a los demás, imbécil! ¡El cambio empieza por ti, infeliz adicto al 'por favor quiéreme'!".

Para mí esa había sido la parte más útil del curso de autoempoderamiento, aunque en mi caso no habían usado malas palabras: los participantes masculinos eran los blancos usuales de las palabrotas.

Así que cuando Lenny volvió sin lucir para nada afectado, quedé extrañada. Él pensaba que había sido duro, pero útil, y le faltó tiempo para contarnos a Fernanda y a mí cuánto había gustado su paternal y amistosa manera de ser a muchos de los más jóvenes del grupo. ¡Bueno! Sólo pude mirarlo perpleja.

Mientras Lenny relataba esto, yo sólo podía pensar en cómo había vuelto yo a casa después de mi fin de semana, sintiéndome más fuerte, pero cansada y maltrecha de tanto llorar. Llegué a la conclusión de que Lenny no había participado plenamente, sino que se la había pasado con sus nuevos amigos en los descansos, apoyándolos con mucha calidez. Dios bien sabe que eso era lo que todos necesitaban en esa Sala del Infierno.

Mientras nuestra relación declinaba año tras año, le rogué a Lenny que visitáramos juntos algún consejero matrimonial que aportara un oído imparcial a nuestras discusiones. Pero él rechazó cada súplica. ¿Por qué? Por dos razones, creo yo.

En primer lugar, Lenny no soportaba la idea de exponer sus sentimientos ante un extraño. En segundo lugar, creo que Lenny estaba convencido de que sería culpado de todas nuestras dificultades. Una y otra vez le aseguré que en toda esta infelicidad yo también tenía responsabilidad, pero él decidió interpretar eso como una acusación de mi parte de que, ciertamente, él se estaba portando terriblemente conmigo y yo me lo estaba aguantando.

Saben, a veces no se puede ganar para perder.

Ese contrato implícito, no firmado, "tú serás mi Papi Bueno y cuidarás de mí, y de todo", tenía un inconveniente: yo crecí. Como una mujer adulta, quería hacer las cosas a mi manera, desplegar mis alas y explorar mis pasiones.

Lenny me amaba, sí. Yo lo sabía. Y ambos adorábamos a Fernanda. El amor en nuestra casa, en nuestro matrimonio, era enorme. Pero para mí también era limitante. Para Lenny yo era una especie de pájaro tropical que amar (y enjaular por mi propia seguridad). Discutimos, peleamos, nos enfurruñamos y hablamos de separación durante muchos años. Y después hablan de la "perfección".

Tal vez la "perfección" no existe en el matrimonio.

A veces lo único que yo hacía era soñar que me liberaba de él. Éramos tan opuestos en muchas formas. A mí me encantaba "ser anfitriona", pero Lenny quería estar en casa solo conmigo. Si tomábamos vacaciones, era en las circunstancias más controladas, un crucero o un tour en guagua. A Lenny le gustaba así, y a mí me irritaba. Como viajera, me encantaba la libertad de explorar, de descubrir lugares sorprendentes y tomar rodeos imprevistos. Para mí andar por Europa era pura libertad de la rutina diaria, pero Lenny necesitaba que las cosas fueran seguras y predecibles.

Para ofrecer una cena, debía inventarme toda una trama. Le revelaba el plan por etapas y me esforzaba en armar una lista de invitados aceptables. Cuando se servía la cena, sí, Lenny la disfrutaba. Pero mi espíritu estaba restringido y ya no me quedaba energía. Teníamos todo para celebrar y una casa hecha para atender invitados, pero él no podía permitirme ser lo que era: una latina comunicativa a la que le encantan las fiestas, le fascina invitar a comer, reír, hablar, poner música y bailar. A Lenny le gustaba controlar.

Con todos esos problemas en nuestro matrimonio, yo amaba

profundamente a Lenny. Todavía podía ver su innata bondad, su profundo y amoroso cuidado por nuestra hermosa Fernanda, y la detallista amabilidad que derrochaba no solo con nosotras sino con quienes lo rodeaban. La sola idea de que pudiera herirnos a Fernanda o a mí era inconcebible para él.

Si alguna vez yo rompía a llorar por algo que él había hecho o dejado de hacer, Lenny se sentía desconcertado o, peor, chantajeado. Yo estaba viviendo entre la espada y la pared, y él también. Pero, a su manera de ver las cosas, para Lenny nuestro matrimonio no se estaba desintegrando. Seguía convencido de que él podría resolver todos nuestros problemas por sí solo.

A lo largo de buena parte de nuestro matrimonio, yo seguí sopesando los pros y los contras, y los pros siempre eran más. ¿Por qué no lo abandoné? No podía hacerlo, por ser quien soy, una persona que no abandona, tal vez porque mi madre abandonó a tantos hombres. Yo era siempre la niña mimada "por favor-quiéreme". Tal vez eso venga de ser puertorriqueña, de estar afuera y no querer causar problemas.

Otro punto era que nuestra hija lo era todo para nosotros, y yo no podía lastimar a Fernanda, que adoraba a su papi. Y realmente me asustaba estar sola. Y, por último, temía que Lenny muriera si yo lo abandonaba. No era un hombre saludable —me habló de su corazón débil el día en que lo conocí, y tuvo un infarto dos días antes de casarnos— y yo siempre pensé que por su afección cardiaca en cualquier momento podía caer muerto.

No se me ocurrió hasta mucho, mucho más tarde, que Lenny podía haber estado usando ese corazón débil para conservarme. Pero de haberlo hecho, habría sido una señal de lo desvalido que se sentía.

Es difícil entretejer todas estas historias tan duras. Yo veía la grandeza de sus afectos, su humor y su generosidad, pero su control lentamente estaba siendo sustituido por un amor tóxico.

Lenny trajo tanto amor a casa para Fernanda y para mí. Su cálida familia siempre me había acogido en sus brazos. Sí, a veces yo odiaba que me sacudiera el dedo y su necesidad de estabilidad y control, pero Lenny siempre me dio más de lo que tomó.

Algunas veces tuve que desafiar a mi esposo para hacer lo que yo quería. Pero al final, yo haría lo que fuera más importante.

Frustrada, le peleaba abierta y subversivamente, y me convertí en una compradora cinturón negro. Ganaba mi dinero y lo gastaba, pero Lenny controlaba las chequeras. (Me avergüenza admitir lo vieja que era cuando finalmente tuve mi propia chequera).

Económicamente, yo era Mrs. Lenny Gordon.

El contrapunto a toda la reconocida furia que experimentaba y mis tácticas guerrilleras de compra era la seguridad de que Lenny jamás me abandonaría como tantas otras personas me habían abandonado. Lenny era el esposo y padre que yo no podría abandonar, y en esa forma, él siempre cumplió su parte de ese pacto implícito: él quería cuidar de mí.

Lenny todavía sabía cómo hacerme reír, también. En uno de nuestros más cálidos períodos, compramos una casita de campo para los fines de semana y, para Fernanda, un cachorrito que fuera con la casa. Todo era maravilloso en el campo salvo el cachorro, un inquieto perrito manchado que llamamos Dominó.

El propietario de la tienda de mascotas nos dijo que lleváramos el cachorrito a casa y le pusiéramos una botella de agua caliente y un reloj que sonara bastante para que se sintiera tranquilo y seguro, y pudiera dormir toda la noche. Si el perrito se despertaba y ladraba, debíamos bajar a la cocina, donde lo dejábamos de noche. Y justo al otro lado de la puerta, yo debía golpear cacerolas hasta ahogar los ladridos y decir "¡no!" para asustar y silenciar al pobre cachorrito.

Todo ocurrió como lo había pronosticado el de la tienda de mascotas. Temprano en la mañana me despertaron los aullidos. Me paré de la cama y bajé a la puerta de la cocina, donde empecé a entrechocar cacerolas y gritar "¡NO! ¡NO! ¡NO!".

Cuando el perrito dejó de aullar, Lenny exclamó: "¡Caray! Cuando ustedes los puertorriqueños tienen fiesta...".

La bondad y el amor aún titilaban en mi casa como la luz de una llama piloto, pero mi propia alegría se había apagado. Mi lado bueno, el que deseaba dar y abrir las puertas a los amigos, encender los faroles del patio y tocar música, reír y bailar, cocinar guisos muy condimentados y servir vino, cantidades de vino, se había apagado.

En cambio, Fernanda había crecido y se había ocupado primero con la escuela secundaria y después en el *college*. Y el silencio reinaba en mi casa a menudo, sin que Lenny ni yo obtuviéramos lo que cada uno quería del otro gran parte del tiempo. Habíamos llegado a una tregua, una tregua amorosa, por muchas razones, pero nuestro matrimonio no era una celebración.

Para prevenir cualquier percepción de mí misma como persona "heroica" o alguna especie de mártir marital, debo decir que también era cierto que yo todavía necesitaba que me mimaran y cuidaran de mí.

Qué curioso, estos giros de nuestro matrimonio. Aparentemente, siempre fuimos "Lenny y Rita, La Pareja Perfecta" durante medio siglo. Nuestro matrimonio de cuarenta y cinco años representó su papel mitad farsa, mitad tragedia, una parte verdadera y otra parte de ficción. En nuestra larga temporada, tras bastidores, yo también quería creer en finales felices.

El mito de Rita Moreno y el Dr. Lenny Gordon, en el tráiler de una película, se habría visto algo así como: "Después de tormentoso *affaire* con Estrella de Cine, tempestuosa actriz latina encuentra estabilidad en el sensato abrazo de Médico Judío. Tienen bebé y viven felices y comen perdices".

Y esa versión quizá no sea tan equivocada. Al final de todo, después de un largo, largo tiempo juntos, nuestro amor triunfaría. Lenny y yo éramos personas de gran corazón, que se habían hecho a sí mismas. Mi yo secreto, lo mejor de la pequeña Rosita Alverio, podría crecer para abrazar a Lenny Gordon. Su fastidiosa voz criticona finalmente se acallaría.

Mientras tanto, cada vez que pasaba por detrás de mí en la cocina, sin importar lo viejos que ya estuviéramos, Lenny estiraba la mano y me rozaba el trasero, esa pequeña caricia graciosa que era más que una palmadita. Era ahuecando la mano, era un cumplido, una manera de decir: "Me encanta tu trasero y te amo".

Mientras escribo esto, estoy extrañándolo. Extraño a Lenny.

Llegué a temer que seguiría desempleada para siempre. Pero yo debo actuar. Para ellos, y por mí.

Y que traten de detenerme. Decidí que, si no me contrataban, me las ingeniaría para hacer mis propios conciertos. Y eso fue exactamente lo que hice. A lo mejor fue el propio Lenny quien lo sugirió: "¿Por qué no montas un número de cabaret?".

Con eso arrancamos. Montamos nuestro propio show con un coreógrafo, un arreglista y bailarines. Lenny era mi *manager* y encargado de transportar y montar el equipo del grupo en gira.

Recuperar nuestra inversión y ganarnos siquiera un centavo nos tomaba meses de actuación donde fuera.

Recuerdo una presentación terrible en el bar de un hotel Marriot del aeropuerto de Chicago, donde para completar nos tocó una buena nevada. La tarima tenía unos noventa centímetros de altura y éramos cuatro, tres chicos bailarines y yo. Teníamos una maravillosa rutina de salsa en la que bailábamos y saltábamos de taburetes. Para mí estaban bien, porque soy pequeñita, pero los muchachos eran más altos y literalmente debían agachar la cabeza mientras bailaban parados en los taburetes, porque el cielorraso era muy bajo.

Después de la gira que intentó-pero-en-realidad-no-logró-ser-un-éxito, hice algunas presentaciones de carpa. A veces yo hacía de telonera, es decir abría alguna gran presentación, como las de Ben Vereen, y en otras me presentaba yo sola. Llevamos el show a Boston, Wisconsin, Illinois y a todo lo que estaba en el camino. Pensé que sería una manera de adquirir experiencia, y vaya si tenía razón.

Nos presentamos en muchos verdaderos muladares. Una favorita de mis terribles historias es la vez que nos presentamos una noche de Año Nuevo en los Italian Catskills, a unas 120 millas de Nueva York. Yo había montado la clase de acto en el cual no sólo hacíamos números que eran movidos, ruidosos y fogosos. También había incluido baladas, que siendo actriz y cantante, me encantaban.

Las baladas estaban llenas de emoción y demandaban atención. Y ahí estaba yo, cantando esas fabulosas y poco conocidas canciones la noche de Año Nuevo en esta descomunal sala de baile, donde la gente gritaba, reía y se lanzaban serpentinas unos a otros. Tal vez fue uno de los peores conciertos que haya dado jamás. Nadie le puso atención, ¡nadie! Y el aplauso fue el sonido de una mano. Estaba tan enojada que quería morirme, pero ahora me parece que fue como para desternillarse de risa.

Más adelante, cuando mi acto ya estaba más refinado, abrí para Sammy Davis, Jr. en Vegas y Tahoe. Sammy era brillante y un verdadero *showman*. Cuando yo terminaba mi acto, Sammy aparecía en el escenario en la cresta del aplauso y su redoble de tambores se convirtió en mi duramente ganada gratificación.

—Sé lo que hago —dijo con una carcajada cuando se lo indiqué—. ¡No voy a esperar a que ese aplauso se desvanezca!

También tuve la oportunidad de abrir para George Burns, un anciano realmente maravilloso y cómico, con el cerebro de un chico de diez años... y lo digo como el mejor de los cumplidos. George tenía una novia muy joven, Carol, y siempre nos invitaba a Lenny y a mí a tomar unos martinis en su camerino. Ese hombre, que entonces tenía noventa, se tomaba dos martinis dobles después de cada show. Yo no me tendría en pie con esa dosis, pero él no mostraba señal alguna de estar afectado.

Una noche, estaba yo abriendo para George en Tahoe, y por pura travesura, sólo porque él era una monada, salí de bastidores y dije:

—George, tu bragueta está abierta de nuevo.

Sin pensarlo dos veces y sin detenerse siquiera, George dijo:

—No te preocupes. Ya está maquillado.

Fui muy afortunada al poder compartir escenarios con George y Sammy y tantos otros grandes actores, que para mí fueron modelo de perseverancia, como espero haber sido yo para otros.

DOLORES Y BENDICIONES

Reflexionando sobre mi historia, llego a la conclusión de que amé tanto a Lenny porque, desde el día en que lo conocí, él fue la fuerza más estable en mi vida.

Mientras Lenny y yo nos esforzábamos por mantener a flote nuestro matrimonio, los años ochenta nos traerían profundos dolores. Mi hermano, Dennis Moreno, se había alcoholizado a muy temprana edad, a los diecisiete. Pero ingresó a Alcohólicos Anónimos, se rehabilitó y después siguió tan bien, que alcanzó una posición destacada en la organización por su esfuerzo y por ayudar tanto a los demás. Dennis seguía siendo como un enorme osito y me encantaba abrazarlo.

Entonces, a los treinta y cinco años, cuando ya había ganado su prolongada batalla contra el alcohol, Dennis fue víctima de un paradójico y terrible accidente. Volvía a casa de una reunión de

AA, con su novia, en su motocicleta, y un conductor borracho los atropelló. Dennis no había hecho nada mal: llevaba casco, estaba sobrio y observando las normas de tránsito vehicular.

Dennis y su novia murieron instantáneamente. Dejó dos hijos pequeños.

Mi madre recibió la noticia y me llamó. Era el 24 de julio de 1983. Yo tenía poco más de cincuenta años. Y no podía creer que mi hermanito se hubiera ido.

Mi madre jamás se recuperó de su muerte. Y yo tampoco. A esa profundidad a la que tengo enterrado mi propio dolor, el duelo por mi enorme hermanito menor sigue latente, como un peso terrible en mi corazón. Aún puedo ver frente a mí su rostro dulce y triste: avergonzado, la impronta del rechazo de su padre estampada en sus rasgos como un sello.

También inesperadamente llegó la muerte de mi madre. Yo la había alojado a ella y su "John Bircher" quinto esposo en una comunidad de vida asistida a veinte minutos de mi casa; tan cerca como para llegar rápido si ella me necesitaba. Me habría encantado recibirla en mi casa, pero jamás lo propuse porque sabía que Lenny no lo aceptaría. Su trato para con mi madre siempre fue amable y cortés, pero no había la más mínima posibilidad de que él fuera a compartir nuestro hogar con ella.

Ella estaba triste, muy triste. Yo la visitaba, simplemente la abrazaba y le tomaba la mano. No había palabras. Y yo quería tanto tenerla conmigo. Cuando la veía, ella se aferraba a mi mano con fuerza; aún vivía, pero ese apretón era de muerte.

Este quinto matrimonio, al que Rosa María había aportado toda su efervescencia habitual, la había despojado de su alegría. Ella había empezado muy bien en su pequeña comunidad. Aún recuerdo su risa fácil, su hospitalidad, sus juegos de cartas. Oh, ¡mi madre podía ser tan divertida, tan bulliciosa! Ni siquiera de vieja perdió su picardía.

Tuve el placer de comprarle una casa: y por sorpresa. Era una luminosa casita de estuco llena de sol, encantadora, en un vecindario tranquilo y con muchas palmeras. La llevé a conocerla y ya adentro le dije:

—¿Te gusta, Mami?

—Oh, es demasiado costosa —se giró para irse.

—No. Tú no me entendiste —le dije—. Esta casa es *tuya*. Yo la compré para ti.

Ella permaneció inmóvil unos minutos, incapaz de asimilarlo.

Me había imaginado una vida soleada y feliz para Mami y su quinto esposo. La casa estaba en una comunidad de parejas de su edad. A ella le encantaba jugar cartas, tener cenas. Aquí tendría muchos amigos.

Y al principio fue así, Rosa María Marcano hacía amigos rápido, pero los perdía aún más rápido, tan pronto conocían a John Bircher, esposo número cinco. Era un tipo grande con todo lo peor: del cuello le colgaban grandes carnosidades y una enorme papada, y con una panza equiparable. Se las daba del sheriff del Oeste que había sido y expresaba sus prejuiciadas opiniones a voz en cuello. Podría haber ido armado. Sólo pensaba en la ley y el orden; pero puedo apostar que jamás le leyó sus derechos a nadie. Y con toda seguridad jamás le leyó a Rosa María Marcano los suyos. Él quería alguien que le sirviera y ella lo hizo.

Encerrada en su matrimonio, sola en la casa con él, lo único que escuchaba mi sociable madre era el tic-tac del reloj. Fuera de la incapacidad de cada cual para dejar al otro, ellos no parecían compartir nada. Y cuando su salud empezó a decaer, el hombre empezó a derrumbarse. Dados los propios problemas de salud de mi madre y su edad, era imposible que ella lo cuidara e hice lo único que podía hacer: mudé a mi madre y su esposo a un apartamento con servicio de vida asistida.

Sabe Dios en qué pensó mi madre durante aquellos interminables y solitarios días soleados. ¿Pensaría en los padres que había perdido? ¿En Justino o en Juncos? ¿O en Francisco?

Mi madre jamás habló de su padre ni de su madrastra, Fela. Sólo una vez volvió a Puerto Rico, ya mayor, y trató de buscar a su familia. Pero ya era demasiado tarde. Meses después de haber hecho el viaje, se animó a contarme lo que había encontrado: la mayor parte de su familia había muerto. Quedaban unos cuantos primos, pero nadie cercano a ella, y eso fue todo.

Le creí, porque yo misma jamás había encontrado a nadie de mi familia aunque había vuelto a Puerto Rico cada dos o tres años, usualmente por razones de trabajo. Una vez que fui a recibir un premio, unas personas se presentaron diciendo que eran mi familia, pero yo no tenía ni idea de quiénes eran y ellos no conocían ninguno de los nombres que yo recordaba. Supongo que habrán inventado los que me dijeron y no era cierto que fueran parientes míos.

Lenny había intentado encontrar a Francisco, pero todo lo que supimos fue que se había mudado a San Diego y había muerto de una sobredosis de droga. Lloré la muerte de Francisco, pero nunca le dije a mi madre lo que sabía. Habría quedado desolada. Ya había perdido a Dennis. Había perdido a todos menos a mí.

Iba a visitarla a menudo, y cuando le tomaba la mano, sentía la tibieza de su piel, sí, pero también la tristeza de todo su ser. Ella tenía roto el corazón.

—Lo siento mucho —le susurraba yo.

Un día soleado, a mediodía y sin razón aparente, pues no había estado enferma, su corazón simplemente se detuvo. Y se fue Rosa María Marcano. Así, solamente con su nombre original, sin tantos apellidos de casada.

Maggie, la primera esposa de Dennis, a quien había contratado como cuidadora, me dijo que escuchó a mi madre exhalar un pequeño suspiro antes de decir sus últimas palabras: "Sólo déjame morir". Maggie me llamó enseguida.

No pierdo la calma aunque algo me afecte profundamente y esté deshecha. Subí a mi auto y conduje por toda la autopista hasta el complejo de vivienda asistida, atenta al límite de velocidad y usando mis luces direccionales. Recuerdo que el día era muy brillante y las palmas lucían plateadas bajo el sol de mediodía.

Encontré a mi madre muerta, tan muerta, con un tubo azul en la boca. Alguien había tratado de revivirla. Y odié eso, ese espantoso tubo azul.

Me senté junto a ella y tomé su mano una vez más. Esta vez, empecé a sentirla fresca y luego fría. Y volví a verla como en mi primer recuerdo de ella: mi joven Mami caminando delante de mí, su cabello y caderas meciéndose y su tocado de ropa para lavar en perfecto equilibrio, en esa procesión que casi era un baile, hasta el arroyo. Iba por el bosque tropical, con las demás madres lindas y jóvenes, más allá de las flores y de la caña de azúcar. Y la escuché cantar y reír.

Parecía que ambas debíamos tener otra oportunidad, poder retroceder el tiempo y volver a comenzar nuestra vida juntas una vez más.

Esperé con Mami hasta que se llevaron su cuerpo. Sin llorar. En realidad no estaba haciendo mi duelo, durante mucho tiempo no pude hacerlo. Creo que una pena tan honda como esa debe ser retardada; debe haber algún anestésico para el alma para protegernos de una pérdida que de otra manera no podríamos soportar.

¡Qué no daría yo por tener algún tiempo con ella ahora! Para de alguna manera enmendar las cosas, para abrazarla aún más de lo que lo había hecho. Para simplemente abrazarla y besarla, constantemente. ¿Cuándo es tiempo de parar?

El que habíamos pasado juntas no era suficiente.

En la funeraria peinaron y maquillaron muy bien a mi madre. Me gustó mucho verla así. A ella también le habría gustado, lo sé. Lucía tan bonita como siempre había sido: Rosa María, la mujer de quien todos se enamoraban. Parecía estar descansando, esperando, y se veía muy, muy linda. El rubor en sus mejillas, el tono rosa en sus labios. Sus largas pestañas cerradas, como a punto de batirlas coqueta, por última vez.

Así vi a mi madre por última vez. Mami.

Las bendiciones de Fernanda fueron un paliativo para mis penas por haber perdido a Dennis y a mi madre. Después de años de decirle a mi hija: "Si te casas, no esperes que te compre un traje de novia estrambóticamente caro", enloquecí de alegría cuando ella anunció su compromiso.

Mi razonamiento acerca del traje siempre había sido algo así como: un traje de novia se usa una sola vez, y ¿qué vas a hacer con él después? ¿Para qué comprar uno caro? Después de todo, yo me había casado con un vestido sencillo y práctico.

Pero cuando mi hija dijo que se iba a casar, toda esa idea de "sin aspavientos" se fue al traste. Yo le chismoseaba a todo el que veía: "¡Mi hija se casa!". Y le compramos a Fernanda el traje de novia más principesco y costoso que pudimos encontrar.

Celebramos la boda en un precioso *resort* en el valle de Carmel, y llegamos a la ceremonia en un coche de caballos. Fue perfecta.

Ahora tenía yo un hombre joven y buen mozo en mi vida. ¡Y tan detallista! Estaba yo en el garaje aspirando el Volvo cuando David, que ahora es mi yerno, vino y nos pidió en matrimonio a Fernanda, primero a mí y luego a Lenny. Me aseguró que la amaba profundamente y sabía que sería para siempre. ¿Y qué hice yo? Lloriquear como buena puertorriqueña.

Nuestro primer nieto, Justin, llegó a este mundo con Lenny y conmigo de pie junto a la camilla de parto de nuestra hija, como un par de porristas.

Dos años más tarde, cuando llegó el otro adorable bebé, Cameron, David sugirió suavemente: "¿Les parecería bien si ustedes dos se quedan afuera de la sala de partos?".

Lo hicimos, pero nos quedamos al pie de la puerta. Y lo más importante, ahora vivíamos cerca para poder mimar y ayudar cuando nos necesitaran.

Cuando Fernanda estaba entrando en la adolescencia nos habíamos mudado de Nueva York a Los Ángeles. Nuestro cambio había sido motivado por el estrés de Nueva York y la práctica de Lenny, al que se sumaron sus problemas de salud. Pero al menos yo estaría cerca de mi profesión y tal vez eso ayudaría a mi carrera. ¿Por qué no?

Un año más tarde, Fernanda se casó y ella y David se fueron a vivir en el norte de California. Ella nos invitó a conocer su nueva casa.

—Berkeley es un lugar muy especial, mamá, y sé que te va a encantar —dijo.

En nuestra visita de ese fin de semana, Fernanda y David nos llevaron a la región vinícola e hicimos algo que jamás en la vida habíamos hecho. Fuimos a catar vinos. El problema fue que el Dr. y la Sra. Gordon más bien fueron a *tragar* vino. ¿Catar? ¿Qué es eso? ¡No teníamos ni idea!

A las dos de la tarde ya habíamos perdido el año. Fernanda decidió que era tiempo de *verternos* en el auto y llevarnos de regreso a su casa. Por el camino, yo farfullé:

—Saben, esta es una vida muy buena. Mudémonos para acá arriba.

Y Lenny, que estaba absolutamente borracho porque nunca bebía mucho, dijo:

—Ajá, lo que quieras.

En dos meses nos mudamos a Berkeley. Lenny y yo construimos juntos nuestra casa. Preciosa y moderna, como esculpida en la ladera, con una vista de 180 grados del cielo del norte de California. La casa, de puro cristal y cemento, es magnífica. Sus líneas limpias y definidas reflejan mucho de la personalidad de Lenny.

Recuerdo un punto culminante en nuestro hogar de Berkeley, poco después de acabarlo. Por primera vez estábamos de pie en la veranda, mirando la bahía, y dije:

—Hey, Lenny, un judío y una puertorriqueña, ¿qué opinas?

Pero con el paso de los años, entre la arquitectura y la inflexibilidad de Lenny, empecé a sentirme atrapada. Necesitaba un lugar que fuera mío, un lugar que dijera, "Rita", imperfecta, romántica, y ecléctica. Así que decidí hacerme un santuario y convertirlo en un saloncito victoriano; y me apoderé de una habitación en el primer piso que no se usaba y ahora se llama "El saloncito de Rita". Es todo un collage, repleto de lindas pinturas, cojines, bordados y un sofá-cama antiguo. Todo lo que puede estar adornado, lo está. Ese fue mi refugio, un lugar privado donde pudiera ser simplemente yo.

Como nuestros nietos viven tan cerca de la casa, podían venir a cenar y hasta pernoctar con Lenny y conmigo. Una de las cosas que me encantaba hacer con ellos era inventarles cuentos. Empecé a hacerlo cuando el mayor, Justin, comenzó a quedarse en nuestra casa. A veces le costaba mucho trabajo dormirse. Entonces, para tranquilizarlo, yo empecé a inventar cuentos exclusivos para él.

—Había una vez —le decía— un niño pequeño llamado Justin, quien, cada vez que estaba preocupado por algo, se iba a este maravilloso, maravilloso prado —le describía el prado en tonos suaves y con gran detalle, y le contaba de los árboles llenos de manzanas de distintos colores y de un columpio que se mecía desde el cielo—. Justin nunca veía el final de las cuerdas pero podía mecerse arriba y abajo, hasta que casi tocaba las nubes. También había una colina como de terciopelo, desde la cual se rodaba sin lastimarse porque la hierba era tan suave como una almohada.

Y el sueño llegaba pronto. Fue una dicha haber encontrado ese remedio.

Una noche Cammy, el menor, llegó de visita y, como siempre, se fue al primer piso a la habitación de los niños a divertirse con sus juguetes. La cena estaba lista, y después de varias invitaciones no atendidas, Lenny finalmente le dijo: "Si no vienes ahora, ¡no comerás!". Al instante escuchamos una vocecita que se acercaba diciendo: "*Ahora* ustedes tienen mi atención".

Hoy en día, los trofeos, dibujos y escritos de mis nietos están exhibidos junto con mis premios. Ese es su lugar. Y yo estallo de orgullo y amor.

Una mañana de verano en 2004, Lenny se devolvió a nuestro dormitorio, donde yo seguía en la cama, leyendo el periódico. Supongo que se enteró de la noticia por televisión. Al principio, no pude asimilar lo que Lenny me estaba diciendo: "Marlon falleció".

Pero era cierto. Marlon Brando había muerto a la edad de ochenta, el 1 de julio de 2004, de una fibrosis pulmonar que le produjo una falla respiratoria. Había estado en su casa hasta el último día, fue llevado de urgencia al hospital y allí falleció rápidamente. Se había negado a permitir que introdujeran tubos de oxígeno directamente a sus pulmones, única medida que habría podido prolongarle una vida cada vez más dolorosa e inútil para él.

Escuchando las palabras de Lenny, mi larga historia con Marlon pasó frente a mis ojos como en una película: medio siglo de conocer a Marlon, de amar a Marlon, de huir de Marlon.

En sus últimos años, Marlon me llamaba y susurraba "te extraño". Lo único afectuoso que yo podía hacer por él era invitarlo a cenar. Marlon iba a esas cenas, pero a menudo resultaban incómodas.

Hacia el final de su vida, Marlon se volvió prácticamente irreconocible; nada quedaba del ágil y musculoso amante que yo había conocido con tanta pasión. Con su pálida tez enfermiza y 300 libras de peso, parecía más una abotagada ballena que un hombre. Estaba tan hinchado que a menudo no podía usar zapatos sino pantuflas. Se sentaba horas a comer galones de helado a cucharadas. Creo que, igual que muchas mujeres con obesidad mórbida, Marlon comía para calmar sus dolores y emociones. Se había pasado la vida como un yo-yo, haciendo dieta y recurriendo a métodos drásticos para adelgazar a tiempo para poder filmar cada nueva película.

Lo curioso es que ya parecía no tener la vanidad de su físico. El caso es que Marlon hacía su duelo a punta de bocados y supongo que eso ayudaba a tranquilizarlo. Ya al final, envuelto en su flotante caftán y con pantuflas, Marlon lucía como una de esas enormes señoras jugadoras de *mah jong* que se veían en los barrios del Bronx donde viví de niña.

La última vez que vi a Marlon fue el año anterior al de su muerte. Fui invitada a su casa de Mulholland Drive, en Beverly Hills. Su casa era bien conocida, en parte porque Marlon compartía una entrada para autos con la casa de Jack Nicholson. ¡Y a esa entrada llegaban muchas mujeres!

Marlon había vivido en esa casa mucho tiempo atrás, pero la vendió y volvió a comprarla, y acabó pasando cuarenta años de su vida en ella. Esa casa era la gran concha en que cabía su enorme cuerpo, supongo. Era la misma casa que había sido escenario de muchas tragedias: allí había muerto ahogada Sono, empleada y niñera de Anna, su primera esposa. Anna encontró a Sono flotando en la piscina. Y el estudio de Marlon había sido la escena de la muerte de Dag Drollet, a quien Christian Brando le disparó en un enfrentamiento por Cheyenne, la hermana de Christian.

Marlon tuvo por lo menos tres esposas exóticas mientras vivió allí: Anna Kashfi de las "Indias Orientales", la mexicana Movita y la tahitiana Tarita. Yo misma había pasado algún tiempo allí representando a Puerto Rico.

La razón de mi visita era que iba a rodar un piloto en Los Ángeles y Marlon me invitó a quedarme en su casa, en una habitación de huéspedes.

—¿Te parece bien? —le pregunté a Lenny.

Cuando él dijo que no había problema, volé allá, me alojé en casa de Marlon y rodamos el piloto. Prácticamente ni lo vi, y nuestro último momento juntos fue una agridulce despedida. No podía yo saber que sería para siempre, pero sí experimenté algo solemne en ese última adiós cuando Marlon, en su caftán, se acercó pesadamente a darme un beso de despedida. Traté de besarlo, pero el peso y la fuerza de su enorme panza me impidieron alcanzar su mejilla. *Mis* pequeños brazos no alcanzaron a abarcarlo.

Esa vez conocí a la última novia de Marlon, que para entonces estaba viviendo allí. En un extraño giro final en sus preferencias románticas, ella no era una mujer de piel cobriza sino blanca y pelirroja, una chica incandescente, un rayo de luna.

Era una persona linda por dentro, también. Cuando supo que yo regresaba ya a Nueva York, se apresuró a salir y se despidió cálida y respetuosamente. Me dijo lo mucho que yo significaba para Marlon y que también para ella había sido muy significativo conocer a una persona que había sido tan importante en la vida de él.

Le di las gracias por cuidar de Marlon. También le tomé la mano, la sostuve por un momento y le dije.

—Tú también debes cuidarte.

Después subí al auto y me fui.

PERSEVERANCIA

Conseguir trabajo no fue más fácil cuando pasé de la edad madura al status de persona de la tercera edad, pero perseveré. Parte esencial del carácter de un artista es mantenerse activo y perseverar. Siempre debe ser capaz de levantarse, sacudirse y seguir adelante.

A los sesenta, di media vuelta y fui a hacer una audición para un papel con un famoso y reconocido director. No voy a mencionar su nombre, pero diré que fue importante en el negocio del espectáculo, de mucho renombre como director.

Me había preparado concienzudamente para el único papel femenino serio del libreto que parecía ser el indicado para mí. Había pasado más de un año desde mi último trabajo y ya estaba empezando a sentirme como en un retiro involuntario.

Entré puntualmente a la oficina indicada y el Sr. Director me pidió que leyera la parte.

—No veo la hora de actuar para usted, creo que tengo algo realmente bueno para esta escena.

Pero cuando empecé a leer y actuar la parte, el hombre me detuvo abruptamente y dijo:

—Oh no, no querida, te trajimos para leer la parte de la madama del burdel.

La habitación quedó totalmente en silencio. Primero sentí el sonrojo en la cara y luego recorrió mi cuerpo. Pero hice acopio de toda mi dignidad y cerrando el libreto lo miré directamente a los ojos y dije:

—Lo siento, pero yo no hago madamas de burdeles.

Luego recogí mis cosas y, lenta y deliberadamente, me dirigí a la puerta sintiendo que me seguía cada uno de los ojos que había en esa oficina.

Entré al auto y me quedé ahí perpleja durante un minuto hasta que la cascada de lágrimas empezó a bañar mis abrasadas mejillas. Me sentí profundamente avergonzada. Mi agente me había dirigido al papel equivocado y yo fui víctima de su descuido.

Una vez que él escuchó lo ocurrido, acepté sus disculpas, pero la humillación y la herida me acompañaron por días. Humillada no porque mi agente hubiera cometido un error, sino porque un director tan importante hubiera pensado en mí para interpretar la madama de un burdel —la madama de un burdel mexicano que solo decía un par de líneas, en español— y me pidiera hacer una audición para ese papel.

Volví a casa y Lenny me preguntó cómo había estado. Le dije "okey". Pero a los tres días me derrumbé. Empecé a llorar y Lenny me tomó entre sus brazos. Le conté lo que había pasado, y él me sostuvo; algo que hacía muy, muy bien.

Así que recuperé mi compostura, y algún tiempo después mi agente llamó y dijo que me habían dado la parte del personaje Oscar Madison, el halgazán desaliñado, en la versión femenina de la comedia de Neil Simon, *Odd Couple*. La gira fue de Texas a Broadway. El personaje de Felix Unger, el excéntrico prolijo, fue interpretado por Sally Struthers.

Y luego vino la serie de televisión *Nine to Five*, producida por Jane Fonda, en la que interpreté a Violet Newstead (el rol de Lily Tomlin). Me encantó porque muestra que las mujeres realmente llevan vidas laborales que importan y no se aferran a sus cargos sólo hasta que conozcan un hombre que cuide de ellas. Cuando la serie fue cancelada empecé una maratón de "invitaciones". Fui estrella invitada en docenas de shows. Por ejemplo, volví tres o cuatro veces como invitada a *Rockford Files* con mi viejo amigo, Jim Garner.

Para *Rockford*, tuve un picante papel como Rita Capkovic, renuente prostituta que empieza a envejecer y desea retirarse. Coseché dos nominaciones al Emmy por dos episodios diferentes, y mi segunda nominación se convirtió en un premio Emmy.

En los años que siguieron escasearon los papeles para mujeres de mi edad. Pero la pantalla chica era más acogedora que la grande y en algún momento los gurús del rating deben haber reconocido que a los televidentes les gusta ver mujeres mayores.

Entonces, cuando parecía que la vejez pondría fin a mi carrera, encontré un santuario en una prisión de máxima seguridad: Oz.

Todavía recuerdo esa sorprendente cena con el multi-talentoso creador, escritor y productor Tom Fontana. Estaba atacando mi postre, flan, cuando Tom dijo:

—Tengo un rol para ti en mi nueva serie. Se desarrolla en una prisión de máxima seguridad, para hombres. Todos los hombres son asesinos: sociópatas y psicópatas reconocidos.

Pensé que bromeaba.

—¿Y qué haría yo ahí?

Si *no está bromeando,* pensé, *Tom me ofrecerá el papel de la matrona.* Pero fue mejor.

—Eres una monja —dijo él.

Se me cayó la cuchara, se escuchó su sonido metálico y creo que yo debía estar boquiabierta. ¿Qué podría hacer yo allí?

—Tratas de reformarlos o, por lo menos, de llevarles consuelo espiritual.

—¿Pero no sirve de nada?

Asintió con la cabeza.

—Eso es correcto.

—Okey. Me encantará interpretar a la monja —me escuché decir, todavía en shock.

Y allí mismo siguió la salvación de mi carrera, de 1997 al 2003, como la Hermana Peter Marie en *Oz.* Era un reparto celestial: me rodeaba una multitud de actores musculosos liderados por Christopher Meloni, cuyo personaje era un prisionero bisexual. Fue tan maravilloso que soñaba con ser condenada a cadena perpetua.

Las historias, por supuesto, eran todas siniestras, las violaciones a hombres eran constantes, los prisioneros eran acuchillados periódicamente y algunos morían. Pero a pesar de todo, inyecté algunos momentos de frivolidad en las *outtakes* o tomas falsas.

Oh, y gané otro Emmy.

Para entonces ya tenía más de setenta y en mi vida privada era una abuela feliz. Podría haber considerado retirarme cuando se acabó esa serie. Después de todo, había tenido más laureles de los que necesitaba para descansar. Pero la jubilación simplemente no está en mi ADN.

LA MUERTE DE LENNY

Después de casi medio siglo de estar temiendo el "ataque cardiaco final", Lenny acabó en el hospital por una obstrucción intestinal. La vida, el destino y la edad habían tomado por asalto sus entrañas. A los noventa todo es grave.

Habíamos volado a Nueva York para participar en un evento benéfico en el Lincoln Center, y tres días antes del evento una sucesión de dolores de estómago doblegó a Lenny. El doctor lo envió en ambulancia al hospital del Upper East Side donde Lenny había practicado la medicina durante toda su carrera y donde nació nuestra hija Fernanda.

Bien, pensé. *Ahí lo conocen y lo cuidarán bien.*

Llegamos a la sala de urgencias, donde nos recibió un muro de sonido. La gente pedía ayuda, caminando como abandonados en medio de la calle en una zona de guerra. Yo esperaba ver enfermeras y asistentes revolando por todo el lugar para prestar ayuda. En lugar de eso vi a algunas enfermeras ayudando mientras otras, de pie junto a la estación de enfermeras, se reían tan escandalosamente como si estuvieran viendo el show de un humorista. Mi asombro pronto se convirtió en alarma al darme cuenta de que ese era el modus operandi del lugar.

Gracias a Dios por las pocas personas trabajadoras que sí se preocupaban, porque excepto ellas, en el área de las que reían reinaba una indiferencia que me abrumó. No llegué a pedir a gritos las autoridades, pero sí se generó en mí un resentimiento, especialmente por esas víctimas involuntarias que habían venido buscando ayuda, sólo para caer en este infierno.

Entretanto Lenny, aferrado a mí, con el rostro crispado por un dolor espantoso, se retorcía y sollozaba incontrolablemente, rogando que le aplicaran morfina. Había pasado con él sus ataques cardiacos; lo había acompañado mientras sufría los intolerables dolores en el pecho que produce la angina. Pero nunca, jamás, había visto a Lenny comportarse de esta manera. Su indefensión me partía el alma y yo también lloré.

Me acerqué a una enfermera que parecía amable. Temblando y sollozando, le rogué aliviar el dolor de mi esposo.

—Él practicó la medicina aquí durante cuarenta años —le dije—. Aquí nació nuestra hijita. Por favor, por favor, llame a su doctor y obtenga su permiso para darle morfina.

Ella lo hizo, pero contactarlo le tomó por lo menos otros veinte minutos. No debió ser por culpa del médico, estoy segura, pero me parecieron toda una vida.

Finalmente, a Lenny le aplicaron una inyección y dejó de llorar. Me senté en la camilla y lo tomé en mis brazos esperando que se durmiera. Y empecé a llorar otra vez. Les tomó dos horas conseguir una cama en el piso para trastornos gastrointestinales, y otras cuatro horas encontrar un camillero que nos acompañara hasta la habitación.

Le supliqué a la supervisora que me permitiera empujar la camilla de Lenny hasta la habitación, pero por supuesto la respuesta fue negativa.

—Creará una pesadilla con la compañía de seguros —explicó. Eso va contra las políticas del hospital.

Había perdido ya la capacidad de razonar. Mi paciencia se había agotado. Camino al piso de arriba pasamos por lo menos junto a otras seis personas aún en camillas, esperando por sus habitaciones.

Era casi medianoche cuando, después de un verdadero suplicio de diez horas, por fin llegamos a la habitación. Lenny se despertó y empezó a retorcerse otra vez y llegó un batallón de médicos y enfermeras a hacerle preguntas. Fue muy doloroso ver eso. Ellos necesitaban respuestas y Lenny necesitaba morfina.

—Nada de morfina hasta que la evaluación médica esté completa —dijeron.

Su agonía se vio intensificada por la punción de las agujas y las presiones de los reconocimientos. No fue fácil para los doctores porque su paciente estaba doblado sobre sí mismo por el dolor, pero ellos continuaron haciendo más preguntas y luego otras más. Por fin le aplicaron una inyección de morfina. Misericordiosamente, Lenny se quedó quieto otra vez.

Pero esto no había acabado. Ahora yo debía decidir si, después de ese tormento, queríamos que lo transfirieran a un hospital "mejor", distante unas cuadras de allí y posiblemente volver a pasar por todos esos episodios de dolor otra vez, o quedarnos en éste. Opté por quedarnos. Y quedé entre la espada y la pared. Nunca sabré si tomé la decisión correcta.

Pedí un catre y obtuve una silla de madera, reclinable, con

cojines de cuero para trasero y espalda que me hicieron sudar todo el tiempo. Durante el resto de la noche, mi esposo tuvo ocasionales descansos del dolor gracias a pequeñas dosis de morfina, pero cada vez que se acababa el efecto de la droga, él empezaba a gemir y llorar.

Déjenme decirles que, por exhausto que se esté, en una situación de estas es imposible dormir. Cada vez que el efecto pasaba yo me levantaba, trataba de aliviarlo y esperaba la inyección. No podía dormir; llevaba horas sin beber nada. Sentía que mi estómago se retorcía por falta de alimento. Como a las dos de la madrugada, una enfermera vino a aplicarle una inyección. Le pregunté si me podría conseguir una taza de té y ella volvió, bendita sea, con el té y dos paquetes de galletas Graham. ¡Fue un banquete! No pude menos que abrazarla y le pregunté su nombre: Mali.

Busqué el horario de Mali para poder pedirle ayuda durante los turnos de la noche. Y así es como se hace: lentamente, se va aprendiendo los horarios de las enfermeras que son amables y serviciales y, si es posible, se esperan los turnos de ellas para pedir pequeños favores o ayuda. Los pequeños favores a veces consistían en solicitar caldo, porque ahora el estómago de Lenny rechazaba ciertos alimentos de los que traía su bandeja de comida; o pedir toallas adicionales para ponérselas a Lenny bajo las rodillas o limpiar su vómito cuando inesperadamente trasbocaba salpicando toda la cama y yo no podía encontrar una enfermera que me ayudara. Porque probablemente estaba ayudando a alguien más a aguantar la noche.

La verdad es que luché tratando de encontrar una manera de entender las fallas de esta ala tan abarrotada de pacientes y tan escasa de personal, y llegué a la conclusión de que lo mejor para Lenny sería controlarme y evitar las rabietas por los interminables descuidos. La única solución era tragarme la ira y la angustia, y más bien hacerme amiga de aquellos miembros del personal que fueran amables. Mi objetivo primordial era que mi esposo obtuviera lo que necesitaba, cuando lo necesitara, y ser su aliada y defensora.

Al final de esa primera semana, realmente en el fin de semana, me llevaron un catre a la habitación. ¡Gloria a Dios! Que la espalda me quedara casi apoyada en el piso resultó casi irrelevante. Simplemente puse algunas toallas y sábanas bien dobladas bajo la cama y, ¡*voilá*!, tuve una verdadera cama.

Lenny estaba empeorando. La rutina era llevarlo de piso en piso para hacerle una prueba tras otra en alguna de las "salas de máquinas" donde tomaban las *MRI*, *TAC* y los rayos X. Entonces, congelándose, tenía que esperar en los corredores helados a que lentamente avanzara la línea de turnos. Una vez, volvió temblando después de haber esperado tres horas. ¡Esto era el colmo! En una excursión investigativa encontré el closet de la ropa y agarré tres cobijas para futuros viajes a otros pisos.

En una ocasión, mientras Lenny estaba fuera, se me derramó mi taza de cocoa en el piso de la habitación. Lo sequé con Kleenex y descubrí que estaba asqueroso aún después de la trapeada diaria. Preguntándome qué tendrían esa agua y ese trapero, me fui a una tienda cercana y compré dos botellas de Lysol con atomizador. En cuatro patas y con toallas de papel de baño limpié el piso, y también el alféizar de la ventana tiznado de hollín. *No importa*, pensé, *al menos hice algo mientras esperaba*.

Tratando de conservar mi sanidad mental, yo salía a cenar todas las noches y, según lo difícil del día, me tomaba una o dos copas de vino. Esto lo hacía después de haber acompañado a Lenny en su comida de la noche, de la cual consumía cada vez menos. Comía sola, pero era el único gusto que podía darme en el día.

Una tarde, mientras Lenny dormía una siesta, fui a mi habitación del hotel y me di una ducha. Fue felicidad pura. No había estado allí en días. Empaqué varios pares de pijamas, luego compré varias revistas de modas y el *New York Times* para Lenny.

Cuando le entregué el periódico me dijo:

—Tu cabello huele a flores.

Ese día estuve feliz.

Después de todos sus tormentos, los resultados de los exámenes revelaron que el intestino de Lenny se había retorcido y necesitaba cirugía de inmediato. El diagnóstico se había tomado una semana. Llamé a Fernanda y vino enseguida. Quería estar allí cuando su padre se despertara de la cirugía.

El procedimiento estuvo muy bien, Fernanda y yo teníamos la esperanza de que los tres nos fuéramos pronto a casa. Fue tan bueno ver a nuestra niña de nuevo. ¿Hay algo más conmovedor que la cara de un hijo que trata de ser valiente? Quería cubrirla de besos.

A Fernanda le preocupaba su papá, pero también estaba muy preocupada por mí. Lenny, por supuesto, se sintió en el séptimo cielo con sólo ver su dulce carita cuando despertó de la anestesia. Pensando que todo estaría bien, Fernanda voló a casa en California. En tres días celebraríamos nuestro 46 aniversario con Lenny ya en recuperación. *Qué regalo,* pensé.

El tiempo pasó y nuestros días entraron en una rutina. Casi todos los días le leía el *New York Times* a Lenny. De vez en cuando veíamos deportes en televisión. Con un viejo colega médico de Lenny hablábamos de política y discutíamos hasta la saciedad el lamentable deterioro de este hospital que en otros tiempos había sido excelente. Llegamos a la conclusión de que tal vez los días de los grandes hospitales ya habían quedado atrás. Nos entreteníamos con juegos como el del ahorcado y con crucigramas. Y, dos veces al día, caminábamos por los pasillos de nuestro piso. Lenny usaba el soporte de sus medicamentos intravenosos como un bastón sobre ruedas, y yo lo estabilizaba tomándolo del codo por el otro lado.

Creía de todo corazón que pronto me llevaría a Lenny a casa. Pero de repente él empezó a tener problemas. Las personas de su edad se vuelven muy susceptibles hasta a cualquier cosa en el aire, sobre todo después de una cirugía. Lenny había entrado al hospital con un poco de neumonía y se convirtió en un plato Petri perfecto para bacterias en busca de hogar. Sucedió muy rápido; y su vulnerable sistema fue invadido por otras infecciones.

Lenny se volvió muy frágil. Siempre había sido un hombre esbelto, pero adelgazó y se debilitó terriblemente. Su estómago rechazaba todo alimento salvo caldo y más caldo, y si recibía gelatina era toda una fiesta. Me alarmó su pérdida de peso. A instancias mías, los doctores accedieron a agregar a su dieta proteínas y vitaminas por vía intravenosa.

Mi querido Lenny también se asustó. Después de todo, era médico y sabía que iba en una espiral descendente. Lenny no exteriorizaba su temor y por eso yo tampoco lo hacía, pero era tan obvio que ninguno de los dos podía ignorarlo.

Desde que empezó su terrible experiencia, Lenny me agradeció continuamente por estar a su lado. Se exaltaba al expresar su gratitud, parecía sorprendido de lo bien que lo estaba cuidando y me daba las gracias una y otra vez.

Eso me sorprendió, me agradó, pero también me consternó. ¿Cómo *no* iba a preocuparme por él? ¿Pensaba que yo me escaparía para ir de compras?

A medida que fue agravándose, Lenny enfatizaba más aún mi

inquebrantable lealtad. Pero eso me dolía. Aunque lo entendía: en su cabeza yo era todavía su niñita, y las niñas pequeñas no son capaces de afrontar grandes retos. Pero igual me dolía.

Desde mucho antes de esta dura prueba, yo me había distanciado de Lenny emocionalmente. Había llegado al punto de darme por vencida con respecto a nuestra relación. Éramos personas muy diferentes. Yo había planeado vivir el resto de mi vida a su lado, más no necesariamente de su lado. Pero no cabía la menor duda: jamás lo abandonaría. Cuando Lenny se enfermó, fue la primera vez en nuestros cuarenta y cinco años de vida marital que se me permitió cuidar a mi esposo. Ya él no podía hacer nada al respecto. Este hombre que no había podido aceptar nada de mí en casi medio siglo de matrimonio; el hombre cuyo control regulaba la dirección del dar para que siempre fuera de él para mí, finalmente me estaba permitiendo cuidarlo y amarlo y volcarme sobre él como él mismo lo había hecho conmigo todos esos años de casados. Hasta ahora, Lenny no había entendido que en una relación amorosa recibir es el ying del yang que es dar.

Y como resultado de todo eso, otra vez me enamoré profundamente de mi esposo. Y literalmente me dejé envolver por el esplendor de éste que me parecía igual que un "primer amor".

No me cansaba de hacer todo por Lenny. Para mí era un placer lavarlo, cepillarle el cabello, cortarle las uñas y arreglarle la barba. Le cantaba. Eso me hacía feliz. Me sentí joven de nuevo. Lo cubría de besos y le declaraba mi amor una y otra vez. Aún bajo la sombra de ese algo oscuro e inquietante, esta fue una de las mejores épocas de mi vida.

A medida que la enfermedad de Lenny progresaba, se le dificultaba cada vez más respirar. Ya no podía tomar una inhalación

profunda aceptable. Para mí era una tortura verlo jadear y aho-
garse y toser. A menudo soñaba que yo tampoco podía respirar y
me despertaba jadeante.

Había llegado el momento: tuve que hacer la llamada telefó-
nica más terrible de mi vida. Ahogada en sollozos llamé a Fernanda y le dije:

—Creo que tu papi se está muriendo.

Pude sentir que ella luchaba por mantener su compostura.
Me dijo que vendría enseguida y traería a nuestros nietos y a su
esposo, David. Le sugerí dejar a los dos niños que, después de
todo, sólo tenían diez y doce años, para ahorrarles ese dolor. Pero
ella se sintió ofendida. Y por supuesto tenía razón.

Cuando llegaron, Justin, nuestro primer nieto, observó el
cuerpo frágil de Lenny. Este era su *Gramps*, con quien él tenía
una relación extraordinaria. Su nacimiento le había dado a Lenny
el hijo que siempre había querido. Ambos jugaban ajedrez y tenían largas charlas sobre la vida. Lenny lo ayudaba con sus tareas de matemáticas. Y, oh, ¡esos fabulosos y sudados juegos de
ping-pong! Lenny era su mejor amigo y defensor. Pero ahora esos
ojos de adoración con que lo miraba su *grandpa* no podían seguir
al niño que había venido a visitarlo por última vez.

Traté de recibir a mis niños como si fuera una visita como
otra cualquiera. Le puse a Lenny sus anteojos y lo desperté para
que viera a sus amados "hombrecitos" una vez más.

—Mira, mi amor, mira quiénes están aquí —dije mientras
traía a los niños al lado de la cama.

Cuando Lenny los vio, esbozó la sonrisa más tierna y amorosa que jamás vi en su rostro.

Cameron, el pequeño, tocó la mano de su abuelo, se quedó
un momento, y luego en perplejo y lloroso silencio se retiró a una
silla.

—Dale a *Grandpa* una cucharada de agua —le pedí a Justin, porque Lenny tenía la garganta muy seca por el tubo de oxígeno.

Justin lo hizo, Lenny le sonrió dulcemente y se tomó el agua como un pajarito.

Después, Justin puso la cuchara en la cama, se fue a su silla y dejó escapar un aterrador grito silencioso mientras las lágrimas salían a raudales de sus ojos... los ojos de un niño que nunca lloraba. Yo quería desesperadamente soportar su dolor por él.

Y entonces David hizo algo que jamás olvidaré: sentó a Justin en su regazo y lo rodeó con sus brazos. Siempre lo amaré por eso.

David y los niños volvieron a California. Fernanda se quedó conmigo. Muchas veces se ofreció a hacer guardia y quedarse con su papá. Ella y David habían traído un colchón inflable, que reemplazó felizmente al desvencijado catre. Pero yo necesitaba estar ahí, por Lenny y por mí. Para entonces ya conocía bien la rutina del hospital, y sabía que Lenny querría ver mi cara cada vez que despertara.

Fernanda y yo hablamos seriamente del sufrimiento de Lenny. Le conté cómo su papá se pasaba las horas de cada día jadeando para recuperar el aliento, luchando para conseguir aire. Le dije que cada vez que se le secaba la garganta por el tubo de oxígeno, Lenny pedía agua para aliviarle esa molestia. Como no podía ingerir un trago de agua, los copitos de algodón mojados en agua se convirtieron en el mejor sistema. Pero hasta ese poquito de agua en la boca le producía un ataque de tos. ¿Cómo permitir que esto siguiera?

Cuando las infecciones se multiplicaron, los médicos agregaron más antibióticos por vía intravenosa. Lenny luchaba por sobreponerse, pero no podía. ¡No! ¡No! ¡Esto no podía seguir! ¿Acaso no era para esto que Fernanda y yo estábamos ahí, para hacerle más fácil su tránsito en ese viaje tan doloroso?

Después de mucha deliberación, y con profunda inquietud, ambas acordamos pedirle a la gente del centro de cuidados paliativos que pusieran fin al sufrimiento de Lenny. No, no que le pusieran fin a su vida —nunca fue ese nuestro deseo— sino que se aliviara su padecer manteniéndolo dormido constantemente. Las personas que atendían ese centro de cuidados paliativos donde estaban los enfermos desahuciados fuero, las más sensibles y consideradas de todo el hospital. Entendieron perfectamente lo que Fernanda y yo queríamos para Lenny.

—Esto es lo que quiero que hagas por mí cuando sea mi hora —le dije a Fernanda.

Después de la intervención del centro de cuidados paliativos, Lenny empezó a dormir plácidamente las 24 horas del día, sin tos, ni jadeos, ni ahogos. Yo le hablaba por si acaso podía escucharme, le relataba historias de sus adorados nietos y de su hija que tanto lo amaba y le contaba las últimas noticias. A Lenny siempre le había gustado escuchar las noticias; quizás eso lo haría sentirse todavía en contacto con el mundo.

Su cuerpo empezó a ponerse muy frío. En casa, a veces yo lo desterraba a su lado de la cama porque la temperatura de su cuerpo era como un horno, pero ahora su calor se estaba acabando. Sus manos parecían jóvenes, no tenían ni una vena a la vista, pero estaban frías y secas. Oh, tan secas.

Una noche que le estaba hablando, hice una pausa para escuchar su respiración irregular. Con su mano en la mía, caí de rodillas y en voz alta, dije:

—¡Dios mío! ¿Qué he hecho? ¿Qué he hecho?

Al día siguiente hablé con Fernanda y ella me recordó que ahora él sólo estaba durmiendo, no sufriendo.

Yo acostumbraba a dormirme con la respiración acompasada de Lenny, pero llegó un tiempo en que su irregularidad me hacía despertar sobresaltada. En el día veintiséis de nuestra estadía en el hospital, yo dormía profundamente cuando entró la enfermera de noche y me despertó. Tuvo que sacudirme varias veces.

—¿Sra. Gordon? Sra. Gordon, su esposo dejó de respirar —dijo ella, pronunciando las palabras con absoluta indiferencia.

Yo salté de mi colchón inflable y me quedé a los pies de la cama de Lenny. Sin poder creerlo miraba a mi Lenny tan quieto, que ya no respiraba. Se veía muy frágil, casi diminuto, este hombre que me había amado demasiado. ¿Puede un hombre amar demasiado?

Me senté en el borde de su cama y besé y acaricié su elegante cabeza una y otra vez. Corrí mis dedos entre sus sedosos cabellos plateados y corté un mechón para guardarlo en una diminuta bolsita de seda.

Después recogí mi bolsa de noche y desde la puerta le di una última mirada. Vi un prolongado montaje de dos vidas entrelazadas como un caduceo. ¿Lenny se llevó consigo partes de mí? Me pregunté si se llevaría con él, todavía aferrada, a Rosita, la niñita. ¿Cómo es que funcionan las cosas para que una vida tan grande, tan rica y tan complicada, emanara de esta delgada figura?

No hubo lágrimas en ese momento. Las había llorado todas. Fue una dolorosa pena sin llanto. Desde la puerta lo miré por última vez. ¿Puede un hombre amar demasiado? No lo sabré jamás.

Salí a la noche sofocante de Manhattan y detuve un taxi.

EL DESVÁN

Un autorretrato se pinta viendo nuestro reflejo en un espejo. Pero durante buena parte de mi vida, el espejo ofreció sólo una imagen plana sin los ángulos, las sombras y la curva de luz necesarios para reproducir un retrato tridimensional.

Hace unos años, mientras actuaba en *Master Class* en el Berkeley Repertory Theater de Berkeley, California, conocí a su productor y director artístico, el brillante Tony Taccone. Nos volvimos buenos amigos. Me atrajo su estilo directo y llano. Tony era franco en su trato con todo el mundo y yo admiraba su honorable forma de defender ese teatro sin ánimo de lucro.

Fue Tony quien me invitó a considerar la posibilidad de coescribir juntos una pieza sobre mi vida. Al principio no lo tomé muy en serio. Pensé que no tenía mucho que decir y que mi vida no era tan interesante. Pero algún tiempo después, Tony sacó a relu-

cir el tema de nuevo. Esta vez lo despaché con un "voy a pensarlo", sabiendo que no lo haría. Pero lo hice. Busqué todo tipo de
excusas para no hacerlo. Primero le eché la culpa a Lenny; él no
querría conocer algunas de las historias, lo avergonzarían. Luego
pensé en las viejas heridas que se abrirían y de alguna manera
supe que tendría que sentirme desdichada, culpable y triste. Pero
Tony persistió y me dio un último empujoncito hasta que accedí.
Y más o menos un año antes de que Lenny falleciera empecé a
trabajar en el proyecto, que se convertiría en una pieza de teatro
sobre mi viaje, *Life Without Makeup*.

Empezar me costó trabajo. Pero con Tony como mi leal escu-
dero, empecé a desenvolver la historia de mi vida. Entre tantos recuerdos surgieron experiencias ya olvidadas. Me conmovió el arco
de mi vida y ver que mi viaje ha sido la Historia Americana, el
Sueño Americano. Pero los sueños vienen en muchos colores y sa-
bores y, como era de esperarse, el mío incluía tristezas, dolores,
arrepentimientos y penas jamás expresadas. Pero también realiza-
ciones maravillosas. Y algunos misterios que incluso se resolvieron.

El proyecto fue todo un éxito por su efecto catártico en mí, y
también para el teatro, pues la pieza tuvo gran acogida. Fue maravilloso volver al escenario otra vez. Y resultó especialmente
conmovedor escuchar las historias compartidas por espectadores
que después de la presentación vendrían tras bastidores o espera-
rían en la calle para contarme sus propias trayectorias.

Ante el impacto causado por la pieza, mi *manager* me instó a
decidirme a escribir este libro. Protesté mucho menos. Había disfrutado el honesto compartir con mi público y aprendí que una
vez cedieron las herrumbrosas bisagras, la puerta se abrió de par
en par y también sus historias salieron a la luz para dejarme saber
que no he estado sola. Tal vez un libro permitiría que una mayor
cantidad de público tuviera acceso a situaciones similares. Así

que me dispuse a entrar al desván de mi mente, albergue de tesoros que solo allí pueden encontrarse. Es un lugar enorme lleno de polvo, un rayo de luz color ámbar entra por la ventana iluminando las partículas de polvo y también de recuerdos. Esta cámara de ecos de mi memoria está llena de llanto y suspiros, estrepitosas carcajadas y chillidos de deleite.

Aspiro el aroma, la húmeda fragancia del bosque tropical. Inhalo profundamente y entro a esa catedral verde, de místicas orquídeas colgantes. Escucho una vez más el llamado de los pájaros silvestres, el canto del coquí.

Esto es lo que veo: daguerrotipos de mi abuela materna, Trinidad López, ilustre española encorsetada. Mi madre Rosa María Marcano está allí, inclinada sobre una máquina de coser. Veo a mi hermanito Francisco, de tres años, casi idéntico a mí, con su reluciente piel cobriza, sonriente. Veo a Dennis reírse mientras le cambio el pañal, a Marlon apretándome con sus brazos mientras río hasta las lágrimas, y veo amigos de tantas etapas de mi vida. Y veo a Lenny, el amor de mi vida, mi fiel esposo y mejor amigo: Lenny, siempre a mi lado.

Penas pasadas, penas recientes y el amenazante espectro de la culpa... Ese sentir que no se es lo suficientemente bueno, la imagen plana que veía en el espejo. Pero ahora veo mi vida en todas sus dimensiones.

Sí, hay cabos sueltos, pero aquí estoy, sana, más contenta de lo que se esperaría, plenamente capaz de recordar y reflexionar, y equipada para soñar. Agradezco profundamente el aplauso y florezco cuando soy el centro de atención. Sí, me encanta la atención. Pero cuando la neblina de la mañana arropa las colinas del lugar donde vivo y se levanta el telón, me asomo a la ventana y veo, allá abajo, el hogar de mi hija lleno con las vidas de mis dos buenos hombres en ciernes y mi corazón alcanza la plenitud.

AGRADECIMIENTOS

—Rita —me dijo— deberíamos escribir una obra de teatro sobre tu vida.

Y después de muchas dudas de mi parte y una gran perseverancia de la suya, Tony Taccone, Director Artístico del Berkeley Repertory Theatre, convenció a Rosita Dolores Alverio de que saliera de las sombras para presentarse en escena en Berkeley para mostrar mi vida sin maquillaje (*Life Without Makeup*). Tony, querido amigo mío, gracias por haber sido mi inspiración, mi guía y mi colaborador.

—Debes escribir un libro, la crónica de tu vida, el recuento de tu carrera. Tu historia para la posteridad. ¡Piensa en tus nietos!

Esas palabras, pronunciadas por David Belenzon, fueron la chispa de la génesis de este proyecto. Porque valoraste mi historia, David, tuve valor para contarla toda.

Para mi agente literario, Dan Strone, CEO de Trident Media Group, mis agradecimientos por presentarme al competente equipo de Penguin. También quiero dar las gracias a Kseniya Zalavskaya, asistente de Dan.

Laura Shane Cunningham, mi más profunda gratitud por tu intuitiva observación. Incorregible romántica, fuiste la perfecta animadora y colaboradora; sin ti, jamás habría logrado trasladar la pasión al papel.

A todo el grupo editorial de Celebra bajo la experta dirección de Ray García, su editor; muchísimas gracias a ti Ray, y a Phil Wilents, gerente de producción; a Alissa Amell, diseñadora de textos; a Craig Burke y Julia Fleischaker, publicistas. Y a Denise Silvestro, mi editor, ¿qué puedo decir? fuiste tú quien llevó este proyecto a su exitosa terminación. Tu paciencia con esta novata escritora fue infinita y tu constructivo aporte, definitivo para estructurar la historia. ¡Te aprecio!

Patty Pirooz, gracias a tu avezada dirección en la grabación de sonido el manuscrito fue más afinado aún. Leerlo "en voz alta" ciertamente ayudó a eliminar los últimos problemas. ¡Buen oído! ¡Excelente trabajo!

Allison Janice, gracias por la investigación y por conseguir todos los permisos fotográficos necesarios para el libro.

Judy Katz, de Katz PR, mi publicista y amiga, me llegó el turno de publicarte y darte gracias por tan constante y leal labor.

Y finalmente, para John Ferguson, mi guardián, consejero y pozo de sabiduría, mi infinito aprecio por haberme acompañado a lo largo de este viaje difícil en una infatigable búsqueda de autenticidad y fidelidad. Por haber hecho las preguntas difíciles y exigir respuestas. Por haberme llevado de la mano a través de ríos de lágrimas y de antiguas heridas.

Pero más que todo... más que todo, por haberme ayudado a recuperar mi alegría.